马克思主义理论研究
和建设工程重点教材

U0750554

国际政治学

《国际政治学》编写组

主　编　陈　岳

副主编　门洪华　刘清才

主要成员

（以姓氏笔画为序）

王　联　方长平　田　野

刘雪莲　陈　跃　陈玉刚

秦治来　夏安凌　戴德铮

高等教育出版社·北京

图书在版编目（ＣＩＰ）数据

国际政治学／《国际政治学》编写组编. -- 北京：
高等教育出版社,2019.1（2025.5重印）
马克思主义理论研究和建设工程重点教材
ISBN 978-7-04-050728-7

Ⅰ.①国…　Ⅱ.①国…　Ⅲ.①国际政治-高等学校-
教材　Ⅳ.①D5

中国版本图书馆 CIP 数据核字（2018）第 239523 号

责任编辑　王溪桥　　　封面设计　王　鹏　　　版式设计　于　婕　　　责任校对　王　雨
责任印制　张益豪

出版发行	高等教育出版社		网　　址	http://www.hep.edu.cn
社　　址	北京市西城区德外大街 4 号			http://www.hep.com.cn
邮政编码	100120		网上订购	http://www.hepmall.com.cn
印　　刷	北京中科印刷有限公司			http://www.hepmall.com
开　　本	787mm×1092mm　1/16			http://www.hepmall.cn
印　　张	15.75			
字　　数	280 千字		版　　次	2019 年 1 月第 1 版
购书热线	010-58581118		印　　次	2025 年 5 月第 14 次印刷
咨询电话	400-810-0598		定　　价	31.90 元

本书如有缺页、倒页、脱页等质量问题,请到所购图书销售部门联系调换

目　　录

绪　论

国际政治学是政治学的一个分支。一般说来，政治学包括政治学理论、本国政治、比较政治和国际政治等分支学科，每个分支各有其特定的内容、相互之间也有密不可分的联系。国际政治学的特定内容就是揭示国际体系中的各种行为体（又称"行为主体"）之间的政治关系和这种政治关系发展变化的一般规律，而不是研究一国之内的各种政治力量之间的关系及其发展变化规律。如果说，国际政治学和政治学是一种种属关系的话，那么，国际政治学和政治学其他分支则是一种平行关系，它们之间既有领域划分的不同，又有相互之间的渗透。

一、国际政治学的研究对象

关于国际政治学的研究对象问题，国内外有各种不同的观点。有的认为是世界体系，有的认为是国际社会，有的认为是主权国家之间的关系，还有的认为是主权国家。我们认为，国际政治学的研究对象是国际体系中各行为体之间的政治关系及其发展变化的一般规律，其基本研究内容是国际体系、行为体、政治关系和一般规律，其中国际体系是宏观系统和总体环境，行为体是研究的核心要素，政治关系是研究的主要内容，一般规律是研究的重要目的。

国际体系是一定历史时期内各种国际行为体之间相互作用形成的有机整体，它是国际政治形成和发展的基础。国际政治学研究国际体系，就是要研究国际体系形成和发展的物质前提，国际体系的一般特征，国际体系各构成要素之间相互关系的结构状态，国际体系运行和发展的一般规律等。

国际行为体是国际体系的基本构成要素，包括主权国家和国际组织、跨国政党、跨国公司等非国家行为体。行为体是国际政治学研究的逻辑起点和主要对象。传统的国际政治学理论，把主权国家视为唯一重要的国际行为体，忽视对非国家行为体的研究。但随着国家间关系的日益密切和国家间相互依赖关系的加深，非国家行为体不仅在数量上急剧增加，而且扮演的角色也越来越重要，成为国际政治学的研究对象之一。

在国际体系中，政治关系涉及的主要是各国对外政策，国家间的冲突与合作，各种政治力量对比的发展变化，国家集团的形成、分化与改组，世界秩序的形成、发展与变革。当然，政治关系与其他各种关系之间相互影响、相互作用，特别是经济关系对政治关系的影响和作用具有决定性意义，军事关系和外交关系在很大程度上就是政治关系的组成部分。但我们研究其他各种关系，并不是研究其他各种关系本身，而是围绕政治关系这个中心，研究其他各种关系对政治关系的影响和作用，及其受政治关系影响的方式和程度。

一般规律既是一个很抽象、又是一个很具体的范畴。所谓抽象，是指国际政治学所探寻的是"一般"规律，具有普遍适用性，不是只适用某个特定的国家、地区或国家类型，而是适用于整个国际体系；所谓具体，因为一般规律总是各种具体的现象、各种特定的规律的抽象或理论化，是建立在对各种具体现象和问题的研究和概括的基础之上的。研究国际政治的一般规律，要把握不同历史时期及其不同发展阶段的时代特点，全面分析国际政治行为体相互关系的结构状态，了解各类国家相互关系的基本特征，分析各种要素间的相互作用和相互影响。只有这样，才能总揽全局，分清主次，把握国际政治的发展动力，揭示国际政治的发展规律。

二、国际政治学的形成与发展

国际政治学的理论思想渊源可追溯至古代。古代中国的思想家和政治家曾论及的"天人合一""战为武""不战而屈人之兵""通问结好，以相亲睦""抚个以礼，导人以善""王道""仁政"以及"合纵连横""远交近攻"等思想为国际政治思想发展留下了宝贵的精神财富。古希腊修昔底德的《伯罗奔尼撒战争史》、柏拉图的《理想国》、亚里士多德的《政治学》和古罗马西塞罗的《论共和国》等著作中也有论及国家对外关系问题的内容。中世纪是欧洲神权统治的黑暗时期，但国际政治方面的思想在许多著述中仍到处可见，如神权政治论者托马斯·阿奎那的《神学大全》、但丁的《论世界帝国》、马西利乌斯（又译马西略）的《和平的保卫者》与《格拉提安教令集》（又译《歧异教规之协调》）等。15世纪以后，资产阶级政治理论不断发展，在17至18世纪的资产阶级革命时期出现了一个繁荣期，并走向成熟，产生了较为系统论及国家间相互关系的学说，为以后国际关系理论的形成和发展奠定了深厚的思想理论基础。

从实践上看，资本主义生产方式的形成和发展，奠定了建立现代民族国家的经济基础；国际分工的发展和世界市场的形成，把世界各国从经济上联结成为一体，使得国家间联系日益密切，相互依存关系不断加深，出现了现代意义上的国际关系和国际体系。在自由资本主义时期，国际关系既包括资本主义国家之间的关系，又包括宗主国与殖民地之间的关系，还有资本主义国家与封建国家之间的关系。在这些关系中，有的是自由竞争、相互争夺的关系；有的是剥削与被剥削、压迫与被压迫的关系；有的是谁战胜谁、你死我活的尖锐斗争关系。对这个时期国际政治现象的反思产生了最初的一些国际政治思想，散见于哲学、历史学、法学、地理学和政治学的著述中，尚未形成独立和系统的国际政治学。

值得重视的是，19 世纪中叶，马克思和恩格斯在辩证唯物主义与历史唯物主义的哲学基础上提出了关于世界历史和世界体系等一系列有关国际政治的思想。

19 世纪末 20 世纪初，西方列强在经济上和领土上将世界瓜分完毕，整个世界成为经济和政治上的整体，形成了资本主义全球体系。这个时期，国际关系的最主要特点就是资本主义对整个世界的统治与垄断，所有国家和地区无不处在列强的势力范围之中。国际关系实践的发展，极大地推动了国际关系理论和国际政治学说的发展。继传统的均势理论之后，地缘政治学作为一种与国际政治密切相关的思想与理论也开始出现。而马克思列宁主义经典作家关于帝国主义的思想和理论也有了很大发展。第一次世界大战（简称"一战"）后，国际政治学作为一门独立学科的地位得以确立。此后，国际政治学的形成与发展演进大体上经历了四个阶段。

1. 国际政治学的初创阶段（两次世界大战期间）

20 世纪 20 年代，国际政治学作为独立学科开始出现，这与帝国主义时代的国际形势风云变幻和激烈斗争紧密相连，特别是与第一次世界大战的爆发直接相关。"一战"历时四年多，先后有五大洲的 30 多个国家和地区参战，7 400 万士兵投入战争，死伤、失踪 3 500 万人，军费总额 2 700 多亿美元，极大地冲击了近代以来欧洲作为"国际政治中心"的地位。[①] 同时，大战期间爆发的俄国十月革命，在资本主义统治的世界体系中打开了一个大缺口。正是在这种历史条件下，国际政治学逐步形成和发展。

国际政治学产生于第一次世界大战以后，这已为大多数学者所公认，但什么是国际政治学创立的标志尚未有共识。德国学者把 1919 年 5 月 30 日视为国际政治学的诞生日。国际联盟的建立，促使人们开始对国际政治、国际法和国际经济进行系统的理论研究，从而开始了国际政治学的创立阶段。一是组织机构的大发展，

---

① Robert Kagan, *Of Paradise and Power: America and Europe in the New World Order*, New York: Vintage Books, 2004.

各种类型的国际研究机构纷纷建立；二是各国大学、学院中的国际关系教学研究机构大量涌现，国际关系相关课程有了明显的发展；三是开始出版一些国际政治与国际关系的教科书和理论著作，如爱德华·卡尔的经典之作《20 年危机（1919—1939）：国际关系研究导论》。①

在整个两次世界大战期间，国际政治学的发展呈现了一个相对繁荣时期，开始从无到有。但是，国际政治学的初创主要是在欧美，其理论学说以理想主义占主导，在学科体系上并不完备，刚刚开始从其他学科中分离出来，但还未形成自己的理论体系。

2. 国际政治学理论体系的确立时期（第二次世界大战后初期—20 世纪 60 年代）

第二次世界大战（简称"二战"）对整个世界面貌的变化产生了深刻影响，美国凭借雄厚的经济军事实力成为资本主义世界的霸主。"二战"前已初具规模的西方国际政治理论研究，在"二战"后以美国为中心迅速发展，逐步形成独立的学科体系。1948 年，汉斯·摩根索出版《国家间政治：权力斗争与和平》一书，这是西方第一部完整地、系统地以权力和利益为核心构建国际关系理论的著作，标志着现实主义国际关系理论体系的基本形成。摩根索也因此在西方被誉为"国际关系理论的奠基人"。

20 世纪 50 年代末 60 年代初，随着科技革命的发展及其对社会科学领域的渗透，在西方出现了所谓的"行为主义革命"，又称"方法论革命"，强调国际政治理论的抽象化、系统化、一般化，把系统论、控制论、博弈论引入国际政治理论研究，力求实现理论研究的现代化、数量化和科学化。莫顿·卡普兰于 1957 年创立了国际系统论；戴维·辛格于 1961 年提出了层次分析法；60 年代后期卡尔·多伊奇创立了由一体化理论、博弈理论和相互依赖理论组成的"沟通理论"；戴维·辛格创立了计量国际政治学等。科学行为主义使西方国际政治学在研究方法上向前迈进了一大步，使国际政治学不仅在理论研究的内容方面，而且在研究方法上实现了向多学科、边缘性新兴学科的发展。

新中国成立以后，国际政治作为一个学科在中国才开始逐步探索建立。以毛泽东同志为核心的第一代中国共产党领导集体在分析国际形势和中国外交时提出了"和平共处"等国际政治思想。与此同时，学科建设也逐步展开。1963 年年底，周

---

① Edward Carr, *The Twenty Years' Crisis*, *1919—1939*: *An Introduction to the Study of International Relations*, London: Macmillan, 1939.

恩来主持召开了加强全国国际问题研究座谈会，会议讨论结果形成《关于加强研究外国工作的报告》，并得到毛泽东批示。① 此后，中国人民大学、北京大学和复旦大学设立了国际政治系；北京和上海及全国各地先后建立了一批外国问题研究机构，创办了一批国际问题研究刊物，编辑和翻译出版了一批国内外学术著作和教科书。这一阶段中国的国际政治学主要集中于专业人才的培养和现实问题的研究方面，学科基本理论和学术发展尚未真正起步。

3. 国际政治学在全球范围内大发展的时期（20 世纪 70 年代—20 世纪 80 年代）

20 世纪 70 年代以后，国际政治形势发生剧烈变动，美国出现相对衰落，社会主义国家和其他第三世界国家的力量不断壮大，国际地位和政治作用有了很大提高。与此相适应，国际政治学的发展也进入了一个新的时期。

首先，西方国际政治学有了新的发展。在美国，国际政治学各个分支领域的研究更加深入，外交决策理论、冲突理论、合作理论、体系理论、相互依赖理论、博弈理论、世界秩序理论、威慑理论、均势理论、地缘政治理论、危机管理理论等，都有了不同程度的发展；另外，研究的领域和视野进一步扩大，相继出现了国际政治经济学、国际关系伦理学、国际关系心理学、国际关系社会学、跨国政治学、全球政治学等新分支，使国际关系的理论研究领域拓展到国际社会生活的各个方面。这一时期，现实主义理论经过社会科学的改造转化为新现实主义理论，其标志是肯尼思·华尔兹 1979 年出版的《国际政治理论》。② 以罗伯特·基欧汉和约瑟夫·奈 1977 年出版的《权力与相互依赖》③ 为起点，新自由主义理论也开始兴起。

在西欧，与西欧国际地位的提高和对外关系的实践相适应，西欧主要国家的国际关系理论也有了很大发展，如与西欧政治经济发展直接相关的国际一体化理论，在西欧各国的教育和研究机构中迅速发展，成为西欧国际关系理论的重要特点。此外，批判理论在西欧兴起，对西方国际政治学的"美国中心"提出了挑战。批判理论受马克思主义和黑格尔政治哲学的影响较大，力图摆脱西方传统国际政治学以国家为中心、以权力为基础的理论束缚，强调阶级、政党和社会集团的作用，强调经济对国际政治关系的动力作用，注重生产方式和世界政治经济秩序的

① 参见赵宝煦：《关于加强外国问题研究的一点史料》，《国际政治研究》2004 年第 3 期，第 142 页。
② Kenneth Waltz, *Theory of International Politics*, Mass：Addison-Wesley, 1979.
③ Robert O. Keohane and Joseph Nye, *Power and Interdependence*, Boston：Little Brown, 1977.

结构状态，强调国家间关系是生产方式的表层形态。①

其次，社会主义国家的国际政治学相继建立起来。1976 年，苏联出版苏联科学院世界经济与国际关系研究所甘特曼主编的《现代资产阶级国际关系理论》和帕兹涅维可夫的《系统方法与国际关系》；1978 年，波兰学者库库尔卡出版了《国际关系理论问题》；1980 年，莫斯科国际关系学院出版《国际关系理论基本原理》。1984 年，甘特曼出版《现代国际关系的体系、结构和过程》，这标志着苏联、东欧国家的国际政治学逐步形成。②

与此同时，中国的国际政治学科也迎来了发展的春天。20 世纪七八十年代，毛泽东、邓小平相继提出了"三个世界""和平与发展"和"建立国际政治经济新秩序"等国际政治思想。20 世纪 80 年代以后，随着党的工作重点的转移以及改革开放政策的实施，建立中国特色的国际政治学理论的任务提上了日程，特别是 80 年代中期以后，中国学者开始从一般地介绍和评析西方和苏联、东欧国家的国际关系理论，走上探寻和建立中国自己的独立学科体系的道路。

最后，在第三世界国家，国际关系理论和国际政治学科的建设也开始发展起来，拉美国家、印度、埃及和非洲其他国家的一些学者，也在国际政治经济关系、依附理论、世界体系理论以及国际政治的一般理论方面，取得了许多引人注目的成果，引起了国际政治学界的关注。

4. 冷战后国际政治学的新发展（20 世纪 90 年代以来）

20 世纪 90 年代以来，随着冷战的结束，国际形势的深刻变化给国际政治理论研究提出了一系列新课题，国际政治学得到了进一步发展。

首先，西方国际政治学理论无论在理论体系、子学科的扩展和研究方法等方面均有进一步发展。冷战的结束，特别是苏联的解体和两极体制的崩溃，不仅使得西方发达资本主义国家在世界政治经济中的垄断地位得以巩固，而且使得西方在社会科学理论和国际政治学理论中的霸权态势进一步上升，这表现在"历史终结论""文明冲突论""民主和平论""国际规范论"的提出上。

随着西方国际政治学理论研究的深化，无论是现实主义理论还是自由主义理论阵营内部都出现了新的分化。由古典现实主义发展至新现实主义后，现实主义又分化为进攻性现实主义、防御性现实主义以及新古典现实主义；自由主义理论

---

① 关于批判理论参见 John Groom and Margot Light，eds.，*Contemporary International Relations*：*A Guide to Theory*，London：Pinter Pub Ltd.，1994；王逸舟：《西方国际政治学：历史与理论》，上海人民出版社 1998 年版，第 647—678 页。

② 参见陈岳：《国际政治学概论》（第三版），中国人民大学出版社 2010 年版，第 24 页。

家族则包括贸易和平理论（商业自由主义）、民主和平理论（共和自由主义）、国际制度理论（新自由制度主义）以及强调多变量解释的"三角和平论"①等复合自由主义。此外，20世纪90年代中期以来，随着国际关系理论的"社会学转向"，美国国际关系研究中又出现了新的建构主义理论。

其次，当代西方马克思主义国际政治学理论和国际政治经济学理论也有了新的发展。国际政治学理论中的批判理论在20世纪90年代以后的一个突出特点就是所谓的"历史唯物主义的重建"和"新范式的选择"。②在一些英国左翼学者的努力下，国际政治经济学理论在20世纪90年代也出现了"回归马克思主义"的趋势。③2008年国际金融危机发生后，西方马克思主义在国际关系学界的影响也有所扩大。

最后，中国的国际政治学的理论框架基本形成。20世纪90年代以来，中国学者已经从简单介绍西方理论中走出来。同时，他们的学术探索也逐步超越了对马克思主义经典作家具体观点的讨论，而着重于研究他们的思想体系和科学方法论，研究他们与前人的承继关系、对后世学科发展的贡献和意义，并对毛泽东、周恩来、邓小平以及其他当代中国领导人的国际政治战略思想进行了深入研究，开始确立中国自己的国际政治学理论框架。一批国际政治学理论的教科书问世，并且具有与西方同类教科书不同的风格和框架结构。④中国学者在90年代后开始思考一系列国际政治学理论的新问题，如高科技的发展对国际关系的影响、相互依赖问题、国家主权及其限制、国际关系中的伦理道德问题、国际关系中的文化因素、

① Bruce Russett and John Oneal, *Triangulating Peace: Democracy, Interdependence, and International Organizations*, New York: W. W. Norton, 2000.

② 参见王逸舟：《西方国际政治学：历史与理论》，上海人民出版社1998年版，第647—671页。

③ John Groom and Margot Light, eds., *Contemporary International Relations: A Guide to Theory*, London: Pinter Pub Ltd., 1994.

④ 在我国已经出版的国际政治学理论著作和教科书主要有：张季良：《国际关系学概论》，世界知识出版社1989年版；张历历等：《现代国际关系学》，重庆出版社1989年版；白希：《现代国际关系学导论》，中国政法大学出版社1991年版；程毅、杨宏禹：《国际关系基础理论》，华中师范大学出版社1991年版；金应忠、倪世雄：《国际关系理论比较研究》，中国社会科学出版社1992年版；冯特君、宋新宁：《国际政治概论》，中国人民大学出版社1992年版；梁守德、洪银娴：《国际政治学概论》，中央编译出版社1994年版；畅征、王杏芳：《国际政治学》，中国人民大学出版社1995年版；王逸舟：《当代国际政治析论》，上海人民出版社1995年版；俞正梁：《当代国际关系学导论》，复旦大学出版社1996年版；王逸舟：《西方国际政治学：历史与理论》，上海人民出版社1998年版；倪世雄等：《当代西方国际关系理论》，复旦大学出版社2001年版；李少军：《国际政治学概论》，上海人民出版社2002年版；等等。

国家安全观念、国家的内部制度与对外行为的关系等。①

进入 21 世纪以来，中国的国际政治学有了长足的发展。中国共产党先后提出了"建设和谐世界"和"建立新型国际关系"的国际政治思想。在中国共产党第十九次全国代表大会上，习近平总书记系统地提出了推动建设"人类命运共同体"的国际政治思想与理论。在国际政治的学科建设方面，无论是在教材体系还是科研成果上，无论是在西方理论的引进还是本土知识的生产上，都取得了显著的成就。对西方国际关系理论的介绍、阐释和评析不断加强，西方经典著作的引进力度空前、数量庞大。与此同时，近十几年来，中国的国际政治学研究在学术成果上取得了明显的进步，一批颇具影响力的理论专著不断出版。在借鉴西方国际关系理论的基础上，一些学者已开始对国际关系的经验现象提供新的理论概括与解释，力图以"中国崛起"为中心的经验问题来建构国际关系理论的中国学派。

三、国际政治学的研究方法

国际政治学作为一个学科大约于 20 世纪初开始在西方出现，至今已有近百年的历史。因此在方法论上，西方国际政治学者比较早地开始探索国际政治学的研究方法，并将其他学科，特别是自然科学、经济科学的方法和研究路径引入国际政治学研究，传统的方法、行为主义的方法、后行为主义的方法"百花齐放"，这对我们具有重要的借鉴作用。

第一，传统的研究方法（Traditionalism）。即古典现实主义或传统主义的研究方法。从方法论上看，古典现实主义理论有四个基本特点：一是"国家中心论"，即将主权国家、以主权国家为主体的国际体系作为研究的起点、主体、核心。现实主义最主要的三个基本理论假定，即"主权国家是唯一行为体""主权国家是统一的行为体""主权国家的对外行为是理性行为"，无不与"国家中心论"的研究方法密切相关。二是"权力-利益中心论"，即把权力和利益及其相互关系作为国际政治研究的中心议题之一，将主权国家之间的关系，看作是一种权力斗争。三是"对外政策中心论"，即国际政治学研究的"政策取向"，强调其与国家对外政策的密切关联性，强调个案研究和对策研究，注重国际政治研究的价值取向。四是注重历史研究，包括国际关系史、外交史、战争史、政治思想史、法律思想史的研究，以史为鉴、以史为证。

第二，行为主义的研究方法（Behaviouralism）。国际政治学中的"行为主义革

---

① 参见资中筠：《国际政治理论探索在中国》，上海人民出版社 1998 年版。

命"形成于 20 世纪 50 年代后期，流行于 60 年代，并与传统主义方法进行了公开论战。行为主义的研究方法与传统主义方法的主要区别在于：（1）强调国际政治学理论的抽象化、系统化、一般化，即国际政治学的"纯理论化"和"价值中立"，主张以"理论取向"代替"政策取向"；（2）注重将现代科学领域的新成果、新方法引入国际政治学研究，例如系统论、控制论、博弈论、数理统计、模拟分析等；（3）强调国际政治的分层研究，打破"国家中心论"，注重研究各种非国家、超国家、跨国家的行为体，甚至个人；（4）强调国际政治理论的量化研究和计算机模拟，认为只有能够量化的，才可能是科学的，只有首先"定量"，才能正确地"定性"。行为主义因此也被称为科学行为主义。

第三，后行为主义的研究方法（Post-behaviouralism）。20 世纪 60 年代末 70 年代初在西方国际政治学研究中出现了所谓"第二次方法论革命"，即"后行为主义"。后行为主义反对行为主义的所谓"纯理论"和纯粹"价值中立"说，认为行为科学倡导的是一种"经验保守主义的意识形态"，强调国际政治学家既是社会科学家，又是政治行为者，应有"未来取向"，对未来和社会负有责任感。[1] 后行为主义主张过去各种有用的研究方法间兼容并蓄、相互补充。科学方法的"进步不在于传统方法还是科学方法，而在于传统方法和科学方法；不在于对一种方法褒而对另一种方法贬，而在于使一种方法为另一种方法服务"[2]。在后行为主义的推动下，西方国际政治学理论研究在 20 世纪 70 年代以后，进入了一个"多元化"发展的时期，实证分析和规范分析、理论取向和政策取向、定量研究和定性研究、基础研究和应用研究日趋调和与合流，国际政治学科向更成熟、更繁荣的方向发展。

与西方主流的研究方法不同，马克思恩格斯批判地吸收了德国古典哲学的积极成果，创立了辩证唯物主义和历史唯物主义，使哲学具有了真正科学的性质，成为一种科学的世界观和方法论。不仅如此，他们运用这种世界观和方法论揭示了资本主义生产方式的内在矛盾和运动规律，并以此为基础阐明了社会主义取代资本主义的客观必然性，形成了包括哲学、政治经济学和科学社会主义三个组成部分的马克思主义理论体系。在中国，马克思主义是中国共产党和社会主义事业的指导思想，中国的哲学社会科学研究也必须坚持马克思主义的指导地位。作为

---

[1] David Easton, "The New Revolution in Political Science", *The American Political Science Review*, vol. 63, no. 4 (December 1969), pp. 1051–1062.

[2] Klaus Knorr and James Rosenau, eds., *Contending Approaches to International Politics*, Princeton: Princeton University Press, 1969, p. 3.

马克思主义三个组成部分之一的马克思主义哲学则是指导中国哲学社会科学发展的最基本的世界观和方法论。国际政治学是社会科学的组成部分之一，学习和研究国际政治学首先必须坚持马克思主义的辩证唯物主义和历史唯物主义的基本方法。

坚持辩证唯物主义和历史唯物主义的基本方法最主要的就是要坚持其对立统一规律，以联系的、全面的和发展的观点认识世界和分析问题。这种宏观层面的世界观和方法论即便是在当代西方国际政治学界也仍然具有重要影响。事实证明，马克思主义的辩证唯物主义和历史唯物主义能够更为深入地揭示国际政治乃至人类历史发展运动的规律，是学习和研究国际政治学宏观层面的指导思想和根本方法。

具体来说，国际政治学的研究方法有以下几种：

1. 政治与经济相互作用的辩证分析方法

国际政治学虽然研究的主要是国际政治关系，但政治与经济、国际政治与国际经济总是紧密联系和相互作用的，政治经济学的方法在国际问题研究中始终占据重要地位。

重商主义是最早运用政治经济学方法研究国际问题的理论学派，认为国际社会处于一种彼此争夺权力与财富的无政府状态，国家间的相互关系是一种零和博弈。在一个资源有限的世界里，一个国家要想改变或改善自己的权力地位，就只有掠夺别国的财富。重商主义盛行之际，正是欧洲各新兴强国加紧扩张财富、人口和领土之时，这就决定了重商主义在分析国家对外行为的出发点时，总是将政治权力放在第一位，将一切经济活动都从属于国家对权力的追求。

古典政治经济学对重商主义学说进行了批判，认为一个国家的相对权力尽管十分重要，但是国家乃至国际的经济条件和经济制度，特别是市场则更为重要。在经济生活中，起决定作用的并非国家的政治权力，而是市场这只"看不见的手"。① 古典政治经济学更强调个人而不是国家，认为国家的政治职能是为个人的经济利益服务的，其基本主张是"自由放任"，即在政治与经济的关系中，强调经济因素，特别是市场对国家政治行为的决定性作用。

马克思主义在扬弃重商主义和古典政治经济学的基础上运用辩证唯物主义和历史唯物主义，发现人类历史的发展规律，从而建立了马克思主义的政治经济学体系。同时也阐明了政治与经济的辩证关系，即经济决定政治，政治对经济具有

---

① 参见［英］亚当·斯密：《国富论》，郭大力等译，商务印书馆 2014 年版。

反作用，并将其贯彻于对国际政治经济相互作用的分析。马克思主义的政治经济学理论在分析和研究国际政治问题时，为我们留下了许多宝贵的理论财富，是我们研究国际政治学的重要指导。①

2. 历史分析法

历史分析法是马克思主义的基本研究方法，要求我们把社会现象置于特定的历史背景中加以考察，并从历史的发展中把握社会现象的本质。恩格斯在《卡尔·马克思〈政治经济学批判　第一分册〉》一文中指出："历史从哪里开始，思想进程也应当从哪里开始，而思想进程的进一步发展不过是历史过程在抽象的、理论上前后一贯的形式上的反映。"② 列宁也指出："马克思的方法首先是考虑具体时间、具体环境里的历史过程的客观内容。"③

在国际政治学研究中贯彻历史分析法，不仅符合马克思主义方法论的内在要求，而且具有学科发展史上的渊源关系。在国际政治学成为一门独立的学科前，大量关于国际政治问题的论述和国际政治思想的提炼是由历史学家完成的。例如，政治现实主义的理论渊源可以追溯到修昔底德的《伯罗奔尼撒战争史》。在对一系列历史事件的描述后，修昔底德指出，雅典力量的增长及其在斯巴达引起的恐惧，使战争不可避免。这是当代国际政治学中"安全困境"理论最早的表述。由于国际政治学与历史学深刻的学科渊源关系，历史分析法成为国际政治研究者普遍采用的研究方法之一。传统现实主义者的基本方法就是历史归纳法，重视从历史教益、历史遗训、历史经验中汲取营养。在当代国际关系理论界中影响颇大的"英国学派"也极其重视历史考察，主张从历史中提炼理论，而不是以理论剪裁历史。

3. 比较分析法

比较研究更侧重的是"如何"进行分析，而不是分析的"具体内容"。比较方法是一种建立普遍经验命题的基本方法，是一种"在变量之间发现经验性联系的方法"，而不是"狭窄的、专门化的技术"。④ 马克思和恩格斯素来特别注意采用比较方法，尤其是在深入研究人类社会的历史发展和社会形态的演变时，他们广泛使用了多种类型的比较，包括宏观比较和微观比较、横向比较和

---

① 关于政治经济学与国际政治理论的关系，参见宋新宁、陈岳：《国际政治经济学概论》，中国人民大学出版社 1999 年版，第 11—47 页。

② 《马克思恩格斯文集》第 2 卷，人民出版社 2009 年版，第 603 页。

③ 《列宁全集》第 26 卷，人民出版社 1990 年版，第 140—141 页。

④ Arend Lijphart, "Comparative Politics and the Comparative Method", *The American Political Science Review*, vol. 65, no. 3（September 1971），pp. 682-693.

纵向比较。他们在探讨欧洲政治现实时，也总是对比研究英国、法国、德国和俄国的状况。① 马克思自己对这种比较方法作过精辟的概括："极为相似的事变发生在不同的历史环境中就引起了完全不同的结果。如果把这些演变中的每一个都分别加以研究，然后再把它们加以比较，我们就会很容易地找到理解这种现象的钥匙；但是，使用一般历史哲学理论这一把万能钥匙，那是永远达不到这种目的的，这种历史哲学理论的最大长处就在于它是超历史的。"②

在现代政治科学中，比较政治是一些政治学家的主要研究工作，比较经济也是重要的研究领域。20 世纪 70 年代以后，一些学者开始进行比较政治经济学研究，对世界上的各种不同政治经济制度本身和相互之间进行比较研究，从中探究政治-经济之间的互动关系，研究的重点是各种不同的政治经济制度的运行对国际关系的影响。发达国家资本主义发展的不同类型、社会主义的不同模式、发展中国家错综复杂的差异对各个国家的对外行为都具有重要影响。

4. 定性/定量分析法

根据马克思主义唯物辩证法的基本观点，任何事物都具有一定的质和量。质是一事物成为它自身并区别于其他事物的内部所固有的规定性。量是事物的规模、程度、速度，以及它的构成成分在空间上的排列组合等可以用数量表示的规定性。③ 在社会科学研究中，确定事物及其状态的性质，就是定性研究；对事物进行数量分析，就是定量研究。定性研究是定量研究的基础，只有对事物发展作出性质上的判断，我们才能确定哪些数量关系需要进行观察和分析。而定量研究常常使我们的观察更加明确，也比较容易将资料进行整合或总结，并为统计分析提供了可能性，可以说，从简单的平均数到复杂的公式以及数学模型都可以被用于国际政治研究和学习。④

由于国际政治学最早脱胎于哲学、历史学和法学等，定性方法在学科早期发展阶段居于统治地位。直到 20 世纪 50 年代后期"行为主义革命"发生后，定量分析才在国际政治学研究中得到广泛应用。学者们大量搜集国际武装冲突、国际组织、跨国社会交流等领域的资料数据，建立了一些数据库和数学模型。不过，

① 关于马克思主义学说与比较方法，参见张小劲、景跃进：《比较政治学导论》，中国人民大学出版社 2001 年版，第 2—3 页。

② 《马克思恩格斯文集》第 3 卷，人民出版社 2009 年版，第 466—467 页。

③ 参见李秀林、王于、李淮春主编：《辩证唯物主义和历史唯物主义原理》（第三版），中国人民大学出版社 1990 年版，第 137—139 页。

④ 参见［美］艾尔·巴比：《社会研究方法》（第 8 版·上），邱泽奇译，华夏出版社 2000 年版，第 50 页。

以定量分析为主的研究受到了许多传统主义者的批评。他们认为数理化使国际政治研究过于晦涩难懂，变成了只有少数人才懂的"学术领地和禁区"。20 世纪 70 年代以后，学术界开始更加辩证地看待定性分析与定量分析，将两者看成是互补关系而非竞争关系。不过与定性研究相比，由于软指标难以量化、定义模糊、统计资料不一致等原因，定量研究在国际政治研究中往往面临着更大的困难。

四、学习国际政治学的目的和意义

1. 学习国际政治学课程的目的

首先，系统掌握国际政治学的基本理论。理论是对同一类现象发生的原因或导致的结果进行解释的一般性陈述。国际政治风云变幻，但这些错综复杂的现象背后却隐藏了一般性的规律。通过本课程的系统学习，学生可以全面认识国际政治学的研究对象和基本范畴，熟悉马克思主义经典作家关于国际政治的重要思想，掌握国际政治学不同流派的基本理论和基本观点，了解国际政治学当前的发展动态和学术前沿，最终系统掌握国际政治学的基本概念、基本范畴、基本原理和基本方法。

其次，初步具备分析和研究国际政治问题的能力。国际政治学理论的主要作用是解释国际政治的历史和现实问题。在理论的指引下，我们可以找到国际政治现象发生的原因或导致的结果，使看上去无序的国际政治变得有章可循。通过本课程的系统学习，学生可以学会运用国际政治学的基本理论与基本方法分析和研究国际关系的重大历史问题、正确认识当代世界政治经济和国际关系的基本形式和发展趋势，把握国际政治发展变化的规律，掌握和提高分析和研究当前国际关系的重大现实问题的能力，从而为学习本专业其他专业课程奠定理论基础。

最后，形成正确的国际关系价值观。随着全球化的深入发展，个人越来越广泛地参与到国际活动中，经常面对各种不同的观念、价值、思维、行为的对比和碰撞。如何在国际关系中学会共处之道，不仅需要政府的战略和政策应对，也需要国民形成对包括他国在内的外部世界的合理认知。通过对本门课程的学习，学生可以在了解国与国交往的基本原则和规范的基础上，对于本国在国际体系中的位置、本国与他国之间的关系等问题形成正确的认知，从而在各种涉外活动中能够正确地对待外部世界、国家及其人民。

2. 学习国际政治学的意义

第一，学习国际政治学有助于全面了解和把握人类社会的政治关系。政治关系是人类社会关系的重要组成部分，国际政治关系则是政治关系的重要内容。国际政治关系具有政治关系的一般属性，比如利益和权力对政治行为的决定性作用。但与国内政治关系不同，国际政治关系是在国际社会无政府状态下的国际体系中形成和发展的。因此，国际政治关系的外部环境和内在形式需要专门地加以学习和研究。尽管人们仍然首先生活在一个民族国家之内，但是跨国界的活动已经越来越普遍。在人类社会相互依存关系不断发展的今天，国际政治与世界的和平、国家的发展和个人的生活都更加息息相关。在这种时代背景下，国际政治学已经成为社会科学的一门显学，其地位和重要性日益凸显。

第二，学习国际政治学有助于认识和分析当前国际形势和国际关系。当前国际政治的发展千头万绪、错综复杂，国际体系的结构和规范正在发生转变，地区冲突、国际竞争与合作风云变幻，各国政治经济发展重大事件层出不穷。如何透过这些现象分析其本质，并寻找其规律，对政府官员、新闻记者、对外投资的企业管理人员乃至对国际问题感兴趣的公众都提出了更高的要求。一方面，对国际形势日积月累的经验观察固然也可能形成正确的判断，但借助国际政治学的理论与方法能够收到事半功倍的成效，使分析者能够尽快地排除表面与支流而抓住本质与主流。另一方面，仅仅依靠经验也可能会只看到表象与局部现象，从而得到错误认识，而国际政治学的理论和方法可以帮助分析者真正把握一般国际政治行为的规律，并对具体国际政治行为的根源和影响形成符合逻辑的判断。

第三，学习国际政治学有助于理解和认识中国对外战略和对外政策。中国改革开放国策实施已有40年，中国与世界的关系发生了巨大变化，中国的发展离不开世界，世界也已离不开中国。随着中国对国际体系的参与程度不断加深，中国的海外利益的内涵和外延在不断扩展。比如如何运用政治和外交手段保护中国企业的对外投资、中国公民在海外的人身安全等问题，就关系着中国众多企业和公民的切身利益。理论研究与政策研究虽然研究性质不同，有时也会出现脱节的情况，但好的理论可以为有效的政策提供指引。无论是政策目标的设定，还是政策工具的选择，都离不开理论的支持。因此，学习国际政治理论，对于更好地制定中国的对外政策，巩固中国对外关系的良性发展局面，维护中国的国家利益具有重要的推动作用。

思考题

1. 国际政治学的研究对象是什么？

2. 国际政治学形成与确立的基础是什么?

3. 如何认识冷战后国际政治学的新发展?

4. 国际政治学的主要研究方法有哪些?

5. 如何理解国际政治学研究中的政治与经济相结合的方法?

6. 如何认识传统研究方法与科学行为主义研究方法的区别与联系?

第一章　国际政治学思想与理论

作为一门新兴学科，国际政治学以其"多元化拓展"的独特魅力而广为人知。历史地看，国际政治学始终贯穿着一条不同思想理论流派相互并存、相互影响的发展主线。现实地看，受研究传统、研究问题、研究方法等因素影响，国际政治学具有鲜明的国别或者地区特色。国际政治学思想理论既包括西方学者的学术贡献，也包括非西方学者颇具特色的研究成果。本章从马克思、恩格斯和列宁等马克思主义经典作家的国际政治思想、国外的国际政治学主要理论流派及中国特色的国际政治思想理论等三个方面对国际政治学理论思想进行梳理、介绍、评析和总结。

第一节　马克思主义经典作家的国际政治思想

经典作家的国际政治思想是马克思主义理论不可分割的组成部分，具有重大学术价值和指导意义。受历史条件等因素的限制，经典作家并未明确使用"国际政治"概念，也并未构建一种系统的国际政治理论。但是，为了更好地指导革命实践，他们需要运用唯物史观和辩证方法观察风云变幻的国家间政治现象，力求发现跟上时代潮流的国际斗争策略。这样一来，在"洞悉国际政治的秘密"过程中，经典作家形成了一些蕴含内在逻辑的国际政治思想。

一、世界历史和世界体系思想

世界史观是经典作家观察国际问题的理论基础。历史向世界历史的转变，是经典作家国际政治思想的重要内容。马克思对世界历史的理论主要是从唯物史观基本观点、资本主义社会发展的内在规律、东方社会发展规律三个维度加以阐释的。马克思主义世界历史观走向成熟的标志是马克思和恩格斯合写了《德意志意识形态》一书，该书从哲学、世界历史、国际关系三个层次来阐述国际社会的基本运行原理。

1. 生产力的发展和交往方式的转变是世界历史的重要动力

世界历史的形成和发展首先需要生产力的极大发展。"单是大工业建立了世界市场这一点，就把全球各国人民，尤其是各文明国家的人民，彼此紧紧地联系起来，以致每一国家的人民都受到另一国家发生的事情的影响。"① 同时，世界历史也是人类交往不断发展的结果，是由各民族之间不断交往的历史构成的。随着人们交往活动范围的扩大，民族之间的封闭状态和分工便被打破，"历史也就越是成为世界历史"②。由此可见，世界历史是随着社会化大工业、世界市场和资本主义的出现而形成的，是人类社会由封闭走向开放的必然结果。

2. 世界历史的形成过程是两极性的国际分工体系形成的过程

凭借其雄厚实力，资本主义国家对落后国家进行掠夺和侵略，导致"未开化和半开化的国家从属于文明的国家，使农民的民族从属于资产阶级的民族，使东方从属于西方"③。换言之，资本主义发展导致了中心−外围的世界结构。在两极性的国际分工体系中，资本主义的发展依赖于海外殖民地，以牺牲和剥夺落后民族的利益来保证自己的进步。

3. 相互依赖与世界体系形成

马克思和恩格斯认为：资本主义世界市场的建立，"过去那种地方的和民族的自给自足和闭关自守状态，被各民族的各方面的互相往来和各方面的互相依赖所代替了……民族的片面性和局限性日益成为不可能，于是由许多种民族的和地方的文学形成了一种世界的文学。"④ "各个相互影响的活动范围在这个发展进程中越是扩大，各民族的原始封闭状态由于日益完善的生产方式、交往以及因交往而自然形成的不同民族之间的分工消灭得越是彻底，历史也就越是成为世界历史。"⑤

4. 世界历史发展的必然结果是共产主义的实现

历史向世界历史的转变不可抗拒，其未来趋势是实现共产主义。现实的人及其活动是世界历史形成的根本前提，而世界历史发展的结果就是要实现人的解放和全面发展，因为"每一个单个人的解放的程度是与历史完全转变为世界历史的程度一致的"⑥。只有当世界历史发展到共产主义社会这个自由人的联合体时，人类个体的发展与人类整体的发展才实现了一致，人的解放也才能得到彻底的实现。

① 《马克思恩格斯文集》第 1 卷，人民出版社 2009 年版，第 687 页。
② 《马克思恩格斯文集》第 1 卷，人民出版社 2009 年版，第 541 页。
③ 《马克思恩格斯文集》第 2 卷，人民出版社 2009 年版，第 36 页。
④ 《马克思恩格斯文集》第 2 卷，人民出版社 2009 年版，第 35 页。
⑤ 《马克思恩格斯文集》第 1 卷，人民出版社 2009 年版，第 540—541 页。
⑥ 《马克思恩格斯文集》第 1 卷，人民出版社 2009 年版，第 541 页。

马克思与恩格斯早在19世纪中叶就已经明确提出相互依赖和资本主义世界体系的思想，并对当今的世界体系理论产生了重大的影响。

二、政治经济相互作用思想

经典作家对国际问题的研究不是建立在资产阶级人性论的基础上，而是建立在历史唯物主义的基础上。在他们看来，政治并不是一切历史变动的最终原因，而归根到底是受物质生活的生产方式制约的。

1. 世界体系是资本主义世界市场出现和扩大的产物

马克思在《资本论》中提出，商品生产和发达的商品流通，即贸易，是资本主义生产的历史前提；世界贸易和世界市场在16世纪揭开了资本的近代生活史。"资产阶级，由于开拓了世界市场，使一切国家的生产和消费都成为世界性的了。"① 这种看法与《德意志意识形态》所阐述的关于生产力和生产关系、经济基础和上层建筑的关系的唯物主义观点基本一致，前者是后者在国际舞台上的体现。

2. 资本主义政治经济之间相互作用、相互影响

经济因素是国际关系的动力源泉，资本主义经济发展的变化，必然带来其政治结构的变化。资本主义政治制度的确立，是以资本主义经济的发展为基础的。反过来，资本主义国家对外经济政策的制定，也往往受到国内政治因素的影响。政治与经济的互动，在国内领域是如此，在国际领域更是如此。这种分析路径在经典作家对自由贸易和保护贸易的研究中得到充分运用。

3. 资本主义政治经济关系具有全球性影响

在马克思和恩格斯所生活的时代，经济全球化已经开始出现，他们开始用"世界性"和"世界历史"来描述经济全球化。随着商品和资本的输出，资本主义在改造世界面貌的同时，也带来了发达国家与不发达国家的不对称的依赖关系。通过对帝国主义的研究，历史唯物主义在关注全球范围内资本主义国家之间力量对比的同时，也关注资本主义国际体系的垂直型权力维度，即宗主国对原料供应国、中心对边缘的支配与被支配关系。

4. 利益分配格局决定贸易政策

在马克思看来，自由贸易实质上就是资本的自由。马克思在李嘉图比较利益理论的基础上，将劳动价值论和剩余价值学说应用于对国际贸易的分析，提出，"既然这种自由的观念本身不过是一种以自由竞争为基础的制度的产物，怎么还能

---

① 《马克思恩格斯文集》第 2 卷，人民出版社 2009 年版，第 35 页。

用这种自由的观念来肯定自由竞争呢?"① 马克思在《鸦片贸易史》一文中指出:"这种贸易,无论就可以说是构成其轴心的那些悲惨冲突而言,还是就其对东西方之间一切关系所发生的影响而言,在人类历史记录上都是绝无仅有的。"② 经典作家认为,自由贸易和保护贸易的区分是相对的,例如,贸易保护的手段是对自由贸易的一个修正和补充。在世界贸易和金融市场权力分配不均衡的情况下,自由贸易并没有消除国际关系中的霸权和依赖。

三、民族平等与民族独立思想

民族是一个历史范畴。民族产生以后,各民族之间就会发生不同程度的交往,甚至出现民族矛盾和问题。民族关系一开始就是国际关系中的主要内容,并贯穿于国际社会发展和消亡的全过程。

1. 民族平等是马克思主义民族理论的基石

马克思和恩格斯在抨击资产阶级对外政策不道德、非正义的同时,提出"努力做到使私人关系间应该遵循的那种简单的道德和正义的准则,成为各民族之间的关系中的至高无上的准则"③。早在《神圣家族》一书中,马克思和恩格斯就首次提出民族平等的思想,即建立在私有制基础上的资本主义社会不可能真正实现。在《反杜林论》中,恩格斯主张消灭阶级、消灭私有制,"无产阶级平等要求的实际内容都是消灭阶级的要求。任何超出这个范围的平等要求,都必然要流于荒谬。"④ 恩格斯认为:"压迫其他民族的民族是不能获得解放的。它用来压迫其他民族的力量,最后总是要反过来反对它自己的。"⑤ 只有消灭阶级剥削制度,消灭剥削阶级以及一切阶级的差别,才能彻底实现民族平等。这是马克思主义民族平等观与资产阶级民族平等观的根本区别。

2. 民族自决与民族压迫密切联系

民族自决权问题,并非抽象的理论问题,而是一个反映不同历史趋向的实践问题。针对欧洲当时的民族压迫,马克思和恩格斯从争取无产阶级革命胜利的立场出发,主张各民族有自己决定自己的命运,直到自由分离成立独立国家的权利。无产阶级必须首先在民族范围内和自己的国度内组成为一个阶级,而绝不能

---

① 《马克思恩格斯文集》第 1 卷,人民出版社 2009 年版,第 757 页。
② 《马克思恩格斯文集》第 2 卷,人民出版社 2009 年版,第 631 页。
③ 《马克思恩格斯文集》第 3 卷,人民出版社 2009 年版,第 14 页。
④ 《马克思恩格斯文集》第 9 卷,人民出版社 2009 年版,第 113 页。
⑤ 《马克思恩格斯文集》第 3 卷,人民出版社 2009 年版,第 355 页。

幻想自己革命斗争的舞台建立在他国的领土上。列宁结合帝国主义时代的特点与要求，对民族自决权思想作出新的阐发与实践探索。列宁在《论民族自决权》一文中首次系统阐述了民族自决权思想的内涵："所谓民族自决，就是民族脱离异族集合体的国家分离，就是成立独立的民族国家。"①"从历史-经济的观点看来，马克思主义者的纲领中所谈的'民族自决'，除政治自决，即国家独立、建立民族国家以外，不可能有什么别的意义。"② 列宁特别强调，处于殖民地统治和外国奴役下的人民都有建立民族独立国家的权利。需要指出的是，列宁提倡民族自决权并不主张民族分离，而是为了使各民族更好地融合，进而在新的基础上建立国家。这是列宁在《革命的无产阶级和民族自决权》等文章中反复阐述的观点。

3. 民族发展的最终目标是走向民族融合

正如马克思所指出的那样："要使各国真正联合起来，它们就必须有一致的利益。要使它们利益一致，就必须消灭现存的所有制关系。"③ 无产阶级的政党必须坚持无产阶级的国际主义，克服民族狭隘性，把本民族的利益同国际无产阶级的共同利益紧密地联系起来。十月革命后，列宁根据俄国工人运动的实际，为了巩固民族平等和团结，坚持同"大民族主义"和"地方民族主义"作坚持不懈的斗争。列宁站在"世界革命"的高度，坚持和发扬了国际主义，强调必须为即将到来的世界革命作出必要的妥协和牺牲。

4. 殖民主义具有"双重使命"

一方面，殖民主义给殖民地、半殖民地国家带来了深重的灾难。在《不列颠在印度的统治》和《不列颠在印度统治的未来结果》等文章中，马克思第一次用唯物史观并联系无产阶级革命的前景来考察殖民主义问题。"当我们把目光从资产阶级文明的故乡转向殖民地的时候，资产阶级文明的极端伪善和它的野蛮本性就赤裸裸地呈现在我们面前。"④ 另一方面，它客观上对于落后国家的经济发展起了促进作用，为建立资本主义社会形态奠定了前提。殖民主义在殖民地造成了一场伟大的社会革命，"这个革命毕竟是充当了历史的不自觉的工具。"⑤ 破坏性为建设性提供了前提条件，而后者是前者延续的必然结果，是殖民者的主观意图和客观

---

① 《列宁选集》第 2 卷，人民出版社 2012 年版，第 371 页。
② 《列宁选集》第 2 卷，人民出版社 2012 年版，第 374 页。
③ 《马克思恩格斯文集》第 1 卷，人民出版社 2009 年版，第 694 页。
④ 《马克思恩格斯文集》第 2 卷，人民出版社 2009 年版，第 690 页。
⑤ 《马克思恩格斯文集》第 2 卷，人民出版社 2009 年版，第 683 页。

效果的关系。

四、战争与和平思想

战争是人类社会关注的永恒话题。根据革命运动的需要，经典作家在全面考察历史上的战争现象的基础上，阐述了对战争问题的基本观点和态度，为正确认识战争基本规律提供了科学的立场、观点和方法。

1. 任何形式的战争都具有政治性功能

马克思和恩格斯认为，私有制和阶级的存在是战争的主要根源。在阶级社会，战争实质上是以暴力冲突的形式调整社会阶级关系。在由民族国家作为基本行为体构成的国际社会中，阶级矛盾往往表现为国家间的矛盾，这种意义上的战争多以建立国际新秩序为目的。相应地，国际舞台上的战争本质也从阶级政治转变为国际政治。列宁赞成克劳塞维茨关于战争性质的观点，认为战争是政治通过另一种手段（即暴力）的继续，同时指出了帝国主义时代战争的根源是帝国主义重新瓜分殖民地。

2. 依据战争性质确定对待战争的正确态度

通过对1870—1871年普法战争性质的具体剖析，马克思初步揭示了区分正义战争与非正义战争的基本原理。弄清战争性质是解决对待战争态度问题的必要前提，也就是既不要笼统地支持一切战争，也不要简单地反对一切战争，而是支持一切正义战争，反对一切非正义战争。恩格斯认为，"对于起来反抗的民族在人民战争中所采取的手段，不应当根据公认的正规作战规则或者任何别的抽象标准来衡量，而应当根据这个反抗的民族所刚刚达到的文明程度来衡量。"[①] 在这种意义上，战争是历史前进的"火车头"，其作用不亚于技术创新和经济改革。马克思和恩格斯在谈到鸦片战争的历史及其掠夺性质的时候，表达了他们对东方国家被压迫民族的斗争深切同情和支持的坚定态度。在经典作家的论述中，列强围绕殖民地展开的争夺是近代国际关系中特殊而重要的组成部分。

3. 反对世界战争需要制定利用战争形势推进革命的策略

综观马克思和恩格斯早期的著作，除1847年恩格斯在《共产主义原理》中表述过无产阶级愿意用和平方式实现变革所有制的愿望以外，他们的大量论述都认为暴力革命是无产阶级唯一的正确道路。恩格斯晚年对革命道路和策略问题的探索发生重要转变。"这里斗争的条件毕竟已经发生了根本的变化。旧式的起义，在

---

① 《马克思恩格斯文集》第2卷，人民出版社2009年版，第626页。

1848 年以前到处都起过决定作用的筑垒巷战，现在大大过时了。"① 在新的战争危险面前，无产阶级要学会把维护世界和平的斗争和争取社会主义革命胜利的斗争结合起来。同时，恩格斯极其郑重地告诫无产阶级，"革命权是唯一的真正'历史权利'——是所有现代国家无一例外都以它为基础建立起来的唯一权利。"② 后来，列宁在《帝国主义是资本主义的最高阶段》也提出，要变各国之间的帝国主义战争为无产阶级的国内战争。

4. 争取和平的斗争是工人阶级解放斗争的组成部分

经典作家反对西方列强的霸权主义和对外侵略政策，批判欧洲列强对国际法的践踏，强调国家间的交往要互相尊重主权，以平等、互帮互助、诚实守信等符合基本道德的原则和正义观的理念作为民族之间、国家之间的交往原则。马克思和恩格斯号召工人阶级不断争取和平，如果战争不可避免，无产阶级就要在战争期间壮大自己，实现社会主义的胜利。马克思和恩格斯坚信全世界工人阶级的联合终究会根绝一切战争，最终建立一个焕然一新的国际社会。马克思主义创始人所提出的和平原则影响深远，在此之后发展起来的国际法原则都是以他们的主张为基石，例如列宁提出的不同社会制度的国家"和平共处"的思想及新中国倡导的和平共处五项原则。

第二节　国外国际政治学主要理论

国外国际政治学的理论大厦有着不均匀的支点。这个理论大厦的两根主要支柱是现实主义学派与自由主义学派。同时，这个理论大厦的第三根"不断粗壮"的支柱是以"挑战者"姿态出现的各种思潮——建构主义、国际社会理论、批判理论等。尤其是，随着建构主义异军突起，国外国际政治学形成了现实主义、自由主义与建构主义三足鼎立的学科发展现状。

一、现实主义理论

在国际政治理论各个学派中，现实主义代表人物最多，内部分歧非常复杂。现实主义可以有不同的解释：一种哲学世界观、一种解释历史的框架、一种规范

---

① 《马克思恩格斯文集》第 4 卷，人民出版社 2009 年版，第 545—546 页。
② 《马克思恩格斯文集》第 4 卷，人民出版社 2009 年版，第 550—551 页。

思想的整体、一种国际政治研究方法。现实主义可分为：古典现实主义、新现实主义和进攻性现实主义。

1. 古典现实主义

古典现实主义为国际政治学的全面发展奠定了最重要的理论框架和研究议程。古典现实主义的主导地位最初建立在批判理想主义的基础之上，同时被第二次世界大战以及战后国际形势进一步巩固。现实主义最初是作为对理想主义的"空想"特征的一种本能反击而出现的，其主要标志是：卡尔于1939年出版了《20年危机（1919—1939）：国际关系研究导论》。古典现实主义作为一种系统理论逐渐确立学科主导地位的主要标志，是摩根索于1948年推出了《国家间政治：权力斗争与和平》。古典现实主义的几个核心假定是：（1）民族国家是国际政治的基本行为体，决定着国际体系的实际内容和发展方向。（2）国家以国家利益作为对外行为的最高准则。（3）国家之间是在缺少世界政府的情况之下发生关系的。（4）国际政治永远都是一个必然性王国，即国家必然会通过寻求权力来保护自身生存。尽管国家在形式上拥有法律的平等地位，但国家之间的权力分配是不平衡的，这种不平衡意味着国际政治领域是一种"权力政治"形式。（5）国际政治也是一个持续性王国，国际体系自身不可能发生根本性变化。古典现实主义的学术成就表现在：迄今为止，现实主义的权力政治分析是国际政治学最重要的一次学术努力；现实主义提出的许多政治行为命题成为国际政治学发展的研究议程。现实主义学者广泛探讨的各种问题，如决策者的相互作用，对外政策的目标，环境因素对政治行为的影响，等等，大多成为国际政治学者的研究对象，推动许多重要的理论流派得以形成。

2. 新现实主义

新现实主义（或称结构现实主义）是在新的历史条件下对古典现实主义的一种"扬弃"。古典现实主义的基本理论内核为新现实主义的形成提供了坚实的基础。新现实主义对古典现实主义的核心概念进行了更清晰、更一致的界定，使现实主义理论更为严格。[①] 作为新现实主义的代表，华尔兹的著作是当代国际政治学界的"经典作品"。尤其是，《国际政治理论》一书被视为"新现实主义的第一个范本"，代表着现实主义理论发展的最新高度。华尔兹指出，结构现实主义的理论前提是，国际政治理论应该是系统理论。结构现实主义的理论核心是，国际体系

---

① 参见［美］詹姆斯·多尔蒂、小罗伯特·普法尔茨格拉夫：《争论中的国际关系理论》（第五版），阎学通等译，世界知识出版社2003年版，第86页。

的结构决定国家（尤其是大国）的行为与互相作用。新现实主义对古典现实主义的三点重要修正表现在：新现实主义将国际政治研究的起点从人性改变为无政府性；新现实主义特别重视国际政治和国际经济之间不断加强的互动过程；新现实主义具有极强的方法论意识。经过不断的充实和完善，新现实主义基本上取代了古典现实主义的统治地位，成为与新自由主义并列的两大国际政治主流学派之一。

3. 进攻性现实主义

与华尔兹相比，约翰·米尔斯海默的观点更富有攻击性。进攻性现实主义强调，大国之间的对抗是国际政治逻辑必然导致的怪圈。在 2001 年出版的《大国政治的悲剧》一书里，米尔斯海默详细阐述了"进攻性现实主义"的理论要旨：（1）这一理论关注大国关系的互动，因为大国对国际政治所发生的变化影响最大。所有国家，不管是大国还是次大国，其命运都取决于那些最有实力国家的决策和行为。例如，冷战期间，美苏之间对峙的影响是全面而又深远的。（2）大国主要由其相对军事实力来衡量。一个国家要具备大国资格，它必须拥有充足的军事资源，以承受与世界上最强大国家进行一场全面的常规战争的代价。（3）大国走向对抗的必然悲剧根源于国际体系的结构。国际体系具有三方面的特征：一是国际体系没有"守夜人"，缺少一个凌驾于各国之上并能向各国提供保护的中央权威；二是各国一直都拥有进攻的军事能力；三是国家永远也无法确信其他国家的真实意图。既然生存的最高保证就是成为霸主，而且任何国家都不可能一劳永逸地取得全球性霸权，因此整个世界将会充满无休止的大国竞争。正如米尔斯海默所说的那样，"国际体系是一个险恶而残忍的角斗场，要想在其中生存，国家别无选择，只得为权力而相互竞争。即便满足于和平生活的国家也会被指责参与了无情的权力竞争。"① 这就是米尔斯海默得出"大国必然陷入对抗怪圈"这一结论的理论逻辑。

二、自由主义理论

客观地看，自由主义是国际问题研究发展成为一门独立学科的重要基石。自由主义坚持进步主义观念，其基本观点包括：人是有理性的，战争有可能避免，建立国际机制是实现普遍和平的途径。自由主义可以分为古典自由主义、商业自由主义和共和自由主义。

---

① ［美］约翰·米尔斯海默：《大国政治的悲剧》，王义桅等译，上海人民出版社 2003 年版，第 38 页。

1. 古典自由主义

在国际政治学界，古典自由主义（或称理想主义）的经典表达是威尔逊主义。威尔逊提出的建立"世界和平的纲领"的演说——"十四点计划"——最重要的两点分别是第一点和第十四点。第一点主要针对俄国与德国之间达成的秘密协定，提倡外交的"公开性"原则：国家之间应当开诚布公地签订协议，拒绝私下达成的交易。第十四点呼吁：必须在某些特殊契约条款下，为大小国家同样获得保证的政治独立和领土完整之目标，构筑一个普遍的国家联盟。威尔逊所构想的一个高效、可靠的国家联合组织，旨在为世界各国不受限制地共同利用海上通道提供保障，防止因违反和约而引起的战争。威尔逊的"十四点计划"集中体现了一种自由主义世界观，同时也反映了英、美两个希望维持现状的"既得利益国"的愿望。

2. 商业自由主义

商业自由主义在国际政治学界的兴起具有深厚的经济学基础。亚当·斯密创立自由放任经济学派的目的，是为了消除国家对经济事务的控制。商业自由主义在国际政治学界的主要理论体现是贸易和平论。贸易和平论的核心观点是，自由贸易是实现国家财富增长的一种较为和平的方式，也是国家间发展和平关系的保证。这一论点与康德对商业精神的推崇具有相似之处。在《永久和平论》一文中，康德强调指出，"商业精神与战争无法共存，并且它迟早会支配每一个民族。"① 人们应该正确看待贸易和平论的狭隘性。自由贸易在促进和平因素发展的同时，也有可能诱发国际冲突。自由贸易并不意味着必然导致和平，它不能独自成为国际和平的最后保障。

3. 共和自由主义

共和自由主义在西方国际政治学界的主要表现之一是"民主和平论"。从国际政治研究的角度看，康德的"永久和平思想"是"民主和平论"的理论原型。第一次世界大战结束前后，威尔逊对自由主义的"国际主义"思想作出进一步发展，提出了"通过制度保障和平"的基本理念。1919 年，奥地利学者熊彼特提出"民主的资本主义能导致和平"的基本命题。1976 年，斯莫尔和辛格首次对"民主导致和平"这种现象作出经验性描述。1983 年，在《康德、自由主义遗产与外交事务》一文中，迈克尔·多伊尔从理论的高度正式提出"民主和平论"。1993 年，布鲁斯·拉西特在其著作《把握民主和平：冷战后世界的原则》

① ［德］康德：《历史理性批判文集》，何兆武译，商务印书馆 1990 年版，第 127 页。

中对"民主和平论"作了系统论述。"民主和平论"的主要观点包括：第一，民主国家之间从来没有（或很少）发生战争；第二，考虑到民主的原则和理性，民主国家之间即使偶尔发生战争，也是有一定限度的；第三，与民主国家相比，非民主国家更加好战，战争多发生在专制国家之间。第四，"民主国家"不回避与"非民主国家"之间的战争。冷战结束以来，"民主和平论"在西方国际政治学界有了突飞猛进的发展。

三、建构主义理论

在国际政治学界，建构主义发展势头最快而又最为复杂。建构主义内部呈纷争之态势，有常规派与批判派、现代派与后现代派之争，也有激进派、温和派、现代派以及女性主义派之争，等等。其中，亚历山大·温特所提出的建构主义属于比较温和的一支，也是目前最为成熟和最具影响力的一支。

1. 发展过程

建构主义是第二次世界大战后西方国际政治学界继新现实主义、新自由主义之后出现的第三个重要理论流派。它的发展经历了三个阶段：20 世纪 80 年代后期兴起，90 年代初期受到重视，90 年代中后期成为强劲学派。在《国际组织》纪念创刊 50 周年之际，该杂志分别邀请新现实主义、新自由主义和建构主义的三位代表性学者克拉斯纳、基欧汉和卡赞斯坦主编 1998 年秋季号专辑。三位作者合作撰写了长篇论文《世界政治研究 50 年：探索与争鸣》,[①] 认真总结三大学派之间的辩论。这篇论文一经发表，立刻在国际政治学界引起轰动，标志着上述三大学派在国际政治学界已经形成三足鼎立的辩论局面。

2. 基本含义

"建构"一词具有三层含义：一是具有心理学意义上的关系形成和演化过程；二是政治过程和文化环境的互动过程；三是建立在当前国际关系事实之上的因果关系之推理过程。建构主义学者把权力、意识和知识放在同样重要的地位，并且结合起来加以探索；重视各种"规范""文化""认同"等概念在政治行为分析中的作用，并且把它们作为国际政治研究的基础。

3. 主要内容

温特对加强国际关系研究的"社会学转向"起到了显著作用。温特对国际关系理论主要流派进行分类的两个尺度是：一是方法论（包括个体主义和整

---

① 　该文已经被翻译成中文，连载于《世界经济与政治》2002 年第 1—3 期。

体主义），二是世界观（包括物质主义和理念主义）。温特明确将自己的社会建构理论界定为第二种类型：整体主义/理念主义。在方法论上，温特强调国际体系的共有观念对国家的"塑造"作用；在世界观上，尽管温特承认物质因素的作用，但是他极力提倡，只有通过行为体的共有观念，客观因素才具有实际意义。整体主义的方法和理念主义的世界观构成了温特建构主义的两大理论基石。

传统建构主义坚持科学实在论的认识论。建构主义有两个重要原则：一是反理性主义原则，即国际政治的社会性结构不仅影响行为体的行为，更重要的是建构行为体的身份和利益。实际上，建构主义与新现实主义、新自由主义的本体论分歧恰恰在于这一点。二是反物质主义原则，即国际政治的基本结构不仅仅是物质性建构，更重要的是社会性建构。这条原则并不反对物质的客观存在，而是反对把物质的客观存在作为解释行为体行为的唯一或最主要原因的单纯物质主义观点。[①] 在温特看来，国际政治学者感到最困惑的问题不是本体论而是认识论，而且认识论对这门学科的发展尤其重要。为了找到一条推动实证主义与后实证主义展开对话的中间道路，温特作出如下假定：国家和国际体系是实在的体系（本体论），其本质是可以通过科学方法界定的（认识论）。这个假定暗含了科学实在论的内容。

四、其他国际政治理论

回顾这门学科的发展历程，国际政治学遵循一条"非对称发展"的道路。除了现实主义、自由主义和建构主义三大主流理论以外，国外国际政治学还包括诸如批判理论、世界体系论、国际社会理论等形形色色的非主流理论。国际政治学存在的思想理论交锋，恰如其分地展示出这门学科的无限活力。

1. 批判理论

自 20 世纪六七十年代以来，批判理论一直是西方国际政治左翼思想的重要武器。受惠于马克思主义的批判思想，尤其是经过法兰克福学派的诠释之后，批判理论在国际事务方面陆续建立了一些新的"登陆点"，对权力政治学主导的国际政治传统思想构成了新的挑战。批判理论的关注点有二：一是国家批判途径。第一种国家批判途径是由考克斯提出的。这种途径看重第三世界国家的反抗斗争（反

---

① ［美］亚历山大·温特：《国际政治的社会理论》，秦亚青译，上海人民出版社 2000 年版，第 21 页。

对生产关系全球化的消极后果）以及核心国家与边缘国家的精英联系对于世界财富分配的影响。第二种国家批判途径与哈贝马斯的启示直接相关。这种途径强调各种变化对社会联合的影响，这些变化既使主权国家的成员互相支持，也使它们同外部世界相互区别。这种研究角度的主要特点在于，看重主权国家内部的紧张关系，即边缘国家、发达国家所出现的分化过程。二是公民与国家之间、各种政治共同体之间联系的弱化。批判理论家的一个重要话题是主要工业化强国的力量出现了相对减弱的趋势。如果考虑到战争在创造民族国家共同体方面的作用，那么可以说西方国家和地区出现了可贵的和平态势。

2. 世界体系论

世界体系论是对"现代化理论"的反叛。针对"现代化理论"以单个"国家"和"社会"为研究单位的做法，世界体系论主张以"世界体系"为研究单位。1974年，沃勒斯坦出版了《现代世界体系（第一卷）：16世纪的资本主义农业和欧洲世界经济的起源》一书，这标志着世界体系论在国际政治学界正式兴起。按照沃勒斯坦的定义，世界体系是一个实体，这种实体具有单一的劳动分工和多元文化；作为一个体系，它主要涉及三个方面，即"世界经济""世界政治""世界文明"。世界体系首先是、事实上也主要是一种世界经济体系，世界政治体系是世界经济体系的自然衍生物，世界文明的不同形态则在世界经济体系中被整合、归位。世界体系分析标志着一种与欧美学术界推崇的社会科学研究传统大相径庭的方法论，它提出了一种强调"大规模""长时段""总体性"的社会变革和历史变迁的新的思考及研究方式。

3. 国际社会理论

英国国际关系学者别具一格的"国际社会"思想引起广泛关注。英国国际关系学者的学术特征主要表现在两个方面：其一，三个重要概念（国际体系、国际社会和世界社会）并行存在；其二，坚持理论探索的多元主义方法。上述三个概念有时与霍布斯（马基雅维利）、格劳秀斯和康德相对应，而且常常与怀特关于国际理论的"三种传统"（现实主义、理性主义和革命主义）相吻合。国际体系、国际社会、世界社会三个概念应该是平行发展的，但是英国学派成员对它们的论述是不平衡的，其中关于国际社会的研究最为成熟。英国学派的成员大多认为，自己的研究对象就是国际社会，甚至主张国际社会是英国学派思想的一面旗帜。英国学派的传统理论内核可以概括为："一个核心、三个支点"，即以"国际社会"为核心概念，以"国际秩序""国际正义""维系国际社会的因素"为研究支点。所谓的"国际社会"就是指在国际舞台上虽然缺少最高权威，但是国家却能够为了实现一些共同价值观念，遵守国际规则、国际规范、国际制度。这种社会虽然是无政府的，但却是有序的。① 国际秩序和国际正义是国际社会的两种基本价值，维系国际社会实际上就是上述两种价值的实现。

总而言之，国外的国际政治学理论根植于西方国家政治实践的演进。一方面，这种"西方制造"的印记和狭隘性始终贯穿于国际政治研究的全部过程，并影响了国际政治学的健康成长。另一方面，国际政治学理论也具有极强的"自我更新"能力。一些曾经"备受冷落"的理论，随着形势的变化并经过学者的修正之后，常常能够再次引起国际政治学界的关注，甚至展示出鲜明的地区或国别特色。

第三节　中国特色的国际政治思想与理论

中国崛起与世界转型并行，推动中国成为举世关注的重心。恩格斯指出："每一个时代的理论思维，包括我们这个时代的理论思维，都是一种历史的产物，它在不同的时代具有完全不同的形式，同时具有完全不同的内容。"② 随着中国崛起效应的全面展开，理论自觉、理论自信成为一种现实的诉求，而中国特色的国际政治思想理论呈呼之欲出之势。

中国国际政治理论研究的发展历程基本与改革开放同步。中国走向改革开放之时，正是国际政治理论研究在中国悄然兴起之际；中国逐步扩大改革开放之时，也是国际政治理论研究取得长足发展之际。经过几十年的发展，中国国际政治理论研究从单一的国家间关系研究扩展到几乎国际关系的所有研究领域。③ 其间，中国国际政治学界深刻认识到，建设中国自己的国际政治理论体系不仅仅是理论发展的必然，也包含着现实的必要性。自 1987 年起，诸多学者强调国际政治研究的"中国特色"；而进入 21 世纪以来，中国国际政治学界不再聚焦于"中国特色"的

---

① ［英］赫德利·布尔：《无政府社会——世界政治中的秩序研究》（第四版），张小明译，上海人民出版社 2015 年版，第 1 页。

② 《马克思恩格斯文集》第 4 卷，人民出版社 2009 年版，第 436 页。

③ 参见梁守德：《国际政治学在中国——再谈国际政治学理论的"中国特色"》，《国际政治研究》1997 年第 1 期，第 1—9 页；倪世雄、许嘉：《中国国际关系理论研究——历史回顾与思考》，《欧洲》1997 年第 6 期，第 11—15 页；王逸舟：《当代国际政治析论》，上海人民出版社 1995 年版，第 11—12 页；资中筠：《国际政治理论探索在中国》，上海人民出版社 1998 年版，第 1 页；陈岳：《对建立中国国际政治学理论体系的思考》，《教学与研究》2005 年第 4 期，第 80—84 页；秦亚青：《中国国际关系理论研究的进步与问题》，《世界经济与政治》2008 年第 11 期，第 13—23 页。

争论，转而致力于"中国学派"的建构，中国国际政治理论研究变得愈加规范与厚重。另一方面，中国国际政治研究正迎来新的发展瓶颈，这就是如何秉持中国重心，将理论研究与中国实践相结合，突破对西方国际政治理论范式的模仿与追随，开创中国国际政治理论研究的新图景。

一、中国传统文化中的国际政治思想

当今世界上，每一个具有悠久思想文化传统的国家都对人类共同的思想遗产有所贡献，同时，也都分享着人类的思想遗产。一个国家的国际政治思想与理论本质上包含着对全人类整体发展的思考，但必然植根于该国的历史、文化和思维方式，无不带有其自身文化的特质。当前的主流国际政治理论多以西方经验为圭臬，具有明显的西方中心主义色彩，难以体现世界文化多样性的本质。作为世界的文明古国，中国拥有几千年文字记载的完整历史，文化博大精深。中国国际政治理论的构造与发育，不能脱离几千年的历史智慧。继承和发扬中华民族的优秀文化传统，从中国古代先贤的政治思想中汲取营养，丰富现有的国际政治理论，是形成和发展中国特色国际政治理论的重要基础条件。随着中国国际政治学界自主性意识的提高，从传统文化和政治思想中挖掘资源正日益成为发展趋势。

中国特色的国际政治理论建构应基于中国绵延数千年的传统文化底蕴。在哲学理念上，中国传统文化追求"天人合一"的境界。"天人合一"主张人与自然的整体性，崇尚人与自然、人与天地万物的和谐共生。老子曰："天得一以清，地得一以宁"[1]；孔子曰："吾道一以贯之。"[2] "天人合一"的哲学理念构成了中国传统国际政治思想的精神内核，塑造了中国传统国际政治思想包容共生的本质特征。以此为基础，中国形成了"德政""中庸"等政治思想和以"和"为中心的外交哲学，并体现出"和而不同"的国际政治思维。

在政治理念上，中国传统文化追求"天下大同"理想。这种理想主张"居天下之广居，立天下之正位，行天下之大道"[3] 的政治法则，塑造了中国传统国际政治思想开放包容的特质，反映了中国人对世界秩序和人类福祉的终极关怀。中国传统文化强调的仁、义、礼、智、信等观念可相应地为国家行为的准则提供规范。

在利益观念上，中国传统文化强调"推己及人""兼善天下"，反映了朴素的共同利益理念，也强调舍利取义、融义于利的义利观。与西方殖民者开疆拓土、

---

[1] 《老子道德经注校释·三十九章》，王弼注，中华书局 2008 年版。
[2] 《论语译注·里仁篇第四》，杨伯峻译注，中华书局 2009 年版。
[3] 《孟子译注·滕文公章句上》，杨伯峻译注，中华书局 1960 年版。

强使落后国家屈服的做法不同，朝贡体系的形成以周边地区对中华文明的巨大交往需求为内在动力。这种需求不仅源于周边国家和民族对中国文化的崇仰，还源于与中国"厚往薄来"的交往中得到的巨大经济利益，以及中原王朝政治承认和政治保护所带来的地区和平秩序。新中国成立以来，无论是和平共处五项原则中的"平等互利"理念、"互利共赢"的开放战略，还是党的十八大以来所积极倡导的正确义利观，均体现了共同利益在中国国际政治思想理论中的重要性。另一方面，春秋战国时期对国家利益的出发点、战略与策略的考虑和操作等"都达到相当成熟的水平，有其永久性和普遍性"。

在安全观念上，中国传统文化强调"以和为贵""协和万邦"，不强调武力征服，而是崇尚道德和文化感召的作用。孔子曰："远人不服，则修文德以来之。"[①]老子曰，"兵者，不祥之器，非君子之器。不得已而用之。"[②] 尽管几千年来中国一直保持着对周边国家的核心优势地位，但中国从不强调武力征服的作用。

在战略文化上，中国传统文化追求"不战而胜""以战止战""上兵伐谋"的境界，统一、安定、和平始终是中国传统战略文化的主旋律。战略的底蕴和根基是思想文化，而道德主义则是中国传统战略文化的重要品格。在道德主义和现实主义之间构建成熟的合作型战略文化，是中国一以贯之的战略追求。

中国传统文化博大精深、灿若星空，涉及国际政治思想的有重大价值的论述不胜枚举，有待进一步深入挖掘和系统总结。

二、中国共产党的国际政治思想

中国共产党的国际政治思想是指历代中国共产党领导集体关于国际问题的思想。它植根于中国的历史与现实，同时又有时代和国际的根据，是马克思主义同时代特征和当代中国实践相结合的产物，既有宽广的世界眼光，又立足于中国国情的演变，为建立中国特色的国际政治理论提供了理论指导和现实典范。可以说，丰富的国际战略、外交思想是中国建设国际政治理论的主要思想源泉。中国共产党的国际政治思想，最根本之点在于其战略思维。新中国成立以来，中央领导集体均立足中国，面向世界，以中国的视角观察和判断世界局势的变化，始终把国家主权、国家利益、国家安全放在第一位，但又体现出放眼世界、关注全人类命运的情怀，始终把中国前途与人类命运紧密结合在一起，体现出全人类共同体的

---

① 《论语译注·季氏篇第十六》，杨伯峻译注，中华书局 2009 年版。
② 《老子道德经注校释·三十一章》，王弼注，中华书局 2008 年版。

理想和胸怀，尤以人类命运共同体为集中表达。概言之，中国共产党的国际政治思想主要体现在如下几个方面：

第一，倡导和平思想。和平是国家发展的基石，也是人类发展的终极追求。中国共产党始终坚持和平共处五项原则，提出和平发展是世界主题、中国和平发展道路、和谐世界等战略思想，体现了对和平的一贯追求。毛泽东认为，人类的生存和发展需要和平的环境，和平是各国人民的共同愿望和需求，是国际社会的共同利益，因此他提出"和平为上"的主张。但是他认为世界和平需要各国人民去争取、去斗争。① 邓小平适时而鲜明地提出了和平与发展是当今世界两大问题的科学判断，认为解决和平与发展问题，既要扩大国际合作，又要坚持必要的斗争。② 江泽民强调要和平、求合作、促发展已经成为时代的主流，维护世界和平，促进共同发展，事关各国人民的福祉，是各国人民的共同愿望，也是不可阻挡的历史潮流。他把中国传统文化中"和而不同"的思想运用到国际政治的实践领域，主张和谐而又不千篇一律，不同而又不相互冲突。和谐以共生共长，不同以相辅相成，既赋予中国优秀传统文化以时代气息，也使当代国际社会从中国传统智慧中获得启迪。③ 胡锦涛明确提出中国将始终不渝走和平发展道路，和平发展道路的主要内涵是，既通过维护世界和平发展自己，又通过自身发展维护世界和平；在强调依靠自身力量和改革创新实现发展的同时，坚持对外开放，学习借鉴别国长处；坚持把国家和人民的根本利益作为外交工作的出发点和落脚点，同时坚持把中国人民的利益同世界人民的共同利益结合起来，永远不称霸，不搞扩张。④ 习近平倡导和平发展、合作、共赢的时代观，提出"共同、综合、合作、可持续"总体安全观，强调走和平发展道路是中国人民对实现自身发展目标的自信和自觉，要求更好地统筹国内国际两个大局，坚持开放的发展、合作的发展、共赢的发展，通过争取和平国际环境发展自己，又以自身发展维护和促进世界和平。⑤

第二，强调国家利益和人类利益的结合，奉行正确义利观，发展共同利益。新中国成立以来，中国共产党领导集体倍加珍惜国家的独立自主，确立以国家利益作为处理国家关系依据的战略思想，同时关注人类共同利益，谋求互利共赢。

① 参见中华人民共和国外交部、中共中央文献研究室编：《毛泽东外交文选》，中央文献出版社、世界知识出版社 1994 年版，第 208—213 页。
② 参见《邓小平文选》第 3 卷，人民出版社 1993 年版，第 104—106 页。
③ 参见《江泽民文选》第 2 卷，人民出版社 2006 年版，第 1—49 页。
④ 参见中央文献研究室编：《十六大以来重要文献选编》（中），中央文献出版社 2006 年版，第 973—998 页。
⑤ 参见《习近平谈治国理政》，外文出版社 2014 年版，第 247 页。

改革开放以来，中央领导集体调整曾以社会制度和意识形态划界的做法，从中国人民和世界人民的根本利益出发，根据事情本身的是非曲直，独立自主地决定自己的态度和政策。邓小平就此指出，"考虑国与国之间的关系主要应该从国家自身的战略利益出发。着眼于自身长远的战略利益，同时也尊重对方的利益，而不去计较历史的恩怨，不去计较社会制度和意识形态的差别，并且国家不分大小强弱都相互尊重，平等相待。"① 进入 21 世纪以来，中央领导集体坚持互利共赢的战略思路，强调与各国在利益汇合点的基础上开展合作，与各国建立和发展利益共同体、责任共同体、命运共同体。中国倡导"人类命运共同体"意识，大力弘扬新型义利观，主张对发展中国家义利并举、义重于利，把本国发展战略与周边国家、发展中国家相对接，倡议并落实"一带一路"建设，深化各国之间的互信合作。

第三，始终坚持推动国际政治经济秩序的完善和发展。自中华人民共和国成立至今，中国就是国际秩序的积极变革者。鉴于参与创立第二次世界大战后国际秩序及被排除秩序决策之外的经历，中央领导集体主张建立新型的国际关系和国际秩序。中国参与国际秩序的建设始自联合国的筹划，尤以 20 世纪 70 年代、90 年代和 21 世纪初为中国积极参与国际秩序建设的制高点。中国支持第三世界国家建立国际经济新秩序的主张，并为之作出杰出贡献。1974 年，邓小平在联合国大会第六届特别会议上系统提出了中国关于建立国际政治经济新秩序的主张。② 冷战结束后，国际格局进入转型期，不同国际秩序观的交锋日趋激烈，中国也在不断为其国际秩序观注入新鲜内容。进入 20 世纪 90 年代，中央领导集体把推动建立国际新秩序视为"有所作为"的重要内容，系统阐述了以和平共处五项原则为基础建立国际政治经济新秩序的主张。随着中国国际地位的上升，中国对待国际秩序的观点更加辩证。中国深刻认识到国际秩序建设的艰巨性，注重以渐进、和平、民主的方式改革现有国际政治经济秩序中的不公正、不合理的方面。2005 年 12 月公布的《中国的和平发展道路》白皮书第一次提出推动国际政治经济秩序朝着更加公正合理的方向发展的思想。党的十八大报告提出"推动国际秩序和国际体系朝着公正合理的方向发展"③。党的十九大报告强调，"实现中国梦离不开和平的国

---

① 《邓小平文选》第 3 卷，人民出版社 1993 年版，第 330 页。
② 参见裴坚章、王泰平：《中华人民共和国外交史（第三卷）：1970—1978》，世界知识出版社 1999 年版，第 476—480 页。
③ 胡锦涛：《坚定不移沿着中国特色社会主义道路前进　为全面建成小康社会而奋斗——在中国共产党第十八次全国代表大会上的报告》，人民出版社 2012 年版，第 48 页。

际环境和稳定的国际秩序"①，中国要做"国际秩序的维护者"，并明确把"构建人类命运共同体，建设持久和平、普遍安全、共同繁荣、开放包容、清洁美丽的世界"作为目标，把"积极参与全球治理体系改革和建设，不断贡献中国智慧和力量"作为主要方向。② 党的十九大报告指出，构建人类命运共同体的主要原则和路径是：相互尊重、平等协商，坚决摒弃冷战思维和强权政治，走对话而不对抗、结伴而不结盟的国与国交往新路；坚持以对话解决争端、以协商化解分歧，统筹应对传统和非传统安全威胁，反对一切形式的恐怖主义；同舟共济，促进贸易和投资自由化便利化，推动经济全球化朝着更加开放、包容、普惠、平衡、共赢的方向发展；尊重世界文明多样性，以文明交流超越文明隔阂、文明互鉴超越文明冲突、文明共存超越文明优越；坚持环境友好，合作应对气候变化，保护好人类赖以生存的地球家园。

第四，一贯反对霸权主义和强权政治。新中国成立以来，中央领导集体一贯珍视自己的独立自主，并强调尊重别国的独立自主权利，始终坚持反对霸权主义和强权政治，并将之作为中国外交的重要任务。随着中国和平发展，中央领导集体进一步强调中国发展绝不以牺牲别国利益为代价，我们绝不做损人利己、以邻为壑的事情，向世界作出永远不称霸、永远不搞扩张的庄严承诺。同时，中国提出并落实和谐世界的思想，堪称是对反霸思想继承基础上的超越，代表着中央领导集体致力于以更加积极的姿态参与国际事务，与国际社会共同应对全球性挑战，努力为全球和平发展作出贡献。

第五，高度重视国际合作。中国共产党始终强调中国是国际社会的重要组成部分，中国离不开世界，世界也离不开中国，和平、发展、合作、共赢是人类发展的潮流。中国尤其强调加强与发展中国家的合作。毛泽东提出"三个世界"的划分，强调倚重第三世界的重要性。邓小平继承和发展了毛泽东"三个世界"划分的理论，提出"东西南北"问题，认为和平问题是东西关系问题，发展问题是南北关系问题，积极倡导南南合作，促进第三世界国家之间的关系。冷战结束以来，加强同发展中国家的团结合作被视为中央领导集体国际政治思想的基本立足点。随着中国的进一步发展，中国同外部世界利益融合达到前所未有的广度和深度，高度重视国际合作，强调和衷共济、合作共赢成为中央领导集体国际政治思

---

① 习近平：《决胜全面建成小康社会 夺取新时代中国特色社会主义伟大胜利——在中国共产党第十九次全国代表大会上的报告》，人民出版社 2017 年版，第 25 页。

② 习近平：《决胜全面建成小康社会 夺取新时代中国特色社会主义伟大胜利——在中国共产党第十九次全国代表大会上的报告》，人民出版社 2017 年版，第 58—60 页。

想理论的重要表述。① 党的十八大以来，新一代中国共产党领导集体高度关注国际合作，致力于"一带一路"建设，并将其视为国际合作的新平台，推动中国国际合作迈上新台阶，习近平强调，推进一带一路将开创合作共赢的新模式，建设和谐共存的大家庭。

第六，为国际社会作出中国的贡献。毛泽东强调中华民族要为人类作出较大贡献；邓小平指出，中国首先要做好中国自己的事情，把中国发展好、建设好，显示出中国社会主义制度的优越性，这样才能更多地尽国际主义义务，为人类作出更大的贡献。冷战结束以来，中国从过去专注于自身发展演进为推动世界共同发展。中央领导集体深刻认识到，人类面临诸多难题和挑战，维护世界和平、促进共同发展任重道远，面对国际形势的深刻变化和世界各国同舟共济的客观要求，各国应该共同推动建立以合作共赢为核心的新型国际关系，而中国愿意为世界和平、人类进步作出更大的贡献。习近平在党的十九大报告中指出，中国"日益走近世界舞台中央、不断为人类作出更大贡献"②。这种贡献不仅体现在物质方面，也体现在精神和理念方面。为全球治理提供中国智慧与中国方案，提出构建人类命运共同体的主张并付诸实践，在国际社会引起积极共鸣与回应就是鲜明的例证。习近平提出命运共同体的四大内涵是各国相互尊重、平等相待；合作共赢、共同发展；实现共同、综合、合作、可持续的安全；不同文明兼容并蓄、交流互鉴。构建人类命运共同体，是以习近平同志为核心的党中央在洞察国际形势和世界格局演变大趋势的基础上，对人类社会发展进步大潮流的前瞻性思考，与构建新型国际关系的主张一脉相承、互为补充。③ 党的十九大对进入新时代的中国外交进行了顶层设计，集中概括为推动构建新型国际关系，推动构建人类命运共同体。

三、中国学派的国际政治理论探索

1. 中国国际政治理论探索的基本历程

中国的国际政治理论研究起步较晚。马克思指出，"理论在一个国家实现的程

① 参见《习近平谈治国理政》，外文出版社 2014 年版，第 250 页。
② 习近平：《决胜全面建成小康社会 夺取新时代中国特色社会主义伟大胜利——在中国共产党第十九次全国代表大会上的报告》，人民出版社 2017 年版，第 11 页。
③ 参见王毅：《中国特色大国外交的全面推进之年》，《国际问题研究》2016 年第 1 期，第 1—8 页。

度，总是取决于理论满足这个国家的需要的程度。"① 中国国际政治理论的发展历程证明了这一论断的正确与价值。改革开放以来，中国的国际政治理论研究取得了长足发展。

中国国际政治理论研究起步之初，出于实际需要和现实情势，以引进西方的国际政治理论为开端。1978—1989 年是中国引进西方国际政治理论的起始阶段，一些西方理论著作被陆续介绍、翻译进来。1989—1999 年是大规模引进西方现实主义、科学行为主义等国际政治理论流派著作和尝试创立中国国际政治理论体系的阶段。期间，西方现实主义的国际政治理论著作大多被介绍进来，中国的国际政治理论研究深受其影响；一些新的理论观点如"历史终结论""文明冲突论""民主和平论"等在中国引起强烈反响，对上述观点的相关批评与回应推动了中国学者的深入思考；中国学者对毛泽东、邓小平的国际战略思想进行深入挖掘，涌现了大批相关著述；中国学者尝试建立自己的国际政治理论体系，相继推出了诸多国际政治理论概论、专论等，完成了从无到有的突破。2000 年以来，中国学者对中国特色国际政治理论的激烈争论告一段落，中国的国际政治理论发展进入理性批判和辩证吸收时期。对国外国际政治理论的译介已经不再完全局限于美国，英国的国际社会理论、德国的社会批判理论、法国的历史社会学理论乃至拉美的依附理论都被大规模地介绍进来；中国学者对西方理论的批判、吸收和应用增强，出现了大批理论研究与实践应用相结合的文章和著作；中国国际政治学界加重挖掘传统外交文化的力度，注重研究春秋战国时期的政治思想和孙子、诸葛亮、曾国藩、李鸿章等历史人物的外交思想，并发表了一些颇有深度的著述；中国学者在国际战略、国际秩序、时代主题、国际格局等方面的研究逐渐显露出特色。中国国际政治理论研究的视野不断拓宽，相关理论研究已经基本涉及了国际政治领域的所有主要方面，中国国际政治理论研究已经成为国际政治研究最重要的分支领域之一。概言之，一些中国学者在努力吸收外来理论的同时，也注意从中国的视角研究国际政治，尝试建立中国的国际政治理论体系，如何建构中国学派成为国际政治学界的重要思考。

早在 20 世纪 80 年代中期，中国学者就提出中国国际政治理论建设的问题。国际政治理论的中国特色大致是 20 世纪 80 年代后期开始讨论的主题之一，并陆续出现了"中国化""本土化""中国视角""中国学派"的提法，体现了中国国际政治理论自主性探索逐步增强的趋势。1987 年 8 月在上海召开的第一次国际关系理

---

① 《马克思恩格斯文集》第 1 卷，人民出版社 2009 年版，第 12 页。

论研讨会明确提出建立有中国特色的国际关系理论，可视为中国特色问题讨论的发端。此后多次国际关系理论会议均以国际政治理论建设的中国特色作为主题，但整个 20 世纪 80 年代中国国际政治理论探索的主线是翻译、介绍和评价西方国家国际政治理论。进入 90 年代，对中国视角和中国见解的提法见诸笔端，中国特色问题上共识逐渐形成。与此同时，以新引进的国际政治理论解释现实的研究成果大规模出现，中国学者开始更多地使用中国经验来验证西方理论，并融入了越来越多的中国视角和思想。上述两种研究思路在 20 世纪 90 年代中后期逐步合流，就建立中国特色国际政治理论基本达成共识。2000 年之后，相关讨论转向如何进行理论创建问题，中国主体意识初步显现，中国经验和中国思想开始成为理论研究和发展的重要内容。与之相伴随，明确反对中国特色的人越来越少，使用"中国学派"说法的人越来越多。在中国国际政治理论建设的路径问题上，学界主要就一些基本原则和方向达成了共识，如应该以马克思主义为指导思想，关注中国领导人的国际政治与外交思想；从中国国情出发，对当代中国外交实践进行理论总结；从中国传统文化中吸取营养，借鉴国外理论成果等。以此为基础，中国学派的国际政治理论创新基础逐步夯实。

2. 中国国际政治理论探索的主要观点

首先，众多学者探讨了中国特色国际政治理论建设的必要性，这种特色不仅要基于中国基本国情，还要体现中国自身的理解和马克思主义的指导意义。20 世纪 90 年代之初，中国学者就明确地提出并论证了建设中国特色国际政治理论的命题，在探讨国际政治理论中国学派的历史上留下了深刻印记。其中，梁守德较为全面地论证了中国特色国际政治理论建设的必要性和路径选择。他指出，国际政治学的中国特色指的是立足中国，面向世界，从中国的角度研究国际政治演变和发展的客观规律，[①] 即站在世界与国际社会的高度，以中国为视角，融贯古今中外的异同。国际政治理论的中国特色，必须在马克思主义指导下，以中国政治家的国际政治理论为范式，吸收中国文化传统和西方国际政治理论的优秀成果，力求符合世情和国情的实际，寻找世情和国情的最佳汇合点，这是铸造中国特色的必由之路。他进而提出以权利政治为主题构建中国国际政治理论，认为探索中国理论建设的新视角应以权利为主题和贯彻始终的主线，在系统论证相关的理论和基本问题的基础上，构建新体系。王逸舟也强调，中国自身的不同是构筑起国际政

---

① 参见梁守德：《中国国际政治学理论建设的探索》，《世界经济与政治》2005 年第 2 期，第 16—21 页。

治理论所必须关注的基础："中国是一个以马克思主义、毛泽东思想和邓小平理论为国家政治制度和意识形态的基本指导思想的社会主义国家，中国共产党作为惟一的执政党，决定着中国社会的政治经济改革、发展和稳定的总体方向。这是中国国际关系学存在与发展的大环境。它也从根本上决定了中国国际问题研究从本质上不仅有别于欧美西方国家，也不同于亚非拉的发展中国家，不同于俄罗斯这样的转型国家。"①

其次，学者们深入探讨了西方国际政治理论在中国现实问题上的解释盲点。门洪华指出，在中国崛起的问题上，既有国际政治理论的主流范式体现出解释的乏力。任何一个国家国际政治研究的重大发展，都必须建立在对世界发展趋势的把握和对本国最重大议题认识的基础上，前者是关键性的前提，而后者是不可或缺的重心。历史上的中国是一个由大一统的国家理想和大同社会的世界理想而生成的国家，与西方国家有着不同的文化逻辑和历史经验。纵观中国国际政治理论的发展历程，我们不无遗憾地看到，尽管有诸多清醒和冷静的学者在呼唤和探索中国的国际政治理论范式，但总体而言中国国际政治研究依旧被笼罩在西方理论范式之下，还没有深入挖掘和自发弘扬中国的文化理念，反而有丢失文化传统之虞。② 秦亚青就此指出，中国语境下的国际关系理论发展目前更多的是一种学习和借鉴，具有原创性的理论和理论范式还没有出现，真正的理论创新阶段还没有到来。③

再次，学者们探讨了中国学派形成的核心要素。秦亚青指出，在中国国际政治研究问题上，中国学者一直有着建立中国国际政治学派的意识，但大都是在考虑思想渊源和思维模式对国际政治的影响，很少意识到核心理论问题的重要意义，因此很难产生理论硬核，进而发展成为中国学派。他提出，理论核心问题的建构是国际政治中国学派生成的必要条件，中国和平融入国际社会就是中国国际政治理论研究的核心问题，中国是否可以和平融入、什么条件可以促进和平融入、国际社会负责任成员对中国的意义等问题均与此相关，是中国国际政治研究议程的重要组成部分。④ 其他学者则以此为参照指出，中国国际地位的提升给中国国际政

---

① 王逸舟：《过渡中的中国国际关系学》，《世界经济与政治》2006 年第 4 期，第 10 页。
② 门洪华：《回归国际关系研究的中国重心，架起理论与实践的桥梁》，《教学与研究》2005 年第 11 期，第 28—31 页。
③ 参见秦亚青：《中国国际关系理论研究的进步与问题》，《世界经济与政治》2008 年第 11 期，第 13—23 页。
④ 参见秦亚青：《国际关系理论的核心问题与中国学派的生成》，《中国社会科学》2005 年第 3 期，第 165—176 页。

治学者带来了一个具有普遍意义的"核心问题"，即中国如何实现崛起，以及由西方主导的国际体系如何适应和接纳一个日益强大的中国，简言之，崛起的中国如何与国际体系进行互动。

最后，学者们深入探讨了建立中国学派的思路。学界开始注重从中国自身的历史经验和文化思想传统中发掘中国国际关系理论建设的思想历史资源与世界观念依据，其中比较有代表性的研究有：叶自成对春秋战国时期各诸侯国间邦交思想进行探索；赵汀阳从天下角度对世界政治制度进行探讨；阎学通通过对先秦文献中邦交思想的梳理和归纳，提出"道义现实主义"的理论归纳；秦亚青则以关系本位为路径，提出"国际政治的关系理论"。① 此外，上海学者关于"共生论"的集体发声，体现了结合时代需求进行创新性理论思考的努力。②

综上所述，在中国学派的国际政治理论探索中，四种学术倾向有所凸显，这就是哲学路线、外交史学路线、政治思想史路线和国际关系理论路线等。许多学者提出了融合性的路径，认为可以借鉴西方国际政治理论相对成熟的体系框架以及合理的概念、内涵和原理，但同时又使之具有中国学者的文化背景、思维方式和环境特点的国际政治理论。③

3. 中国国际政治理论探索的未来方向

中国国际政治理论有四个基本来源：马克思主义理论的指导、国外国际政治理论的引进和吸收、传统文化的挖掘和发扬光大、当代实践创新和理论创新。理论创新的衡量，以马克思主义理论为指导，以传统文化为积淀，以国外国际政治理论为借鉴，以当代实践创新和理论创新为标志。中国国际政治学界对建立中国特色的国际政治理论持欢迎态度，纷纷撰文探讨其具体途径；中国学者开始将主要精力转移到有意识地发掘中国传统的国际政治思想和战略文化上来；有的学者从认识论角度论述了中国学派生成的内在机理，认为中国学派的产生是学科内科学知识积累到一定程度的必然结果。上述分析表明，中国国际政治理论研究初步

---

① 主要代表作有：叶自成：《春秋战国时期的中国外交思想》，香港社会科学出版社有限公司 2003 年版；赵汀阳：《天下体系：世界制度哲学导论》，江苏教育出版社 2005 年版；阎学通、徐进：《中国先秦国家间政治思想选读》，复旦大学出版社 2008 年版；阎学通：《道义现实主义的国际关系理论》，《国际问题研究》2014 年第 5 期，第 102—128 页；秦亚青：《国际政治的关系理论》，《世界经济与政治》2015 年第 2 期，第 4—10 页。

② 参见金应忠：《国际社会的共生论——和平发展时代的国际关系理论》，《社会科学》2011 年第 10 期，第 12—21 页；任晓编：《共生——上海学派的兴起》，上海译文出版社 2015 年版。

③ 参见陈岳：《对建立中国国际政治学理论体系的思考》，《教学与研究》2005 年第 4 期，第 80—84 页。

具备了学科自觉、学派自觉与学术自觉，基本具备了进行独立理论创新的环境，中国国际政治理论研究的春天正在到来。① 另一方面，中国国际政治研究在基础理论建设方面有了相当的进步，对西方国际政治理论的译介批评大规模展开，对传统文化的研究工作日趋深入。但是，相比国际研究水平和国内需要而言，中国对优秀传统文化的挖掘非常不够，对国外国际政治理论的评价尚不全面、不完整；中国的国际政治研究缺乏科学性，在具体问题的分析层面缺少理论框架，而且缺乏科学的理论验证和科学分析方法，理论研究与实践应用没有得到很好的结合。换言之，中国国际政治理论发展的根基尚不坚实，中国国际政治理论研究缺乏原创性、科学性、独立性，还没有建立起相对完备的理论话语体系。

面向未来，我们认为，中国国际政治理论体系的确立和中国学派体系的形成，需要密切关注如下几个方面：

第一，坚持马克思主义的理论指导。我们强调马克思主义的指导，并不意味着要用马克思主义本身来代替国际政治理论研究，也不是简单地套用马克思主义的个别观点来解释具体的现实问题。邓小平曾明确指出："马克思主义理论从来不是教条，而是行动的指南。"② 首先以开阔的视野，科学而准确地掌握马克思主义的国际政治理论，马克思主义国际政治思想关于国家体系理论、战争与和平理论、国家间关系理论的论述具有重大理论价值，值得深入挖掘。其次，马克思主义作为方法论的价值应该得到坚持和更大的重视。正如恩格斯强调指出的："马克思的整个世界观不是教义，而是方法。它提供的不是现成的教条，而是进一步研究的出发点和供这种研究使用的方法。"③ 最后，马克思主义对中国的更大影响是来源于马克思主义在实践中的创新，熟练地掌握和运用马克思主义中国化的最新成果是中国国际政治理论创新的重要基础条件。中国国际政治理论以马克思主义为指导，同时又要充分体现当代中国的马克思主义。④

第二，突出中国重心。一个大国的国际政治理论研究应该以本国为重心。国际政治理论研究的美国重心如此耀目，不仅是美国国家强盛的必然效应，也与美国学界的积极努力直接相关。长期以来，中国的国际政治研究以西方为重心——

---

① 相关著述参见门洪华：《关于中国国际关系研究现状的评估报告》，《欧洲》2002 年第 3 期，第 90—105 页；秦亚青：《国际关系理论的核心问题与中国学派的生成》，《中国社会科学》2005 年第 3 期，第 165—176 页。

② 《邓小平文选》第 3 卷，人民出版社 1993 年版，第 146 页。

③ 《马克思恩格斯文集》第 10 卷，人民出版社 2009 年版，第 691 页。

④ 参见王毅：《国际形势的变化趋势与中国的国际关系理论建设》，《外交学院学报》2000 年第 3 期，第 1—7 页。

主要是以西方的理论范式诠释世界和中国的现实，与中国长达一个多世纪的积弱相辅相成，与我们对西方理论范式的模仿与追随分离不开，也与我们对弘扬文化传统力度不够直接相关。1978 年以来中国的改革开放进程正在逐步扫除这些现实和心理的障碍，为中国国际政治研究提供了宏大的视野，确立和突出中国重心恰当其时。这意味着应将中国面临的重大问题作为国际政治理论研究的中心议题，弘扬传统哲学、理念和理想，走上本位性的学术创新之路，为国际政治理论研究贡献中国观点、中国理念、中国理论。

第三，处理好古与今的关系。充分吸取中国传统文化中的精华，加强对中国历史文化传统的研究。弘扬和充分利用中国博大的文化传统和丰厚的历史遗产，为国际政治理论发展提供强有力的文化依托和取之不尽的思想资源，将中国历史经验与国际政治理论更好地结合分析，更深入地挖掘西方理论无法解释的中国现象，促成中国理论范式的出现。与此同时，既要着眼于现实需要，总结中国丰富的外交实践经验，又要超越为现实政策寻找理论依据的阶段，凝练中国国际政治理论的基本概念和核心主张，构建中国国际政治理论的内核。

第四，处理好中与外的关系。积极借鉴外国国际政治理论的合理成分，兼收并蓄、融合消化并努力超越，以一种开放的、建设性的心态看待国际政治理论的发展，在国际政治理论的研究中注意吸取其他理论流派的精华。同时坚持从中国的实际出发，突出中国学者在国际政治学理论探索中的中国话语、中国风格和中国特色，从而为建构更有解释力的中国国际政治理论作出贡献。

思考题

1. 马克思主义经典作家的世界历史观有哪些重要思想？
2. 马克思主义经典作家的民族殖民地理论有哪些内容？
3. 现实主义与自由主义的相互联系是什么？
4. 建构主义的基本含义及主要内容是什么？
5. 如何理解传统文化与中国国际政治理论建设的关系？
6. 如何看待中国国际政治理论的发展历程与前景？

第二章 国际体系

从整体视角观察一定时期的国际关系态势时我们会发现，在国际行为体之间的相互影响和相互作用过程中，会逐渐形成一种较为稳定的互动模式，形成一种国际体系。这种国际体系的形成有赖于体系内部各单位之间相对稳定的结构关系的构建以及体系各单位共同遵循的规则的确立，因此，国际体系与国际格局和国际秩序问题紧密相连。本章就是从国际体系的内涵及特征入手，对国际体系以及国际体系与国际格局、国际体系与国际秩序的关系进行分析，探究影响国际体系稳定、变革的诸多因素，以及未来国际秩序的建构问题。

第一节　国际体系及其特征

全球性国际体系的形成始于 19 世纪末 20 世纪初欧洲发达资本主义国家在工业革命之后对整个世界的殖民扩张进程，其后由于两次世界大战国际体系经历了历史演变；而对国际体系的研究则萌发于 20 世纪 40 年代末 50 年代初，盛行于 60 年代以后。

一、国际体系的界定

1. 体系

要了解国际体系的内涵，首先必须弄清楚体系的基本含义。体系一词，在《现代汉语词典》里的解释是，"若干有关事物或某些意识互相联系而构成的一个整体"，比如防御体系、工业体系、思想体系等，在很多时候，体系和系统是混同使用的；在英文里，体系是 System，主要是指一组有序互动或相互依赖的事物所构成的统一整体，或者指有组织的一套学说、思想或原则，通常用以解释一个有系统的整体的排列与运作。[①]

在中英文不同的表述中我们可以看到一些共同点，那就是在体系中都存在着一定的或相互关联或相互依赖的事物，我们可以将其称为"单元"，各单元之间是

---

① *Webster's Ninth New Collegiate Dictionary*, Springfield, MA: Merriam – Webster Inc., 1991, p. 1199.

互动的，而不是相互孤立或隔绝存在的，由单元间的互动而构成的整体，我们就称之为体系。因此，"体系""单元""互动"就构成了体系概念的三个核心要素。

关于体系论的研究，一般来说是源于 20 世纪 30 年代出现的系统论思想。20 世纪以后，科学技术的不断发展推动了人类思维科学的进步，30 年代，贝塔朗菲首先提出了一般系统论思想，50 年代初期，塔尔科特·帕森斯和戴维·伊斯顿先后把系统论引入社会学和政治学，50 年代末 60 年代初，莫顿·卡普兰等学者运用系统论方法研究国际政治问题，提出了国际系统理论，从此开启了国际关系领域的体系论研究。

2. 国际体系

通常来说，国际体系的概念是从体系概念延伸而来的，就是指各种国际行为体（主要是国家）之间按照一定的规则或结构相互联系、相互作用、相互依存所构成的统一体。

但是，在国际关系学界，关于国际体系的界定是仁者见仁、智者见智，并不存在一个统一公认的概念。在西方国际关系学者中，不同学派对此的界定都有所不同。如新现实主义的代表人物肯尼思·华尔兹认为，系统被定义为一系列互动的单元，从层次角度来说，系统包含一个结构，结构是系统层次上的一个组成部分，由于它才可能设想单元组成一个体系，而不同于简单的集合。① 在这里，华尔兹强调系统层次即结构的作用。罗伯特·吉尔平将国际体系的概念界定为：多种多样的实体通过以某种控制形式进行有规则的互动而联结在一起的集合体。他认为国际体系包括三个主要方面：一是有"多种多样的实体"；二是具有"有规则互动"的特征；三是有调整行为的"控制形式"。② 莫顿·卡普兰认为，国际政治系统是一系列与环境存在着明显区别的变量，这些变量之间的联系已经达到了这样的程度，即其行为规律不仅成为这些变量相互间内在关系特征，而且也成为这一系列变量组合与外部变量之间的外在关系特征。③ 卡普兰在其名著《国际政治的系统和过程》一书中运用系统论的基本原理提出了国际体系的六个模式：均势体系、松弛的两极体系、牢固的两极体系、全球性体系、等级体系、单位否定体系。斯坦利·霍夫曼认为，国际体系是由世界政治基本单位组成的重要体系模式，该模

① 参见［美］肯尼思·华尔兹：《国际政治理论》，信强译，上海人民出版社 2003 年版，第 53 页。

② 参见［美］罗伯特·吉尔平：《世界政治中的战争与变革》，武军等译，中国人民大学出版社 1994 年版，第 26 页。

③ Moton A. Kaplan, *System and Process in International Politics*, New York：Wiley, 1962, p. 4.

式由不同的结构决定，大致上可分为变革型体系和温和型体系两大类。他认为两极导致变革型体系，多极导致温和型体系。英国学派的代表人物赫德利·布尔在谈到国际体系时认为，"当国与国之间经常性地交往，而且它们之间的互动足以影响彼此的行为时，我们就可以说它们构成了一个体系。"① 巴里·布赞和理查德·利特尔认为，"国际体系意指相互作用和相互依存的诸多单位的最大聚合体，这些单位之上不再有其他的体系层次。"②

中国国内学者也从不同角度对国际体系的概念进行了不同的界定。一些学者主要是从国际政治体系的角度进行界定，他们认为国际政治体系是国际政治行为体间相互作用形成的既对立又统一的有机整体。它区分为全球体系和区域体系，包括有政党体系、国际组织体系和各类国家体系。③ 也有学者认为，国际体系也称世界体系，它既包括世界经济体系，又包括世界政治体系。所谓国际体系指的是在国际范围内由各行为体（主要是国家）之间的相互政治经济联系与作用所形成的有机整体。④ 还有学者则将国际体系的界定为：在一定历史时期，彼此互动的国际关系行为体（特别是主权国家）按照某种形式有规则的互动而联结起来的整体或集合。从概念内涵上来看，国际体系具有体系之整体性和单元通过互动相联结之联系性的特点。⑤

从国内外学者的观点中，我们可以看到，他们在界定国际体系时各自所关注的角度是不同的，有的是从范围上相对于区域体系来界定国际体系的；有的是从领域方面区分国际政治体系和国际经济体系的；有的是从互动单元的构成变化来区分国际体系和世界体系的；等等。但是，其中也有共同的特点，那就是学者们都是从整体性、联系性、互动性的角度来定义国际体系的，而这些要素正是国际体系最显著的特征。

二、国际体系的形成

国际体系是人类社会发展到一定历史阶段的产物。全球性的国际体系形成于资本主义的产生与发展之中，是资本主义生产方式的产物。

---

① ［英］赫德利·布尔：《无政府社会：世界政治秩序研究》（第四版），张小明译，世界知识出版社 2015 年版，第 12—13 页。

② ［英］巴里·布赞、理查德·利特尔：《世界历史中的国际体系——国际关系研究的再构建》，刘德斌主译，高等教育出版社 2004 年版，第 61 页。

③ 参见梁守德、洪银娴：《国际政治学理论》，北京大学出版社 2000 年版，第 104 页。

④ 参见陈岳：《国际政治学概论》（第三版），中国人民大学出版社 2010 年版，第 58 页。

⑤ 参见蔡拓主编：《国际关系学》，高等教育出版社 2011 年版，第 101 页。

1. 国际体系形成的条件

一般来说，在资本主义生产方式产生之前，并不存在现代意义上的世界性的政治和经济关系。随着资本主义的兴起，特别是国际分工和世界市场的形成，整个世界被联结成一个日益相互依赖的整体。15 世纪前后，随着商品经济的发展，欧洲开始出现了资本主义的萌芽，同时 15 世纪至 17 世纪的地理大发现极大地刺激了欧洲一些国家向海外攫取财富和更大利润的兴趣，它最终使欧洲的经济联系从狭隘的区域走向更广阔的世界。到了 19 世纪，欧美各主要国家基本完成了资产阶级革命，相继实现了以机器大工业取代工场手工业的革命，资本主义生产方式最终确立。随着社会生产力的巨大发展，资本家急于为剩余资本和日益增多的商品寻找市场，他们开始奔走于世界各地，开疆拓土，建立殖民地，把大批的落后地区和民族都卷入到资本主义发展体系之中。他们在殖民地获取廉价的土地资源和原料，同时大批倾销自己的产品，进行强制性的国际分工，扩大世界市场。资产阶级通过全球性的殖民扩张彻底打破了古代农业社会人类文明区域相对闭塞、孤立发展的状态，将世界联结成了一个整体。正如马克思和恩格斯所说的，"资产阶级，由于开拓了世界市场，使一切国家的生产和消费都成为世界性的了。"① "过去那种地方的和民族的自给自足和闭关自守状态，被各民族的各方面的互相往来和各方面的互相依赖所代替了。"② 19 世纪末 20 世纪初，垄断取代自由竞争占据了统治地位。帝国主义为了攫取高额垄断利润，加紧瓜分世界。20 世纪初，整个世界基本被瓜分完毕，一个联结欧洲、南北美洲、亚洲、非洲和大洋洲的全球性国际体系已初步形成。

从国际体系形成的条件来看，主要有以下几个方面：

（1）两次科技革命的推动。在国际体系形成过程中发生了两次科技革命，这两次科技革命带来了社会生产力的迅猛发展，带来了资本主义工业结构的极大更新。一是 18 世纪中期到 19 世纪中期，以蒸汽机的发明与应用为主要标志的第一次科技革命，它使机器大工业取代了工场手工业，实现了生产力的飞跃发展，资本主义用短短的几十年时间就创造出相当于以往历史中人类所创造的物质财富的总和。机器大工业在创造财富的同时，也在世界范围内建立起国际大分工的体系关系，为资本主义的海外扩张奠定了基础。二是 19 世纪 70 年代开始的以电力工业发展为核心的第二次科技革命，首先在美国发生，并影响到整个资本主义世界。它

---

① 《马克思恩格斯文集》第 2 卷，人民出版社 2009 年版，第 35 页。
② 《马克思恩格斯文集》第 2 卷，人民出版社 2009 年版，第 35 页。

加速了生产的集中，引起了生产关系的巨大变化，使工业资本主义逐渐演变成金融资本主义，资本主义开始由自由竞争阶段发展到垄断阶段，而垄断资本急需在海外寻找出路，直接带来了资本输出及资本主义国家商品贸易在世界范围内的竞争。

（2）垄断的产生和发展。资本主义进入帝国主义时代之后，以欧洲列强为主的资本主义国家利用两次科技革命所带来的经济、技术以及军事力量的膨胀，对西方以外的世界开始了疯狂的扩张。因为垄断的发展必然使帝国主义走上瓜分世界以获取超额利润的道路。19世纪末20世纪初，从辛迪加、卡特尔到托拉斯、康采恩，从私人垄断到国家垄断，垄断的程度日益加深，垄断的规模越来越大，而垄断组织所累积的资本已经不可能被限定在国内狭小的范围内，去海外攫取高额利润成为垄断资本的必然选择。由于垄断资本的输出，使资本主义国家与殖民地国家之间的经济联系进一步加深，并扩展到政治、文化等其他领域。

（3）殖民扩张的全球化。资本主义的殖民扩张，把世界各民族都纳入资本主义体系之中了，从而形成了资本主义政治、经济、文化观念所支配的全球性的世界。但是，在这个世界里，也充斥着资本主义发展本身所带来的种种矛盾，诸如生产的社会化与生产资料的私有制的矛盾、无产阶级与资产阶级的阶级矛盾等，同时也充斥着发达国家与落后国家之间的矛盾、压迫民族与被压迫民族之间的矛盾以及资本主义国家之间的矛盾，这些矛盾往往交织在一起，给这个世界带来动荡和不安。这种国际体系的形成进程主要来自发达的资本主义国家的单向的推动，广大的落后国家只是被动地接受和依附。这种关系正像马克思和恩格斯在《共产党宣言》中所描述的那样："资产阶级，由于一切生产工具的迅速改进，由于交通的极其便利，把一切民族甚至最野蛮的民族都卷到文明中来了。它的商品的低廉价格，是它用来摧毁一切万里长城、征服野蛮人最顽强的仇外心理的重炮。它迫使一切民族——如果它们不想灭亡的话——采用资产阶级的生产方式；它迫使它们在自己那里推行所谓的文明，即变成资产者。一句话，它按照自己的面貌为自己创造出一个世界。"[1] "正像它使农村从属于城市一样，它使未开化和半开化的国家从属于文明的国家，使农民的民族从属于资产阶级的民族，使东方从属于西方。"[2] 因此，殖民政策所推动的国际体系的形成是带着血雨腥风的，是不平等的过程。

---

[1] 《马克思恩格斯文集》第2卷，人民出版社2009年版，第35—36页。
[2] 《马克思恩格斯文集》第2卷，人民出版社2009年版，第36页。

两次科技革命、垄断的发展以及殖民扩张的全球化等直接带来了国际分工的完成以及世界市场的出现，推动了整个世界的资本主义化的进程，由此带来了全球性国际体系的最终形成。

2. 国际体系的历史演变

在国际关系史上，1648年《威斯特伐利亚和约》的签订，被看作是近现代国际关系的开端。这是因为《威斯特伐利亚和约》为现代国际体系奠定了基本的原则：确认了国家主权的平等与独立；首次创立并确认了条约必须遵守和对违约的一方可施加集体制裁的原则；开创了以"会议"解决争端的先例；等等。《威斯特伐利亚和约》的这些原则，不仅结束了欧洲持续30年之久的战争，而且在欧洲大陆形成了一个相对均势的国际体系——威斯特伐利亚体系。威斯特伐利亚体系虽然是第一个现代意义上的国际体系，但是，其主要展现的是欧洲大陆的区域国际秩序，还不是世界范围的国际体系。

从全球性的国际体系的形成和历史演变来看，可以分为以下几个阶段：

（1）以欧洲为中心的国际体系。从19世纪中叶到第一次世界大战爆发，是国际体系历史演变的第一个阶段。这一阶段国际体系最基本的特征是：欧洲是世界的经济和政治中心；欧洲列强通过大规模的殖民扩张在国际体系中发挥着支配性和主导性的作用。

欧洲是近代科技革命、工业革命的发源地，也是资本主义生产方式发展较早、较快的地区。经过两次科技革命的推动，欧洲资本主义国家的生产力得到了突飞猛进的发展，随着资本主义由自由竞争向垄断阶段的迈进，帝国主义的铁蹄也开始迈向世界各地，并逐渐建立起对亚非拉绝大多数国家的殖民统治。据资料统计，从1876年到1914年第一次世界大战爆发这段时间里，仅英、法、德、俄四大帝国所占据和统治的殖民地面积的总和从4 000万平方公里增加到6 400多万平方公里。到20世纪初，世界基本上被瓜分完毕。

这个时期构成国际体系的基本单元主要是发达资本主义国家和落后的殖民地半殖民地国家。少数发达资本主义国家已经进入工业社会，由于在经济、政治、军事等方面的优势地位，它们在国际体系中处于支配和主导的地位；而广大殖民地半殖民地国家仍然是农业社会，在前资本主义发展阶段中，它们在国际体系中处于被剥削被压迫的地位。从单元之间的互动关系上来看，这一时期的国际体系内部存在着错综复杂的矛盾关系，表现为资本主义国家之间的矛盾，帝国主义国家与殖民地半殖民地国家之间的矛盾，资本主义生产方式与前资本主义生产方式之间的矛盾，等等，因此，体系内部帝国主义国家之间相互争霸的斗争以及统治与被统治、剥削与被剥削之间的斗争不断冲击着体系结构的稳定，促使国际体系发生新的演变。

（2）凡尔赛-华盛顿体系。第一次世界大战结束后到第二次世界大战爆发，是凡尔赛-华盛顿体系时期。这一时期的国际体系的主要特征是：1917 年俄国十月社会主义革命的胜利打破了资本主义一统天下的局面，两种不同性质的政治经济体系并存与斗争成为这一时期国际体系的最显著特征。同时，资本主义国家之间的关系通过第一次世界大战后的两次会议——巴黎和会和华盛顿会议得到了新的调整。美国和日本的崛起使北美和东亚在国际体系中的地位明显提高，欧洲中心地位受到严重削弱。

1917 年俄国十月革命的胜利，建立了人类历史上第一个社会主义国家，尽管资本主义国家仍然在国际体系中占据主导地位，但是，苏联作为一种新的国际力量的出现，不仅打破了资本主义一统天下的局面，而且极大地推动了殖民地半殖民地国家民族解放运动的开展，从而带来了资本主义和社会主义两大体系的并存与对抗。1919 年 1 月 18 日召开的巴黎和会实质上是第一次世界大战后帝国主义战胜国重新瓜分世界的分赃大会，以《凡尔赛和约》为主的一系列和约是帝国主义战胜国根据战后新的力量对比达成的妥协，它构成了战后欧洲国际关系的新体系，即凡尔赛体系。1921 年 11 月 12 日至 1922 年 2 月 6 日，华盛顿会议召开了。华盛顿会议实质上是巴黎和会的补充和继续，它在承认美国在太平洋及远东的优势地位基础上，重新调整了战后帝国主义在这一地区的关系，确立了战后帝国主义在远东和太平洋地区的新体系。

凡尔赛-华盛顿体系仍然是一个矛盾错综复杂的体系，而且矛盾比以往更加突出。除了帝国主义国家之间的矛盾、帝国主义与殖民地半殖民地国家之间的矛盾之外，还增加了帝国主义国家与社会主义苏联之间的矛盾，战胜国与战败国之间的矛盾等。这些矛盾的不断激化，使凡尔赛-华盛顿体系终将走向解体。

（3）雅尔塔体系。从第二次世界大战结束到冷战结束，是雅尔塔体系时期。这一时期国际体系的主要特征是：从"二战"后期开始的殖民地半殖民地国家的民族解放运动风起云涌，诞生了一系列主权国家，帝国主义的殖民体系土崩瓦解；"二战"后，社会主义国家从一国发展为多国，形成了在世界有重大影响的社会主义体系，社会主义与资本主义两大阵营、两种制度和意识形态的对抗成为国际体系的核心特征；国际体系变成三类国家即资本主义国家、社会主义国家和民族独立国家的统一体。

1945 年 2 月 4 日至 11 日，罗斯福、斯大林和丘吉尔在苏联克里米亚半岛的雅尔塔举行了具有历史意义的会议，会议不仅研究了彻底击溃德日法西斯问题，而且讨论了战后世界秩序问题，包括全球性的安排和地区性的安排，构建了影响整个战后国际关系的雅尔塔体系。雅尔塔体系表明欧洲列强统治世界的时代已经一去不复返了，美、苏逐渐成为主宰世界的两个超级大国，并展开全球范围内的霸权争夺，欧洲被人为地分割成东西两个部分，并分别被置于两个超级大国的控制之下。两种制度和意识形态的对抗成为"二战"后国际体系内互动的主轴。同时，第三世界国家也逐渐联合起来，成为体系中不可忽视的力量。

（4）冷战后国际体系的变化。20 世纪 80 年代末 90 年代初，东欧剧变，苏联解体，雅尔塔体系彻底崩溃。冷战后国际体系变化的基本特征是：随着苏联解体，集团政治的对抗也随之结束了，多极化趋势逐渐呈现；国际政治经济体系中的全球化和区域化发展浪潮带来了国际行为体新的互动方式，在一定程度上使国际关系中的各种力量发生重新组合；国际经济的相互依存、相互作用关系越来越加强，对国际政治也产生着深远的影响，两种制度和意识形态的斗争依然存在。一球多制、多元共存是当代国际体系的最显著特征。

三、国际体系的基本特征

从国际体系的历史演化及表现出的不同特点中，我们也可以找到国际体系的一般性和普遍性的特征，对这些特征进行总结，有助于我们进一步明晰国际体系的内涵并把握体系的核心。

1. 整体性

在国际体系的研究中有一个基本的共识，那就是构成国际体系的各单位之间在互动过程中总是会形成一定的行为模式，而这种行为模式就被称为体系或系统。因此，体系首先被看成是组成部分之间的一种集合体，一般被界定为"在特定环境下相互作用的由若干组织和实体组成的整体"，这种整体拥有组成部分在孤立状态时所不具备的新的整体功能，也就是说，它并不是各国政治经济的简单相加，而是各部分之间的一种有机组合，通常会显示出 1+1>2 的整体效应。

2. 层次性

国际体系是多层次的，除了主权国家以外，还有国际组织、跨国公司、利益集团、宗教组织，等等。在第二次世界大战之前的国际关系发展中，国际体系的主要构成单位就是主权国家，但是，"二战"之后，特别是冷战结束之后，国际组织、跨国公司等各种非国家行为体数量迅速增长，其作用也在不断增强，使国际体系的内在结构越来越复杂化，超国家的、跨国的、次国家的各种组织层出不穷，全球的、区域的以及次区域的不同集合不断涌现，在大系统中往往存在着若干个子系统，每个子系统本身又是一个独立的系统。

3. 互动性

作为国际体系的研究来说，它主要关注的就是体系的各构成单位之间是如何相互作用、相互影响的。互动是体系研究中被广泛使用的术语，它主要是指处于体系结构中的单元之间的相互作用，它包括了主权国家之间、主权国家与非国家行为体之间、非国家行为体之间的复杂的关系形式，可以说，正是因为这些全球层面互动关系的存在及日益相互依存，才有国际体系的形成及演变。

对于国际体系的特征而言，整体性、层次性、互动性是其最显著的特征，除此之外，从国际体系的不同方面还可以总结出联系性、稳定性、功能性、相对性等多方面特征，对这些特征的概括和分析无疑为我们更加深入地认识国际体系提供了帮助。

第二节　国际体系与国际格局

国际格局是存在于国际体系中的结构关系，其体现的是国际体系中主要国际行为体之间的力量对比状态，是考察国际体系稳定与转型的重要方面。国际格局的变化，往往有一个从量变到质变的过程，当国际格局发生质变时，也就是主要国际行为体之间的力量对比关系发生重大变化时，国际体系一般也就随之会发生演变。

一、国际体系的结构与国际格局

1. 国际体系的结构

关于国际体系的结构，一直是国际关系学界争论不休的重大理论问题。由于国际体系本身是一个庞大的系统，包含着行为体之间的政治关系、经济关系、军事关系、文化关系等一系列错综复杂的关系联结，因此在对国际体系的结构问题的把握上，不同的研究角度带来了各自不同的结构类型划分和解读。从定义上来看，有学者认为，国际体系的结构指的是"国际关系行为主体之间具有相互制约、相互作用、相互联结的有机关联，从而结成了相对稳定、动态的体系网络"①。有

---

① 蔡拓：《国际关系学》，南开大学出版社 2005 年版，第 124 页。

学者从经济发展水平的差异分析入手，通过发达国家与发展中国家的关系理解国际体系的结构。也有学者着眼于社会制度的差异，以资本主义和社会主义的分野理解体系结构问题。① 还有学者则站在历史发展的角度，透过生产力发展这一主要概念解读体系的结构。② 这些分类方式均有其合理性，值得参考和借鉴。

很多国际关系学者今天使用"结构"这个术语的时候，也借鉴了华尔兹的现实主义结构定义。根据华尔兹的定义，"结构概念建立于这样一个事实基础之上，即以不同方式排列和组合的单元具有不同的行为方式，在互动中会产生不同的结果。"③ 要定义国际体系的结构，首先依据的是它的排列原则，其次是形式各异的单元所具有的功能特征，最后是单元间能力的分配。

总体来看，国际体系的结构就是体系单元在互动过程中形成的排列组合模式，而单元的能力分配状况决定了单元在体系结构中的地位以及体系内不同的排列组合模式，决定了体系的结构类型。

（1）国际体系结构的排序原则

国际体系结构的排序原则界定的是系统内各部分的地位安排问题。从国家系统来看，国内政治系统各部分之间一般存在从属关系，某些部分有权发号施令，而其他部分则必须服从。不同于国内系统排序的集权制和等级制，国际系统内各部分的关系在形式上是平等的，没有任何一国有权发号施令，任何一国也不必加以服从。④ 分权和无政府状态是国际体系结构排序原则的最主要的前提。根据华尔兹的理论，在无政府状态下，单元之间是非等级制权威的排列方式，因此单元的自助特性和权力分配在单元排列中具有重要意义。

（2）国际体系单元的功能特征

国际体系单元具有趋近的功能特征。尽管能力各异，但国家面临着相似的任务，它们的区别在于能力，而不在于功能。国家总是在完成或试图完成多数属于共有的任务，它们追求的目标很相似，每个国家在很大程度上是在重复其他国家的行为。每个国家都有自己的机构来制定、执行和解释法律法规，征收税赋和实施自卫。每个国家都依靠自身的资源和手段，为其国民提供食物、衣服、住房、

---

① 参见宋新宁、陈岳：《国际政治学概论》，中国人民大学出版社 2000 年版，第 67 页。
② 参见程毅、杨宏禹：《国际关系基础理论》，华中师范大学出版社 1991 年版，第 45 页。
③ ［美］肯尼思·华尔兹：《国际政治理论》，信强译，上海人民出版社 2003 年版，第 109 页。
④ 参见［美］肯尼思·华尔兹：《国际政治理论》，信强译，上海人民出版社 2003 年版，第 118 页。

交通以及福利设施。①

（3）国际体系单元的能力分配

在无政府状态下，体系单元在功能上不存在差别，单元主要依靠其实现类似任务的能力大小来加以区分。国际关系学者往往是根据大国的数量来区分国际体系的结构类型，正是不同的体系权威参与者和分享者的数量，决定了体系的不同结构类型，如单极、两极、多极等；体系的结构是随着体系单元能力分配的变化而变化的，而且结构的变化也导致对系统单元的行为以及它们互动结果的预期的变化。

2. 国际格局

国际格局是指国际关系中主要国际力量相互联系、相互作用、相互制约而形成的一种关系结构或力量对比状态。关于国际格局，国内外有多种提法，如"世界格局""国际政治格局""国际关系格局"等。随着国际关系现实的不断发展变化，国际格局也从反映传统军事力量对比向政治、经济、军事和科技文化综合实力对比转变。国际格局是国际体系的一种结构状态，它是主要国际力量之间相互联系、相互作用的一种关系形式，表现为一种力量对比状态。国际格局的构成要素主要有三：主要国际力量的数量、主要国际力量的综合实力对比和主要国际力量的互动关系。

主要国际力量，是指在国际舞台上能够独立地发挥作用，对国际事务和国际关系发展具有重大影响力的国际行为体。它可以是主权国家，也可以是国家联盟。如美国、俄罗斯、中国、日本和欧盟都是当代国际体系中的主要国际力量，其中欧盟属于国家集团。主要国际力量与一般国际行为体不同，它们的主要区别在于国际影响力。国际行为体不等于主要国际力量，只有当它对国际事务和国际关系具有重大影响力时，才能成为一种主要国际力量。一个国际行为体的影响力与它所拥有的政治、经济、军事和科技文化实力，即综合实力密切相关，因此，构成主要国际力量的往往是大国或国家联盟。判断一种国际格局是否形成及其性质，首先看主要国际力量之间综合实力的对比是否相对稳定，其次看有几个主要国际力量，如果主要国际力量之间综合力量的对比在迅速或急剧变化之中（如世界大战期间），那说明世界正处于新旧国际格局的过渡期，新的国际格局还没有完全形成。如果在世界相对稳定的某个时期有一个综合力量远远超过其他国际行为体的

① 参见［美］肯尼思·华尔兹：《国际政治理论》，信强译，上海人民出版社 2003 年版，第129 页。

主要国际力量，那说明国际权力分布极不平衡，国际格局就是单极格局，甚至是帝国体制（如果该强权实际上支配着世界）；如果有两个这样的主要国际力量，那说明国际权力分布在这两者之间是基本平衡的，国际格局就是两极格局；如果有三个或三个以上的主要国际力量，那说明国际权力分布相对于前两种而言总体上比较均衡，国际格局就是多极格局。

主要国际力量的相互联系与作用是国际体系形成的关键，也是国际格局形成的前提。如果国际行为体之间没有相互联系与互动，国际行为体就只是孤立的政治经济实体，那么就只有各个部分相互隔绝的完全分散的世界，也就不会形成国际格局，也没有真正的国际体系。所以，单纯描述力量分布而不描述力量关系与互动并不能还原国际格局的全貌。譬如说，单极格局既可能是完全基于武力征服和压迫贫弱国家的剥削关系，又可以是致力于制度创建、合作共享的负责任大国格局；两极格局既可能是对抗格局（如冷战格局）也可能是和平格局（虽然历史上尚未出现这一理论模型，但并不排除其出现的可能性，既对抗又合作的大国关系可能是未来两极格局的现实模版）；多极格局既有可能是多极纷争格局，也可能是多极和平格局。

3. 国际格局与国际体系的关系

就国际格局与国际体系的关系而言，由于体系在时间和空间上具有更大包容性，学界普遍认为国际体系与国际格局是包含关系，即国际体系包含国际格局，而国际格局蕴含于国际体系之中。作为国际体系的力量结构和主要国际行为体的相互战略关系状态，国际格局是国际体系的一部分，是国际体系发展到一定阶段的产物，同时对国际体系又起着稳定性和限制性作用。

（1）国际格局是国际体系的核心构成要素和基本框架，是对抽象化国际体系的简化与解构。国际体系这一概念从诞生时起就具有很强的抽象性。对"国际体系"这一概念的理解，并非源于我们自身的生活经历，而是一种抽象的理论假设，源于对某一研究对象抽象的理论上的认知，将原本直观的、具体的个体行为放在一个整体的理论层面内，以便考察其隐藏在具体行为背后的动机和过程。这种抽象性可以有力地排除许多研究中的干扰因素，提高研究的科学性与系统性，但这种抽象性也带来了国际体系理论的复杂性与晦涩性。作为国际体系的核心构成要素和基本框架，国际格局是国际体系抛开一切次要因素，通过简化的方式得到的主要行为体之间的力量对比结构，它为我们提供了一套较为清晰而且直观地观察国际体系规律的视角。虽然国际体系还包括国际体系单元及其互动，但是，若没有由相互作用的单元之间综合力量的对比与相互战略关系构成的国际格局，那么，即使有很多单元的存在，世界也是一盘散沙，也就没有作为一个有机整体的国际体系。

（2）国际格局对国际体系起到整体上的稳定作用。国际体系的稳定从根本上依赖于国际格局的稳定，只有存在相对稳定的国际格局，国际体系才能保持总体上的稳定，正如建筑物框架结构的稳定能够保证整个建筑物的稳定。同时，国际格局反映的是在一定的历史时期内基于实力对比状况，由大国或国家联盟所形成的国际关系结构，它一经形成，一般便具有相对稳定性的特征。原因主要有二：第一，国际格局各种主要力量的势力范围和基本战略目标在一定时期内总是确定的。作为主要国际力量，其具体的方针政策可能进行细微的调整，但是，基本战略一般不会轻易变化，为了维护各主要国际力量、重要角色的既得利益，甚至还会强化已有的关系结构和国际秩序。这就是说，国际格局自身就内在地存在着维护其稳定的保守力量和倾向，那些在国际格局中占据重要地位的角色会维护和强化已有的权力等级结构，遏制和阻碍任何破坏已有权力结构的企图。第二，国际格局中各种角色综合实力的消长，以及力量对比的变化要有一个发展过程。一般情况下，主要国际力量之间的力量对比关系在短时间内不会波动起伏很大，更不会随机性地突然变化，需要有一个漫长的量的积累时期。尤其是在和平时期内，一些国家的综合国力要赶上并超过另一些国家，从根本上改变国际力量对比关系，绝不是短时间内就能完成的。例如，在第一次世界大战前，德国赶上并超过英法两国用了整整 40 年时间，日本赶上欧洲列强用了 50 多年的时间，第二次世界大战后的苏联用了近 30 年才在战略武器方面赶上美国，而在经济上则始终存在明显的差距。中国用了近 60 年的时间才在国内生产总值（GDP）总量上超越日本，在人均 GDP 水平上仍处于发展中国家水平。

（3）国际格局对国际体系有导向作用。国际格局对国际行为体具有明显的限制作用和导向作用。国际行为体的行为除了受其自身因素（国家性质、国内利益、集团斗争、意识形态、领导人的信仰与个性等）的影响外，在相当大程度上受到国际格局的影响，即国家在不同的国际格局中有不同的行为，华尔兹称之为"结构选择"，即国际体系的结构决定国际体系单元的国家行为选择，并以此对体系起到制约性作用。[①] 根据华尔兹的新现实主义理论，国际关系的基本特征就是存在于国家之间无政府状态下的分权结构。国家在所有基本功能方面都是相似的，也就

---

① 参见［加］罗伯特·杰克逊、［丹］乔格·索伦森：《国际关系学理论与方法》（第四版），吴勇等译，中国人民大学出版社 2012 年版，第 64 页。

是说，尽管它们有不同的文化或意识形态或历史，它们都必须承担某些相同的基本任务。所有国家都必须征税，推行外交政策，如此等等。国家之间的显著差别在于其不均衡的能力差异，所以国际体系中的国家单元"主要依据其实现类似任务的能力大小来加以区分……系统的结构随着系统单元能力分配的变化而变化"①。换句话说，当有大国兴起与衰落而均势也发生相应的转变之时，国际体系的变化就出现了。

二、国际格局的类型

按照构成主要国际力量的数量规模及其相互关系形式和结构状态，国际格局可以表现为几种不同的类型或形态。国内学者通常把它分为单极格局、两极格局和多极格局三种类型。也有学者提出四种类型，认为在从两极格局向多极格局过渡的过程中所表现的中间形态也可以作为一种类型，称作"两极多元格局"。

卡普兰把国际格局分为六种状态，他称作六个政治系统或六种平衡状态。它们是：（1）全球性系统；（2）定向性和非定向性的等级系统；（3）单位否决系统；（4）松散的两极系统；（5）牢固的两极系统；（6）均势系统。② 国际格局按照不同层次也可以分为全球性格局和区域性格局。当我们使用国际格局这个概念时通常指全球性国际格局，区域性国际格局则称地区格局。

1. 单极格局

单极格局也称一元格局，指某一个大国或国际力量在国际关系中居于主导地位，对国际事务起支配作用，其他国家或国际行为体无法与之抗衡，呈现一国独霸世界的状态。从历史上看，这种独霸只是在局部地域的独霸，而不是世界霸权的长期建立。所谓"罗马治下的和平""不列颠治下的和平"和"美利坚治下的和平"分别反映的罗马霸权、英国霸权和美国霸权都不是完全的全球性霸权。此外，以古代中国为中心的朝贡体系，以印度为中心的治理等，也都属于地区性的格局。除美国以外，其他所谓的一国"独霸"处于国际体系尚未走向全球之时，而第二次世界大战后，美国曾经获得了与历史上的英国相同、甚至超过英国的世界霸主地位，即所谓的"美利坚统治下的和平"，但是，最终并没有形成美国独霸的一元格

① ［美］肯尼思·华尔兹：《国际政治理论》，信强译，上海人民出版社 2003 年版，第 129—130 页。

② 参见刘清才：《国际政治学》，吉林大学出版社 1998 年版，第 219 页。

局。冷战后的美国尽管成为世界范围内的唯一超级大国，但也无法实现对国际事务的完全支配，地区问题与全球问题都有赖于国际社会的共同合作。因此，单极格局实际上并无法得到历史经验的有力证明。若从理论逻辑上来描述，单极格局的基本特征主要表现为：主要国际行为体的力量对比严重失衡以致只有一个无与伦比的全球性力量中心，众多地区性力量中心虽然可以在一些地区性问题和某些领域对其有一些制约，但是无法单独或联合对其实施有效的全面制衡；单极力量虽然无法支配世界，但能够违背绝大多数国家的意愿行事。①

2. 两极格局

两极格局也称双极格局，是指两个大国或两大国家集团之间相互对立和相互制约，并对国际事务起着决定性影响作用，它们之间的矛盾、斗争、缓和直接决定和影响着世界局势和国际关系的基本面貌和走向。这种格局在历史上曾多次出现过。拿破仑战争时期的法国与反法同盟、"一战"期间的同盟国与协约国、"二战"期间的法西斯轴心国和反法西斯同盟国、"二战"后形成的美苏两极格局。从历史上的两极格局来看，主要是两大对立的国家集团，而不完全是两个国家之间或者是某个国家单独和另一个国家集团之间的对立。冷战时期的美苏两极格局，不单单是美苏两个超级大国之间的相互作用，美国有北大西洋公约组织（简称"北约"）作为依托，苏联有华沙条约组织（简称"华约"）作为依托，两个超级大国作为两大国家集团的主导者，在此基础上相互制衡，最终影响世界局势的发展。另外，值得我们注意的是，所谓的两极格局并不是如卡普兰所说的"紧密的两极"，即整个世界一分为二。世界上总有不从属于两大国家集团的其他国家存在：美国与日本在第一次世界大战时就曾游离于两大集团之外；第二次世界大战结束后的世界则存在着广大的"中间地带"；20 世纪 60 年代出现的不结盟国家也不从属于美苏两大国家集团的任何一方。不过，两大国家集团以外的国家由于各种原因所致，并未构成具有决定性影响的国际政治力量，从而使得两极之间的相互作用成为一定时期国际格局的主要特征。

有学者把由两极向多极，或由多极向两极过渡的格局形态称为两极多元格局。在这种格局的状态下，一方面存在着两大集团或阵营之间的对立，同时还存在着独立于两极之外的其他政治力量，这些政治力量不受大国集团的直接控制，能够在国际事务中发挥自身的独特作用，构成国际社会中潜在的一极，即所谓的第三极。20 世纪 70 年代以后国际格局的特点就表现为两极——美苏，多元——中国、

---

① 参见刘胜湘：《国际政治学导论》，北京大学出版社 2010 年版，第 160 页。

日本、西欧和第三世界。不过真正独立于两极之外的只有中国，西欧和日本作为美国的盟友，在政治上受制于美国，而第三世界作为一个整体所发挥的政治影响远没有美苏两极给世界格局带来的影响大。

3. 多极格局

多极格局是指存在多个大国或者国际力量，它们实力大体均衡，没有任何一个可以单独主导国际事务，相互之间不存在领导和被领导、控制和被控制的关系，形成一种相互联系、相互制约和竞争共处的状态。在多极格局中，主要国际力量可以是单个国家，也可以是国家间的联盟，联盟可以是紧密集团型的也可以是松散协调型的。这种格局类型与西方学者所说的"均势"模式、分散的集团模式、多极模式基本相同。在历史上它曾经出现过，如 19 世纪上半期的欧洲均势格局，第一次世界大战后的凡尔赛-华盛顿体系。20 世纪 70 年代以后，随着中国、日本、西欧以及第三世界四大力量的兴起，再加上原有的美苏两大力量，这六大力量竞相发展，世界格局出现了由两极向多极发展的趋势。苏联解体后，美苏两极格局终结，世界格局正呈现多极化趋势，形成一种"一超多强"的过渡状态。进入 21 世纪以来，国际社会各种力量蓬勃发展，多极趋势更加明显，正在形成中的多极格局呈现出全局性和稳定性的特征，但最终成型还需要很长的路要走。

三、国际格局的转型

1. 国际格局转型的动因与依据

近代国际体系形成以来，国际格局经历过多次转换。威斯特伐利亚体系下混乱的多极、凡尔赛-华盛顿体系脆弱的多极、雅尔塔体系两极的对峙以及冷战后不断深化的多极化格局在历史的舞台上悉数登场，不禁让我们产生疑问：为什么没有一种格局可以永久持续？国际格局转换的原因究竟是什么？判断国际格局转型的依据是什么？

国际格局的转型通常是在以下两种情况下发生的：一是力量对比关系发生变化；二是由于利益调整而导致的结盟关系发生变化。

首先，世界各国经济政治发展不平衡必然引起国际格局的变化。这种变化一般要经过从量变到部分质变再到发生根本性变化的过程。经济政治发展不平衡是资本主义发展的绝对规律，也是世界各国间相互关系发展的普遍规律。国际舞台上各个角色、各个国家间的经济发展速度是不平衡的，一定时期内，有的国家经济发展和综合实力增长的速度快些，有的较慢些，这就决定了各个国家间的力量对比关系是经常变化的，不可能固定不变。各个角色之间实力对比的变化，必然导致一些国家的国际地位有所上升，而有的则有所下降。对于实力后来居上的国家而言，它们总会竭力设法打破国际格局的现状，要求在新的实力对比基础上，重新分配势力范围以及处理世界事务的权力。历史事实部分地印证了上述观点。中世纪晚期，由于哈布斯堡王朝在掌控奥地利之余，通过王朝联姻关系获得了统治西班牙的权力，实力跃居欧洲首位，继而希望再造一个中央集权的罗马帝国；19世纪初，法国大革命成功后，拿破仑成为欧洲的征服者，把法国制度推广到全欧洲，将巴黎变成欧洲的首都；20世纪30年代，日德两国均崛起为地区强国，彼此都寄希望于以战争的方式推翻体系的束缚，导致了第二次世界大战的爆发。

其次，各国内部局势的剧烈变化，对外政策的战略性调整，将导致结盟政策和结盟关系的变化，使国际力量出现重新组合，引起国际格局发生某种转变。这就意味着，在国家实力不变的情况下，因利益调整而导致的结盟政策的变化同样可能改变国际格局。而这种利益通常是在各国国内政局发生重大变化的条件下发生的，尤其是那些在国际舞台占有十分重要地位的国家国内政局的变化以及外交战略的调整对国际格局的影响更为重大，更为明显，更为世人所瞩目。值得注意的是，在国际格局转型中，世界进步力量发挥了重要作用，如资本主义国家的人民民主运动和发展中国家的民族解放运动，它们不仅是国际格局转型的动力，也在一定程度上决定着格局转型的方向。

国际格局的变化一般要经历从量变到质变的积累过程。当国际格局发生根本性变化的时候，它常常表现出一些特征，成为国际格局转型的依据和标志。关于判断国际格局转型的依据和标志，国内学者主要有以下几种观点：

（1）应以对立军事集团的变化为依据，来判断国际格局的转型。依据历史经验，国际格局的转型一般都是由于旧的对立军事集团为新的对立军事集团所取代而实现的，转型的过程同时伴随着对立军事集团之间的战争。例如，人们通常把德、意、日轴心的建立视为第一次世界大战后形成的格局发生转型的依据，把第二次世界大战后北约与华约两大军事集团的形成视为"两极格局"形成的标志。20世纪90年代国际格局的转型也是伴随着华约的解散而开始的。但是，经验证明，华约解散后，世界上并没有形成新的军事集团间的对抗以代替旧的军事集团的对抗。这表明，单纯以对立军事集团的变化为依据来判断国际格局转型在当今或者将来的国际关系发展中可能有失准确。

（2）应该以国际综合力量的变化为依据，来确认国际格局的转型。在当今国际经济相互依存的时代，主要从政治因素（其中包含着军事因素）来考察国际格局变化转型的权力政治观念已经过时，至少逐渐暴露出明显的缺陷，因为这种观念没有反映国际关系是世界政治与经济交互作用、综合运动的特征。另外，这种观点没有看到当今国际经济关系变化对国际格局越来越强大的影响。现在各国之间的竞争是综合国力的竞争，经济关系在国际关系中的作用日益明显，世界经济的发展会缓和国家之间的矛盾；同样，经济的衰退也会加剧国家之间的矛盾，世界经济对国际格局的变化带来全局性的影响。因此，必须把世界经济的变化也作为考察国际格局转型的一个依据，冲破主要考察政治因素的局限，综合考虑以经济科技为核心的综合国力的竞争和较量在未来国际格局转型中发挥的决定性作用。

2. 国际格局转型的方式

（1）以战争方式促使国际格局转型

从国际格局演进的历史可以看出，除去冷战格局的瓦解之外，国际格局的转换都是以战争方式进行的。欧洲从中世纪政教合一的神权统治走向威斯特伐利亚体系时，经历了法国与新教同盟对哈布斯堡家族与天主教同盟的三十年战争；法国大革命以后，拿破仑的法国与反法同盟经历了长达十几年的厮杀，最终兵败滑铁卢，确立了维也纳体系；当维也纳体系转向凡尔赛-华盛顿体系时，经历了第一次世界大战；凡尔赛-华盛顿体系转向雅尔塔体系时，经历了德意日轴心国与反法西斯阵营的殊死搏斗。

战争的工具性性质与国际政治的无政府状态在很大程度上能对"为什么国际格局的转变通常以战争的方式实现"作出解释。早在 19 世纪，德国军事理论家克劳塞维茨就在他的《战争论》中首次将战争与政治联系起来进行考察与说明，他指出："战争无非是政治通过另一种手段的继续。"[1] 由此可见，战争不仅是一种政治行为，而且是一种真正的政治工具，是政治交往的继续，是政治交往通过另一种手段的实现。如果说战争有特殊的地方，那只是它的手段特殊而已。因为政治意图是目的，战争是手段，没有目的的手段永远是不可想象的。列宁在反对第二国际社会沙文主义者的斗争中，曾多次引用克劳塞维茨的名言："政治是不流血的战争，战争是流血的政治。"[2] 战争作为一种政治工具和冲突的最高形式，能够通过强制力迅速转变国家间的实力对比，这一工具的彻底性是其他任何政治工具都不可比拟的。华尔兹在《人、国家与战争——一种理论分析》一书中，运用一种基于人、国家和体系的层次分析法，从人性的根源、国家的类型以及体系的性质剖析战争的起源。他强调，在体系层面，无政府状态的长期存在和安全资源的稀

---

① ［德］克劳塞维茨：《战争论》（第一卷），中国人民解放军军事科学院译，商务印书馆 1978 年版，第 43 页。

② 《毛泽东选集》第 2 卷，人民出版社 1991 年版，第 480 页。

缺成为了国家通过采取战争方式争夺权力的最大激励。根据现实主义者的逻辑，在缺乏外部强制力制约的情况下，崛起国家为获得与其实力相当的利益和国际地位，往往试图通过战争这一方式突破现有格局对其阻碍，从而转变现有格局。

从国际格局演变的历史还可以看出，无论是哈布斯堡的奥地利，还是拿破仑的法国或是希特勒的德国，凡是希望通过以战争方式改变国际格局的挑战者最终都品尝了失败的苦涩。同时，国际体系曾经的霸主国依然也逃脱不了国运衰落的宿命，昔日西欧的各个传统强国在第二次世界大战之后都沦为二流国家，连英法也只能靠美国的军事保护和经济援助恢复元气。当挑战者和霸主国相争而两败俱伤之后，挑战者和霸主国之外的强国开始主导国际格局。我们不难发现以战争方式改变世界的结果是：挑战者和霸主国两败俱伤，挑战者不仅没有实现改变格局的梦想，而且以惨败收场；霸主国未能保住原来的秩序和格局，而且还身负重伤；重新建立和主导国际格局的往往是那些原本在格局之外的国家。

（2）以和平方式实现国际格局转型

在国际格局转变历程中，唯一一次和平的权力交接是冷战后两极格局的解体。由于大多数的国际格局转变均通过战争实现，美苏对峙的和平终结使很多人困惑。人们不禁发问：导致国际格局第一次和平转型的原因何在？

针对这一问题，学者们试着从不同角度给出解答。然而，现实主义者的"遏制成功论"和"帝国过度扩张论"都只能解释冷战结束的原因，却不能解答格局的转变为什么是和平的；自由主义的理论甚至无法解释为什么奉行两种经济体制而没有制度交集的美苏两大阵营会以苏联的解体而惨淡收场。现实主义和自由主义在解释两极格局和平终结上的"贫困"催生了建构主义，从建构主义的角度来看，两极格局和平解体的主要原因是国际体系的洛克文化①的形成。在此种文化下，国家不再是不共戴天的敌人，而渐渐将对方视为与己共存亡的竞争对手，战争这样的极端手段不再作为解决彼此分歧和矛盾的主要方式。苏联在美国"和平演变"的攻势下逐渐接受了美国的价值观，两国的价值观趋同，从而失去了互为敌人的观念基础。

3. 当代国际格局的转型

第二次世界大战结束以来，国际格局的演变从总体上来讲可以分为两大阶段：一是冷战时期的两极格局形成、发展和演变阶段；二是冷战后的多极化格局发展

---

① 建构主义代表人物温特将国际文化区分为霍布斯文化、洛克文化、康德文化，分别代表了人与人之间从战争状态走向彼此合作的不同文化类型。

阶段。从当代国际格局的转型来讲，主要就是 20 世纪 90 年代两极格局向多极格局的转型。

（1）"二战"后国际格局的演变与转型特点

"二战"后国际格局经历了五个发展阶段，前四个阶段是冷战时期两极格局的演变过程，主要体现为量变过程；而第五个阶段则是冷战后多极化趋势的转变进程，体现的是质变过程。

第一阶段，"二战"结束初期，美国依靠其强大的经济和军事实力确立了其在资本主义世界的领导地位。"二战"后初期，美国在全球范围内推行霸权主义，实行反苏反共的政策，妄图独霸世界。这必然引起苏联等社会主义国家的反对。在"二战"期间形成的美苏两国之间的合作关系逐渐演变成战后长时期的对抗关系，从而出现了对抗性的两极格局。

第二阶段，20 世纪 50 年代，以美国为首的资本主义阵营和以苏联为首的社会主义两大阵营形成、对峙并开始激烈斗争。北大西洋公约组织于 1955 年正式吸收德意志联邦共和国（简称"联邦德国"或"西德"）加入，这一反对苏联的政治军事联盟使苏联、东欧在安全上遇到西方的直接军事威胁。同年，苏联、阿尔巴尼亚、保加利亚、匈牙利、罗马尼亚、波兰、捷克斯洛伐克、德意志民主共和国（简称"民主德国"或"东德"）8 个国家缔结《华沙条约》。至此，两大军事集团的对抗局面彻底形成。这种对峙与斗争贯穿于整个 20 世纪 50 年代，表现在政治、军事、经济、意识形态等各个方面。尽管这一时期的民族解放运动有了较大的发展，出现了一批民族独立国家，但是，这些民族国家对整个国际格局的影响是很有限的。

第三阶段，20 世纪 60 年代，整个国际局势发生了很大的变化。美国的经济实力相对衰落，日本和西欧经济迅速发展。到了 60 年代末期，形成了资本主义世界的三大经济中心，出现了美、日、欧三足鼎立的局面；社会主义阵营由于苏联推行霸权主义而逐渐解体；民族独立国家大批涌现，第三世界开始崛起；这些变化推动了国际格局的变化。国际格局经历了大动荡、大分化和大改组，两大阵营的对峙与斗争变成了两个超级大国的争霸。

第四阶段，20 世纪 70 年代，美苏两个超级大国激烈地争霸世界。与此同时，国际舞台上的其他力量迅速发展。第三世界作为一支独立的国际政治力量，在国际舞台上发挥着重要作用。西欧联合的趋势进一步发展，并奉行独立的对外政策，成为一支很有影响的国际力量。日本也在谋求独立自主的外交地位，谋求在国际舞台上最大限度地发挥作用。中国在国际舞台上的地位显著提高，成为重要的国际力量，对国际事务的影响力不断增强。

第五阶段，从 20 世纪 80 年代末到 90 年代初，两极格局逐渐解体。80 年代中期美苏两个超级大国从各自利益出发，开始调整双边关系。两国关系从紧张走向缓和，由对抗转向对话。最后，由于东欧剧变和苏联解体，两极格局彻底瓦解，世界进入一个新旧格局交替的时期。

与以往的国际格局转型相比，这次国际格局转型有一些新特点。首先，过去国际格局的变化都是由战争决定的，而这次国际格局的变化是在和平条件下发生的。其次，这次从两极格局向多极化转换要经历一个渐进的发展过程，将有一个较长的过渡时期。而过去格局的转型主要是靠几个战胜国的谈判协商在短期内确立新的世界格局。这次格局的定型必然要通过各种力量的消长、分化与组合逐渐地形成。最后，在国际格局转换的过程中，斗争的焦点是以经济科技为核心的综合国力的竞争。哪个国家的综合国力强，哪个国家就能在未来的国际格局中占有一席之地，成为多极格局中的一极。

（2）当前国际格局及其走向

关于当前国际格局的现状与走向，国内学界的观点主要有四种：“一超多强”论、单极格局论、两极格局论、多极格局论。

作为学界以及官方的主流观点，“一超多强”又被称为“过渡性”国际格局。该观点认为，虽然旧的国际格局已经终结，新的国际格局却尚未形成，现有格局只是旧格局向新格局的特殊过渡阶段。苏联的突然解体使原来的两个超级大国留下一个，而其他几个强国没有什么大的变化，“一超多强”所包含的几大力量是从冷战时期延续下来的，从 20 世纪 70 年代开始就有了美、苏、欧、日、中五个力量中心。相比于之前国际格局转变后的巨大力量改组，冷战结束后的力量结构只是有很小的变动，因此这种“一超多强”的格局不具有完全崭新的内容，它是一种多极化过程中的过渡性格局。① 目前，“一超多强”这种冷战后初期对国际格局的提法已更多地被“世界多极化”的描述所取代。

单极格局论认为，冷战过后，美国作为唯一的超级大国，与其他重要力量的实力差距不是缩小而是拉大了。美国在全球力量四个具有决定性作用的方面居于首屈一指的地位。在军事方面，它有无可匹敌的在全球发挥作用的能力；在经济方面，它仍然是全球经济增长的主要火车头；在技术方面，美国在开创性的尖端领域保持着全面领先地位；在文化方面，美国文化具有多元性，有较大的吸引力，

---

① 参见顾关福：《战后国际关系（1945—2010）》，天津人民出版社 2010 年版，第 95 页。

特别是对世界各地的青年而言。所有这些使美国具有一种任何其他国家都望尘莫及的政治影响。这四个方面加在一起，使美国成为一个唯一的、全面的全球性超级大国。①

两极格局主要是在"中国崛起"语境下提出的，认为中美两极正变为现实。该观点认为，中国不仅拥有世界最多的外汇储备，还是美国最大的债权国。在许多方面中国已在当代世界秩序中扮演经济担保人的角色。中国不仅从经济上，而且从政治上能够得到相对于与美国及整个西方来说的第二的位置，从而吸引形形色色的国家和人民加入到它的队伍中。有学者强调中国崛起是综合国力的全面崛起，是军事、政治、经济和文化齐头并进的"历史惯性"。与此同时，未来中国改革带来的巨大市场张力与美国经济的缓慢增长将逐渐缩小两国的差距。世界上将形成两个超级大国并存的国际格局，美国将失去对中国的绝对优势。中美战略竞争将与当年美苏的战略对抗非常不同，双方在经济和文化领域将是合作为主的关系，冲突主要集中在政治和军事领域。②

多极格局论认为，当今格局表现为各种力量相互交织的多极化，是不同力量组合的多极化。集中表现为美国、日本、俄罗斯、中国、统一的欧洲等几大力量的竞争，同时出现了美日、美欧、中俄等相互组合的力量中心以及欧洲区域集团、亚太区域集团、金砖国家集团、北美区域集团等错综复杂的力量组合。此外，目前多极化的各力量之间界限并不分明，它们互相竞争，利益交叉且相互依赖。在此情况下，便不太可能出现各种力量孤立存在的局面，这是一个互相联系的多极格局。

综上，未来的国际格局到底是两极还是多极，还要看国际格局转型的方向性。中国在推动国际格局向多极化、民主化方向发展。

第三节 国际体系与国际秩序

国际体系与国际秩序是国际政治学的两个重要范畴。为了克服国际无政府状态可能导致的无序和混乱，国际社会需要建立一种秩序，使国际体系在规范和制度下运行，并保持相对稳定状态。因此，国际体系是国际秩序的基础和主要载体，

---

① 参见〔美〕兹比格纽·布热津斯基：《大棋局：美国的首要地位及其地缘战略》，中国国际问题研究所译，上海人民出版社 1998 年版，第 255 页。
② 参见阎学通：《历史的惯性：未来十年的中国与世界》，中信出版社 2013 年版，第 41 页。

国际秩序是国际体系运行的规则和稳定状态。国际体系和国际秩序经历了一个历史发展演变过程，现在正处于重要历史转型时期。推动建立一个公正合理的国际体系和国际秩序是维护世界持久和平，实现世界发展繁荣的根本保证。

一、国际体系的规则与国际秩序

国际体系都是按照一定规则运行的，国际体系的规则主要表现为一系列国际法原则和国际关系准则。这些国际法原则和准则使国际体系运行保持在稳定的秩序范围内。国际秩序与国际体系是密切联系的，国际体系是国际秩序建立的基础，国际秩序则保证国际体系有规则地运行。不同的国际体系表现为不同的国际秩序，国际体系的本质和特征决定了国际秩序的本质和特征。

1. 国际体系的规则

国际体系是按照一定规则运行的，通过规则来维系国际体系的稳定和秩序。如威斯特伐利亚体系是建立在国家主权平等原则基础上的，相互尊重主权是它的基本规则。当代国际体系的规则主要表现为由《联合国宪章》和《关于各国依联合国宪章建立友好关系及合作之国际法原则之宣言》（简称《国际法原则宣言》）所确定的国际关系准则。它集中表现为中国与印度等国共同倡导的和平共处五项原则：

第一，互相尊重主权和领土完整原则。主权是国家最重要的属性，是国家独立自主地处理对内对外事务的最高权力。1970年联合国通过的《国际法原则宣言》阐明了国家主权原则，就是各国主权平等，各国不问经济、社会、政治或其他性质有何不同，均有平等权利与责任，并同为国际社会的平等成员。

主权原则与领土完整是相辅相成的。国家主权的重要标志就是国家对其领土的管辖权和保护领土不受外敌入侵的防卫权。相互尊重主权的表现之一就是相互尊重领土完整，任何侵入、占领、分割和肢解他国领土的行为都是对国家主权的侵犯。

第二，互不侵犯与和平解决国际争端原则。互不侵犯是指各国在相互关系中不得以任何借口进行侵略，不得使用或威胁使用武力侵犯他国主权、领土完整或政治独立。国际争端主要是指两个或两个以上国家之间产生的利益矛盾和冲突。依据国际法原则，要求各国以政治和外交手段，而不是武力手段，通过和平方式解决国际争端。

第三，互不干涉内政原则。它是指任何国家或国家集团无权以任何理由，以武力或其他形式直接或间接地干涉其他国家的内外事务。按照《国际法原则宣言》

的规定，任何国家都不得采取军事或政治及其他强制行动，以达到使某一国家在行使主权权利方面从属于自己，从而为自己获得某种优势地位。任何国家不得组织、协助、煽动、资助、鼓励或容许旨在以暴力推翻另一国政权的颠覆、恐怖或武装活动，或纵容他国内部颠覆政府的活动，不得剥夺各国人民选择其政治、经济、社会和文化制度的权利。

第四，平等互利原则。它是国际体系的重要原则，所谓平等就是国家不分大小强弱，都具有平等的地位，应当互相尊重，平等相处。任何国家都不得以大欺小，以强凌弱。互利就是各国在相互关系中不能以损害他国的利益来满足自己的利益，更不能以牺牲他国利益为目的，而应当是互利共赢。平等和互利是相互联系、相辅相成的。只有平等才能实现互利，只有互利才能有真正的平等。

第五，和平共处原则。它是指各国不应因社会制度、意识形态的不同而相互攻击、干涉或颠覆，而应和平地同时存在，和平地相互往来和发展国家间关系。以和平方式解决国家间争端，而不诉诸武力或以武力相威胁。和平共处原则不仅指不同社会政治制度国家之间的关系，也包括相同社会政治制度国家之间的关系，都应当实行和平共处原则。

1954 年中国和印度、中国和缅甸共同倡导了和平共处五项原则，它高度精练地体现了国际法原则和国际关系基本准则。和平共处五项原则已经成为维护国际体系的重要规则，它对于建立更加公正合理的国际体系和国际秩序起到了重要的规范性作用。

2. 国际秩序

秩序在汉语里通常是指有条理，不混乱的情况。国际秩序是指在国际力量对比基础上，依据国际规则所建立的制度安排和形成的稳定状态。为了深入理解国际秩序概念，我们还要把握国际秩序的几个本质特征：

首先，国际秩序是指国家间的秩序。它是各主权国家在互动过程中所建立和维护的秩序。在历史上，国际行为体主要是指各主权国家，在当代国际关系中已经不限于主权国家，各种政府间国际组织和非政府间国际组织，包括跨国公司等在国际关系中都扮演重要角色，发挥着各自不同的作用。然而，主权国家在国际体系中的中心地位没有改变，国际秩序仍然表现为主权国家间所形成的一种秩序或状态。从地域范围上看，国际秩序可以分为地区秩序和全球秩序。从所涉及的问题或领域上看，国际秩序可以分为国际政治秩序、国际经济秩序、国际安全秩序、国际文化秩序等各方面。

其次，国际秩序建立在国际格局的基础上，反映了国际力量对比关系。在国际关系体系中，世界大国在国际制度创设和维护中发挥着主导性作用。国际秩序作为一种制度安排集中反映了世界大国的意志和利益。因此，国际秩序是国际力量对比关系的集中反映，世界大国的数量及其权力结构对于国际秩序的建立和维持具有决定性意义。

再次，国际秩序是以国际行为准则和制度规范来维持的。国际社会处于无政府状态，即没有凌驾于各主权国家之上的最高的国际权威，但是，这绝不意味着它是无序和混乱的。为了克服国际无政府状态可能产生的混乱、无序或冲突，国际社会形成了各种国际惯例，确立了各种国际规范和行为准则。它要求主权国家都要遵守这些规范和制度，以此保持和平稳定的国际秩序。

最后，国际秩序是一个历史范畴，随着国际体系的发展变化，国际秩序也会发生变化。国际秩序不是从来就有的，它是在国家间的联系达到一定密切程度后才逐步形成的。国际秩序也经历了从地区国际秩序向全球国际秩序的演变。国际秩序是相对稳定的，但也不是固定不变的。由于国际体系和国际格局的变化，国际秩序也会随着国际力量对比的变化而变化。

3. 国际体系与国际秩序的关系

国际体系与国际秩序是相辅相成、密不可分的关系。没有国际体系就没有所谓的国际秩序，没有国际秩序国际体系就无法正常运行，也不能保持稳定状态。

首先，国际体系是国际秩序的基础和载体。国际体系是指主权国家、国际组织等行为体按照某种规则和制度安排所形成的有机整体。在一定意义上，国际秩序是建立在国际体系基础上的，它就是指国际体系存在和运行的方式和状态。因此，国际体系的性质和特征决定国际秩序的性质和特征，不同的国际体系决定不同的国际秩序。

其次，国际秩序是国际体系运行的规则和制度。国际体系都是在一定规则和制度安排下运行的。这些规则和制度安排保证国际体系稳定有序地运行，而不会出现混乱和动荡。国际秩序就是指国际体系运行所遵循的规则、机制和制度安排。

最后，国际秩序表明国际体系存在和发展的状态。当国际体系发生更迭时，国际秩序常常出现动荡和混乱，随着新的国际体系建立，新的国际秩序又逐步建立起来。国际秩序也表明国际体系运行的状态，国际秩序稳定意味着国际体系运行平稳有序。

二、国际秩序模式

在不同的历史时期，由于国际体系和国际格局的变化，国际秩序所确定的规则和制度也会发生变化。因此，纵观历史，我们可以看到国际秩序模式表现为多种类型，最具典型的模式可以概括为帝国秩序、均势秩序、霸权秩序和民主秩序等。

1. 帝国秩序

帝国秩序产生于古代和欧洲中世纪时代，主要表现为地区国际秩序。最具典型性的是欧洲古罗马帝国秩序。

古罗马帝国秩序是以帝国为中心形成帝国、诸侯国、藩属国共同构成的帝国体系。帝国与各诸侯国和藩属国是等级制关系，是统治与服从的隶属关系。在帝国体系中，它以战争和征服实现帝国扩张，控制领土和势力范围是维护帝国秩序的主要目标。基辛格指出："帝国一直是典型的政治形态。帝国无意在某个国际体系中运作，它期望把本身建立为一个国际体系。"[1] 因此，维护帝国秩序的目标就是维持帝国统治地位，保证帝国体系的稳定。

在罗马帝国，罗马皇帝是最高统治者，形成罗马皇帝、元老院、行省的权力等级。以罗马为统治中心，形成城邦、行省所构成的帝国体系。罗马皇帝是最高权力中心，其他城邦、行省都隶属于罗马皇帝。在这个帝国体系中，罗马皇帝与各城邦和行省是隶属和服从的等级关系。征服与服从，强权与战争为主要对外政策手段。这种帝国秩序推崇的是皇权权威，帝国皇帝号令天下，以暴力和强权维护其统治地位和帝国制度。当时秩序的目标是维护帝国在地区的统治地位，维护地区的稳定与秩序。罗马帝国以强大的军事实力、行省总督制、罗马法律来维护罗马帝国的秩序。

中华朝贡秩序[2]具有不同于西方帝国秩序的特点。它建立在天下一统观念基础上，所谓"溥天之下，莫非王土；率土之滨，莫非王臣"[3]。中华帝国（天朝）作为专制帝国，以皇帝为至尊，形成中央集权的专制统治制度。对于周边国家（藩属）则形成朝贡体系，中华帝国皇帝对周边国家诸侯进行册封，周边国家则臣服于中华帝国的权威和统治，每年向中华帝国进纳贡奉，以示孝忠。"天朝"与"藩属"虽不是平等地位，但对藩属的内部事务一般采取不干涉政策，并与各藩属国建立了同盟关系，保护各藩属国不受外敌入侵。以中华帝国为中心形成了东亚地区的朝贡秩序。中华帝国持续时间达两千多年，从历史上的秦朝兴起直到近代清

---

① ［美］亨利·基辛格：《大外交》，顾淑馨等译，海南出版社 1998 年版，第 5 页。

② 关于朝贡体系，也有学者用"封贡体系"的概念，以突出中国与藩属国之间双向的义务关系。

③ 《诗经·小雅·北山》，王秀梅译注，中华书局 2006 年版。

朝衰落时期终结。

2. 均势秩序

均势秩序是以大国力量相对均衡为基础，通过多个大国相互制衡来维持国际体系稳定的一种国际秩序。在均势秩序下，国际体系的重要特征是有多个地区或世界大国同时存在。在这种国际体系结构中，没有公认的领导国或霸权国家，各大国间实力相对均衡，形成密切联系、相互依赖，既相互竞争又相互合作的关系。均势国际秩序的建立主要通过两种方式来实现：一种是战争后的制度安排。在地区或世界大战结束后，按照新的国际力量对比确立大国间的地位、顺序和规则。一种是通过多边国际会议建立国际规则与制度。主要是通过签署国际法和国际条约，建立约束和协调国家行为的国际规则和国际制度。它与帝国秩序不同，倡导尊重国家主权地位，遵守国际法和国际关系准则，外交协调和战争是解决国际争端的重要手段。

均势秩序的重要特征是大国间势均力敌和相互制约。均势秩序的国际体系通常要有几个大国，它们的综合实力相对平衡，形成一种相互制约的关系，并使国际力量对比保持相对均衡的状态。这种均势状态的建立和维持通常以两种方式来实现：一种是增强本国自身的实力，以达到实力相对平衡的状态。它可以采取扩充军备，增强军事实力的方式；也可以采取军事联盟的方式，通过和其他国家建立军事同盟来提高自己的实力。另一种是分而治之，通过分化和肢解敌对大国的同盟，遏制或限制敌对大国的发展，使其实力受到削弱。因此，均势秩序的国际体系通常表现为几种不同的国际格局：一种是多极格局，有几个大国同时存在，它们都有意地推行权势均衡政策，形成联盟或反联盟。这种在多极格局基础上形成的均势状态，常常还有大国扮演势力均衡平衡者的角色，在两个对立同盟中，它不是选择加入最强的阵营，而是参加力量对比相对较弱的一方，以实现国际体系力量对比的相对平衡。一种是两极格局，有两个世界超级大国，它们相互间形成势均力敌状态。这两个世界超级大国的综合实力非常强大，无论其他大国加入或退出任何一个超级大国的联盟，都不会改变两个超级大国战略力量相对平衡的状态。

均势秩序源于大国推行的均势政策。根据平衡原理，通过建立一种力量平衡，来有效地遏制某个大国谋求地区或世界霸权，以及对外进行侵略扩张的野心。正如基辛格所说，均势体系的作用在于，"使一国宰制他国的能力及发生冲突的规模受到限制。"[1] 它对于保护弱小国家独立与主权，维持国际体系和国际秩序的稳定

_____

[1] ［美］亨利·基辛格：《大外交》，顾淑馨等译，海南出版社 1998 年版，第 5 页。

发挥了重要作用。然而，实践表明，在均势秩序下，地区或世界大国维持均势的政策常常导致追求大国地位和谋求军事优势的政策。均势秩序也一次次被打破，在近代欧洲 300 多年的历史中，尽管没有任何一个欧洲大国称霸欧洲，但这并没能阻止战争的发生，特别是没有能够遏制第一次世界大战的爆发。"二战"后形成的美苏两极均势秩序在相互战略威慑基础上防止了世界战争的发生，但由于苏联解体，美国成为冷战后的霸权国家。

3. 霸权秩序

霸权秩序是指由一个世界大国主导或支配国际体系的国际秩序。在这个国际体系中，只有一个大国具有超强的政治、经济、军事实力，其他大国的实力都无法与其相抗衡，形成一国独大的力量格局。

霸权秩序与帝国秩序不同，霸权国家不是依靠领土扩张和建立势力范围来确立其霸权地位，而是通过其强大的国家实力和国际影响力。它不是靠战争与征服，而是通过创设和维持国际规则与制度来确立其霸权地位。西方一些国际关系学者把霸权秩序视为国际体系稳定的重要保障。他们认为，英国统治下的和平与美国统治下的和平保证了一种相对和平与安全的国际体系。英国和美国创立和巩固了一个自由国际经济秩序的规则。① 西方学者也提出了"霸权稳定论"。他们认为，世界政治中的秩序是由一个主导国家创立的。国际机制作为国际秩序的要素，一般要依赖霸权国家的存在，国际秩序的维持需要霸权国家的持续存在。

实际上，西方的霸权稳定论是为维护美国的世界霸权地位提供理论依据。在霸权秩序下，霸权国家为了取得其他国家的认同和服从，确立自己的威信和权威，不仅依靠创设规则与制度，也采取联盟、援助、制裁、武力等各种手段。霸权国家通过联盟政策来获得对其世界霸权地位的认同，通过援助和支持计划取得受援国家对其霸权地位的服从。霸权国家对于违反由其创立的国际规则和制度的国家则采取制裁和干涉政策，对于直接威胁其霸权地位的国家采取遏制政策或军事手段。应当指出，霸权国家建立和维持的霸权秩序对于国际体系稳定起到了重要作用。但是，这种霸权秩序所维护的是美国和西方国家所创立的规则与制度，是为了维护美国的世界领导地位，维护美国霸权国家的国家战略利益。

4. 民主秩序

民主秩序是指世界各国主权平等、民主协商、合作共治、稳定和谐的国际秩

---

① 参见 [美] 罗伯特·吉尔平：《世界政治中的战争与变革》，武军等译，中国人民大学出版社 1994 年版，第 145 页。

序。民主秩序是顺应国际格局多极化发展趋势，在国际法和国际关系准则基础上，坚持联合国的主导地位，发挥联合国在国际事务中的核心作用。反对任何大国称霸和垄断国际事务，世界各国无论大小强弱一律平等，相互尊重主权和领土完整。发挥国际组织、区域组织等国际机制的作用，利用国际机制平台，开展对话与协商。反对使用武力或以武力相威胁，通过和平方式解决国家间争端。充分尊重各国对社会制度和发展道路的选择，不将自己意志强加于人，反对干涉他国内政。民主秩序可以充分考虑各国的核心利益和重大关切，不是为大国谋利益，而是实现共同发展，共同建设民主和谐的国际新秩序。

三、国际秩序的演变

国际秩序经历了一个历史演变过程。随着社会经济发展，科学技术进步，经济全球化发展进程，国际秩序从古代时期的地区秩序发展成为当代统一的全球国际秩序。国际秩序也从早期的帝国秩序、近代欧洲多极均势秩序、霸权秩序走向更加公正合理的国际新秩序。历史上战争与征服的规则让位于国际法和国际关系准则，联合国等国际机制的发展，改变了任何大国主宰国际事务的历史，使民主协商、合作共治成为国际秩序发展的方向。

1. 古代国际秩序

在国际秩序演变的历史进程中，古代国际秩序是国际秩序初步形成时期。早在公元前，在地中海、黄河、尼罗河和恒河等流域就形成了几大文明中心，围绕一个中心大国形成了地域性的国际社会。最有代表性的是罗马帝国和中华帝国，它们以帝国为中心形成了早期的地区国际秩序。这些帝国是地区范围内最强大的国家，具有强大的政治、经济、军事、文化实力。帝国治理区域内就构成一个国际体系，罗马是采用等级制度，中华帝国在东亚地区实行藩属朝贡制度。古代各帝国之间很少交往，在不同文明基础上形成了各具特点的国际规则与制度。

古代国际秩序形成了地区国际政治格局，确立了国家间互动的规则与制度，维护了地区的稳定，促进了文化交流与传播，提供了促进社会经济发展的地区环境。古代国际秩序为国际秩序发展演变提供了丰富的国际思想和经验。在古代国际秩序中已经有了使节制度，有常驻使节或特使进行外交交涉，开展外交往来。罗马帝国还颁布了罗马法，其中的万民法形成了最初的国际法体系，规定了罗马公民与非罗马公民的管辖与权益。罗马帝国还通过签署和约确定地区秩序。中华帝国则以封贡方式确立帝国地位和权威。在古代国际秩序中战争是对外政策的最高手段，建立强大帝国成为维护帝国安全和地区国际秩序的重要条件。

2. 近代国际秩序

近代国际秩序可以追溯到 17 世纪至 19 世纪近 300 年的历史进程。它经历了工业革命、资产阶级革命，西方列强向全球的大规模扩张等阶段。随着全球经济体系、殖民体系的建立，全球性的统一国际体系开始形成，并按照西方的规则与制度建立了全球性国际秩序。

近代国际秩序打破了帝国的等级秩序，确立了主权平等的原则，形成了以主权国家为行为体的国际体系。国家利益成为国家对外政策的优先目标，成为影响国际关系的政治动力。国际法开始建立和发展，诸如主权原则、平等原则、战争原则、和平解决争端原则等都相继确立，成为协调国家间关系的基本准则。多边外交会议成为协调解决重大国际问题的重要方式，国际和平条约成为战后秩序安排的重要形式。如《威斯特伐利亚和约》确立的主权平等原则，维也纳会议确定的 19 世纪欧洲秩序。

近代国际秩序呈现出二元体系结构。一是在欧洲地区建立的均势秩序。欧洲地区各大国积极推行均势政策，通过联盟或反联盟政策，极力阻止任何一个欧洲大国，无论是法国还是德国等地区大国称霸欧洲。英国则充当均势维持者的角色，努力保持欧洲地区的力量平衡。通过保持欧洲地区势力均衡，防止某一欧洲大国统治或称霸欧洲，进而维护欧洲地区的和平与稳定。二是西方列强在殖民地建立的统治秩序。工业革命和科技进步，商业的发展与繁荣，特别是航海、通信、交通的发展，打破了传统的地域限制。西方国家完成了工业革命，劳动生产率极大提高，商品生产大幅增加。特别是 1825 年英国发生的第一次经济危机表明，欧洲地区的市场已经接近饱和状态，无法满足经济发展对商品市场的要求。这促使西方列强开始把触角扩展到全世界，在全球范围内寻找商品市场和投资场所。西方列强也从在欧洲地区争夺霸权扩展到在全球争夺势力范围。它们对亚非拉地区国家发动了大规模的殖民主义侵略战争。它们把殖民地半殖民地国家列入其版图或势力范围，成为西方列强的商品市场、投资场所和原料产地。因此，近代欧洲形成的主权原则根本就不适用于殖民地和半殖民地国家。

在近代国际秩序中，实力政策、战争政策、殖民政策是国家对外政策的重要形式。各国都竞相增强军事实力，实行侵略和战争政策，进行殖民主义扩张，争夺和扩大势力范围。因此，在近代国际关系中，在欧洲和亚非拉地区频繁发生战争和冲突。在欧洲地区，地区各大国推行的均势政策常常变成了谋求军事优势政策。在亚非拉地区，欧洲列强无视他国的主权和独立，以武力和战争手段占据和瓜分这些国家，使它们变成殖民地和半殖民地国家。因此，随着殖民主义体系的形成，在亚非拉地区掀起了反对殖民主义统治、争取民族独立和解放的运动。

3. 当代国际秩序

20世纪上半叶发生了两次世界大战，这两次世界战争的规模、持续时间、参战国家、使用的武器都是空前的，战争造成的人员伤亡和财产损失是巨大和灾难性的。它促使国际社会寻求建立一个消除战争，实现持久和平的国际秩序。

第一次世界大战后，为了消除战争，维护世界和平，国际社会加强了国际制度和国际规则建设。巴黎和会决定建立由世界各国组成的国际联盟。它不同于近代欧洲传统的军事联盟，而是一个集体安全组织。通过集体的力量遏制任何国家可能发动侵略或战争的意图。在国际联盟组织下，国际社会通过了一系列国际法文件，包括对侵略的定义和禁止发动战争的相关国际法律条约，建立军备控制机构，推动国际裁军和军备控制。

1917年俄国十月革命胜利，在世界上建立了第一个社会主义国家。统一的国际体系内形成西方资本主义、苏联社会主义、亚非拉殖民地三大体系的区分。20世纪初美国取代英国成为世界头号大国，凡尔赛国际秩序就是按照美国理想和信念建构的。然而，美国并没有加入国际联盟，又退回到孤立主义政策。20世纪30年代西方经历了史无前例的经济大萧条，德国和日本迅速崛起，成为欧洲和亚洲地区两大强国。德国法西斯主义和日本军国主义势力上台，把国家推向了对外侵略扩张道路。第一次世界大战结束后，仅仅间隔20年第二次世界大战又爆发了，带给国际社会的是更大的灾难性后果。

第二次世界大战后，美国和苏联成为世界两个超级大国。作为世界反法西斯战争的胜利国，它们在建立"二战"后国际秩序中起到了主导性作用。按照美国的秩序构想，新的联合国建立起来，国际法原则宣言起草通过。"二战"后的国际体系形成了以美苏为首的两极格局，一个是以美国为首的西方资本主义体系，一个是以苏联为首的社会主义体系，并建立了以美苏为首的两大军事政治集团。"二战"后国际体系的重大变化就是西方国家建立的殖民体系的瓦解。亚非拉殖民地和半殖民地国家掀起了争取民族独立和民族解决运动，并纷纷获得独立，成为第三世界国家。美苏两个超级大国争夺世界霸权的斗争将国际社会带入了冷战时期，直到20世纪末因苏联解体才宣告结束。

在整个冷战时期，国际体系分成了东西方两大集团，形成了两大体系的对抗。联合国在国际事务中的核心地位和协调作用受到严重削弱。美苏两个超级大国超越于国际法和国际关系准则之上，推行强权政治和霸权主义政策。过去大国间争夺地区霸权演变成美苏两个超级大国的全球争霸。美苏开展大规模军备竞赛，使世界和平建立在核威慑和核恐怖平衡之上。苏联解体标志着持续了近半个世纪的冷战结束了，以美苏为首的两极格局终结了。国际体系也发生了重大的变化，推动建设 21 世纪国际秩序成为一项时代任务。

4. 21 世纪国际秩序

冷战结束后，国际体系发生了重大变化。苏联解体了，以美苏为首的两大军事政治集团的对抗结束了，两极格局终结了。国际格局呈现多极化发展趋势，国际力量对比正在向均衡化方向发展。在 21 世纪国际体系中，以美国为首的西方发达国家仍然占据重要地位，以金砖国家为代表的新兴经济体国家迅速崛起，成为国际体系中的重要力量。

经济全球化的发展，扩大了世界各国利益的交叉与融合，加深了各国相互依赖关系。在 21 世纪，国际社会面临各种全球性问题，如环境污染、疾病传播、气候变化、国际恐怖主义、跨国犯罪、金融安全、粮食安全、能源安全、信息安全等问题。任何国家都无法单独应对这些全球性问题的挑战，要求国际社会必须通过合作来共同解决。因此，经济全球化的发展和全球性问题的挑战使国际社会形成一种新的命运共同体。

在 21 世纪国际体系中，国际机制在协调国家间关系，推动国际合作方面发挥着重要作用。冷战后，联合国在维护世界和平与安全，促进国际合作与发展中发挥着日益重要的作用。2008 年发生全球金融危机后，西方经济发达国家和新兴经济体国家将二十国集团升级为全球经济治理的首要平台，通过协调与合作共同应对金融和经济危机问题。同时应当看到，现在的一些重要国际机制都是由美国为首的西方国家倡议和建立的，它们在这些国际机制中仍然居于主导地位，如国际货币基金组织、世界贸易组织、世界银行等。随着新兴经济体国家整体力量的增强和影响力的提升，它们在这些国际机制中的地位和作用也会不断提高，并逐步改变这些国际机制不够合理的状况。

适应时代发展潮流和国际关系发展的大趋势，推动建立更加公正合理的国际体系和国际秩序成为一项时代任务。一些世界大国曾提出建立 21 世纪国际秩序的基本构想和主张，然而，在国际秩序模式和实施路径上则有不同，甚至是原则性分歧。美国提出的国际秩序构想是坚持美国在国际体系中的领导国地位，强调西方价值体系的普世性。把维护美国霸权地位和扩展西方民主作为国际秩序的基础。

中国作为新兴大国和世界最大的发展中国家，积极推动建立公正、合理的国际秩序。中国政府在 2005 年发表了《中国的和平发展道路》白皮书，在 2011 年发表了《中国的和平发展》白皮书，积极倡导建立民主、和睦、公正、包容的世界，建设持久和平、共同繁荣的和谐世界。中国政府主张，应当遵守《联合国宪章》宗旨和国际法原则。联合国作为最具普遍性的国际组织应当在国际事务中发挥核心作用。推动国际关系民主化，任何国家都不应谋求霸权，垄断国际事务，应当通过多边集体协调来解决国际问题。应当尊重各国主权和平等地位，尊重各国选择的社会制度和发展道路，反对干涉他国内政。推动建立共同、综合、合作、可持续的新安全观，坚持用和平方式解决国际争端，反对使用武力或以武力相威胁。应当尊重和维护世界文明的多样性，在相互尊重和包容中开展文明对话与交流。中国政府关于国际秩序的构想和主张反映了大多数国家，特别是广大发展中国家的意志和愿望。建立公正合理的国际秩序将经历一个较长的过程，需要国际社会的共同努力与合作。

思考题

1. 什么是国际体系？国际体系的基本特征是什么？
2. 国际体系的形成和历史演变是怎样的？
3. 什么是国际格局？国际格局转型和演变的条件和方式是什么？
4. 什么是国际秩序？国际秩序的基本特征是什么？
5. 帝国秩序与霸权秩序的联系与区别是什么？
6. 如何推动建设 21 世纪国际新秩序？

第三章　国际政治行为体

国际政治行为体亦称国际行为主体或国际行为体，是指能够独立参与国际事务，具有履行国际权利与国际义务能力的各种实体。国际政治行为体是国际政治最基本的构成要素，国际政治就是各种国际政治行为体之间政治关系的总和。国际政治行为体也经历了一个形成和发展的过程，随着国际关系的发展，国际政治行为体的构成不断增加。国际政治行为体主要分为国家行为体和非国家行为体，它们在国际政治关系中具有不同的地位，发挥着各自的作用。研究国际政治行为体，分析其构成、地位和特点，是我们研究国际政治的起点和基础。本章试图从国际行为体的形成和发展及一般特征开始，分别对国家行为体和非国家行为体的类型、特征及作用做进一步的分析。

第一节　国际政治行为体的形成与发展

国际政治行为体经历了一个形成和发展过程。最初它主要表现为国家行为体，相应地，国际政治主要表现为国家间政治。随着各类政府间国际组织和非政府间国际组织的发展，国际政治行为体的范畴不断扩大，形成了包括国家行为体和非国家行为体等在内的各类国际政治行为体。这些国际政治行为体由于性质、地位和职能的差异，在国际政治关系中发挥着各自不同的重要作用。

一、国际政治行为体的形成

国际政治行为体最初主要是国家行为体，国际政治关系主要表现为国家间关系。国家经历了一个形成和发展过程。早期国家主要表现为城邦和区域性帝国。从 17 世纪中叶威斯特伐利亚体系形成以来，国家主权原则逐步确立，形成以主权国家为国际法主体的国际政治行为体。主权国家地位的确立标志着现代国际政治关系的形成。

1. 早期国家的形成

国家不是从来就有的，也不是从外部强加于社会的一种力量，它是人类社会发展到一定历史阶段才形成的。国家的产生是人类从野蛮时代进入文明时代，从"旧社会"进入"新社会"的重要标志。它是劳动分工和私有制的产物，是阶级矛盾和阶级斗争的产物。恩格斯在《家庭、私有制和国家的起源》一书中对国家的产生进行了精辟的论述。他指出："国家是承认：这个社会陷入了不可解决的自我矛盾，分裂为不可调和的对立面而又无力摆脱这些对立面。而为了使这些对立面，这些经济利益互相冲突的阶级，不致在无谓的斗争中把自己和社会消灭，就需要有一种表面上凌驾于社会之上的力量，这种力量应当缓和冲突，把冲突保持在'秩序'的范围以内；这种从社会中产生但又自居于社会之上并且日益同社会相异化的力量，就是国家。"①

国家与原始社会氏族组织相比，有两点根本性的区别：首先，国家是以地域划分居民，不管他们属于哪一部族或部落，而氏族组织则是以血缘关系为基础划分居民；其次，国家设立了公共权力，包括军队、警察、监狱和各种强制机关，这是以前的氏族社会所没有的。

早期国家的社会经济形态以奴隶制社会和封建制社会为主，基本上都经历了城邦和帝国阶段，例如古代的中国、古希腊城邦、古罗马帝国、古埃及帝国、古巴比伦王国、波斯帝国等。在特定的区域内还会形成藩属国和诸侯国，例如古代中国周边的一系列藩属国和中世纪欧洲的诸侯国。

由于科学技术和经济发展水平的局限性，早期各国家间相互联系较少，交往并不密切，国家间关系尚处于萌发阶段。具体表现为：第一，国家间互动频率低，河流山川的阻隔和交通工具的落后使得国家间往来成本高昂，并且通常耗时数月甚至跨年；第二，国家间交往范围局限在某一地域或某一体系内部，交往的对象以相邻国家为主；第三，国家间交往的形式简单，主要以战争征服、使节互访、王室联姻、商旅往来和宗教传播的方式进行互动；第四，国家间交往具有偶发性，没有形成常态的联系方式。

2. 主权国家的产生

拓展阅读

现代意义上的主权国家产生于 17 世纪的欧洲。在此之前，欧洲是由基督教神权和世俗政权共同统治，教皇的权力常常凌驾于世俗政权之上，各国的居民要同时效忠于世俗政权和教皇神权。1648 年《威斯特伐利亚和约》签署之后，教皇权力受到限制，仅行使教会的职能。主权国家思想被广泛接受，世俗政权逐渐可以自己决定国内的宗教和政治事务，不再受外部压力的限制，主权国家随之产生。

---

① 《马克思恩格斯文集》第 4 卷，人民出版社 2009 年版，第 189 页。

国家主权思想为现代主权国家的产生奠定了思想基础。主权意味着国家对内具有至高无上的权力，对外具有独立平等的权力。法国著名政治思想家让·布丹是近代国家主权学说的创始人，他在 1576 年发表的《国家六论》一书中系统地阐述了国家主权思想。他提出，作为国家的基本属性和标志，主权是国家拥有的超乎公民与臣民之上，不受教皇的意图甚至法律限制的最高权力，是一个国家永恒、绝对和不可分割的权力。关于主权的内容，他认为应包括立法权、官吏任免权、铸币权、课税权、最高裁判权、宣战权和媾和权等。

1618 年至 1648 年在欧洲发生的三十年战争是现代主权国家产生的政治基础。它最初是德意志各新教诸侯与神圣罗马帝国皇帝、德意志新教与天主教之间的战争，后来发展成为法国、瑞典、荷兰和西班牙等欧洲主要国家都参加的国际战争。欧洲三十年战争最终打破了罗马教皇的宗教统治权威，粉碎了在欧洲恢复天主教统治和建立大一统帝国的计划，为欧洲各国和德意志各诸侯获得国家主权创造了政治条件。

《威斯特伐利亚和约》为主权国家奠定了国际法基础。欧洲三十年战争结束后，于 1648 年 10 月签署了《威斯特伐利亚和约》。它承认了德意志各诸侯国的主权地位，确认了荷兰和瑞士的独立国地位；规定路德教和加尔文教同天主教具有平等的地位和权利，打破了以罗马教皇为中心欧洲神权政治体制的世界主权观。《威斯特伐利亚和约》的历史意义在于，赋予各主权国家以主权权力，确定了各主权国家的国际法地位，肯定了各签约国不受外来干涉选择本国制度和宗教信仰的权利。[1]

3. 现代国际关系的建立

《威斯特伐利亚和约》的签署意味着，在欧洲，宗教权威的统治走向终结，世俗权威取而代之，与世俗相伴形成的原则为此后的国际关系提供了一个重要基础：这个原则就是国家领土完整的概念，在法律上国家是国际体系中平等的、至高无上的参与者。[2] 以《威斯特伐利亚和约》为标志，开始形成现代意义的国际关系。现代国际关系与古代和中世纪时期的国际关系不同，它主要表现为以下几个特点：

第一，现代国际关系确立了国家主权原则。国家主权原则是现代国际关系的重要特点。主权原则意味着在现代国际关系中，主权国家作为国际政治行为体具有的基本权力，它在国内拥有最高统治权，在国际上具有独立权，不承认超越主权的任何国际权威，不受他国或任何外部干涉。现在，主权原则已经成为国际关

---

① 参见［美］亨利·基辛格：《世界秩序》，胡利萍等译，中信出版社 2015 年版，第 23 页。

② 参见［美］卡伦·明斯特、伊万·阿雷奎恩-托夫特：《国际关系精要》（第 5 版），潘忠岐译，上海人民出版社 2012 年版，第 17 页。

系的基本准则，成为当代国际秩序原则。

第二，现代国际关系确立了国家利益原则。在古代和中世纪，欧洲存在着多重效忠关系，德意志各诸侯国既要效忠神圣罗马帝国皇帝，又要效忠罗马教皇。在神圣罗马帝国统治下的各诸侯国既没有国家主权，也无国家利益可言。自从国家主权原则建立后，各国也摆脱了罗马天主教皇的统一世界观，确立了真正的国家利益观念，并把国家利益作为国家内外政策的最高原则。

第三，现代国际关系确立了主权平等原则。每个主权国家作为独立的国际法主体，都具有独立性和平等地位，各主权国家间互不隶属，互不干涉。它改变了古代和中世纪时期的城邦、诸侯国、帝国等多重主体的混合体制，在主权平等原则基础上建立了各主权国家平等的国际法主体地位。

第四，现代国际关系建立了现代外交制度。由于各国政治交往、经贸关系和人员往来不断增加，国家间关系越来越密切，各国间开始建立使馆制度。各国按照协议互设使馆，派遣常驻使节。以威斯特伐利亚和会为开端，欧洲地区开始了通过多边国际会议协调解决地区和国际事务的外交方式。

第五，现代国际关系确立了主权国家的国际政治行为体地位。《威斯特伐利亚和约》使得主权国家代替帝国、王朝或教会，成为国际关系的基本角色，国际关系主要表现为主权国家之间的关系。迄今为止，国际社会确立的几乎所有国际行为规范都建立在国家主权原则基础之上。国际关系的秩序模式、结构态势和运作程序也都是围绕国家主权而构建起来的，以至于国际政治在一定程度上可以被称为"国家间政治"。

随着欧洲工业革命和资产阶级革命胜利，欧洲国家通过殖民化进程和国际贸易把在欧洲确立的国际关系原则扩展为全世界的国际关系原则。之后的维也纳体系、凡尔赛-华盛顿体系和雅尔塔体系，核心原则都是建立在威斯特伐利亚体系基础上的。

二、国际政治行为体的发展

随着国际关系的发展演变，国际政治行为体不断发展和变化，主要表现在两个方面：一是随着国家主权的确立和民族独立运动兴起，国家行为体数量大幅增加；二是随着各种政府间国际组织和非政府间国际组织的建立，非国家行为体不断发展和壮大，在国际关系中发挥着日益重要的作用。这使得国际政治行为体呈现出多元化特征，也改变了传统上国际关系就是国家间政治的性质。

1. 国家行为体数量的增加

17—19 世纪欧洲的工业革命和资产阶级革命对现代国际关系体系的建立产生

了重要影响。当时，欧洲相继出现了十多个现代意义上的主权国家，这些国家在政治制度和结构形式上发生了重大变化：一是英国和法国等国以资产阶级革命形式推翻了封建君主专制制度，建立了资产阶级民主共和国；二是德国和意大利以民族统一战争形式建立了君主专制国家；三是沙皇俄国和奥地利继续维护君主专制制度，以领土扩张形式建立了专制帝国。与此同时，受欧洲资产阶级革命的影响，尤其是法国大革命引发了全球的民族主义浪潮，美洲开始了反对英国、法国和西班牙等国殖民统治的民族独立运动。美国和拉美一些国家通过民族独立战争宣布脱离宗主国统治，实现国家主权独立。

19 世纪后半叶，西方资本主义列强在完成工业革命后，加紧了对世界其他地区经济不发达国家的侵略，展开了掠夺土地和争夺霸权的斗争。在西方列强坚船利炮的进攻下，亚非拉地区很多民族国家相继沦为殖民地或半殖民地。到 19 世纪末，全世界有 30~40 个主权国家，这些国家主要集中在欧洲与美洲。

第一次世界大战后，亚洲、非洲、拉丁美洲的民族解放与民族独立运动风起云涌。这些国家主要集中在：中东地区，包括土耳其、巴勒斯坦和北非；中国及其周边地区，包括中国、印度、朝鲜和越南等国家；拉丁美洲地区，涉及墨西哥、尼加拉瓜、阿根廷等中南美洲国家。截至第二次世界大战爆发之前，世界主权国家数量上升至 70 多个。"二战"后，世界殖民体系解体，民族独立运动高潮迭起。20 世纪 40 年代中期至 50 年代中期，民族独立运动的中心地区在亚洲和北非，包括印度尼西亚、越南、巴基斯坦、印度、利比亚和摩洛哥等近 20 个民族国家宣布国家独立。在 20 世纪六七十年代，民族独立运动迎来新一轮高潮，在亚洲、非洲和拉丁美洲涌现了近 70 个新独立的主权国家。至冷战结束之前，全世界主权国家的数量达到了 170 个左右。

20 世纪 80 年代末 90 年代初，由于苏联和东欧发生剧变，苏联解体为 15 个独立主权国家，捷克斯洛伐克分立为捷克和斯洛伐克两个主权国家，原南斯拉夫联邦也分解为 6 个独立的主权国家。截至 2017 年年底，世界共有 200 多个国家和地区，其中拥有独立主权并成为联合国正式成员国的国家有 193 个。

2. 非国家行为体的兴起

非国家行为体是指除了主权国家以外其他各类国际政治行为体，主要包括各种政府间国际组织和非政府间国际组织。随着国际关系的发展变化，各种地区性和全球性问题越来越多，各种超国家的政府间国际组织和非政府间国际组织纷纷建立，并在国际事务中发挥着日益重要的作用。

（1）国际组织的产生

国际组织是指两个以上国家的政府、政党、民间团体或个人基于特定目的，以一定的协议或法律形式建立的国际联合体。依据成员的构成标准，国际组织大体上可分为政府间国际组织和非政府间国际组织两大类。国际组织是国际关系发展到一定阶段的产物，它经历了一个不断发展和成熟的过程。

在国际组织发展史上，1648 年召开的威斯特伐利亚和会具有十分重要的意义。这次会议开创了数个国家通过多边国际会议方式处理国际问题的先例。历次国际会议缔结的一系列公约和提出的一些普遍性原则，为初期国际组织的诞生奠定了基础。到 19 世纪时，单独和临时性的国际会议已经不能满足国际政治活动的需要，开始出现了有多个国家参加的、具有一定连续性与稳定性的国际会议制度，以及几个国家"定期举行会议"的政治协商制度。如拿破仑战争结束后欧洲历史上出现的"欧洲协调"。这种制度实际上是国际组织最早的雏形。

19 世纪中叶，随着欧洲资本主义迅速发展，各国间的贸易、运输及通信等业务往来日益密切和不断扩大。这时，简单的国际会议已经无法完成国家间随时协调处理各种国际事务的任务，于是早期的国际组织应运而生，例如 1852 年成立的世界印刷联盟、1865 年成立的国际电报联盟及 1874 年成立的邮政总联盟等。

（2）政府间国际组织的兴起

政府间国际组织是指两个以上主权国家为谋求符合共同利益的特定目标，依据一定的国际条约而创立的国家联盟或国家联合体。进入 20 世纪后，政府间国际组织的职能由最初的专门性和技术性组织扩展到一般性和政治性组织，世界各类政府间国际组织的数量大幅增加。

19 世纪上半叶，受两次世界大战的影响，政府间国际组织数量增长缓慢。根据国际协会联盟（Union of International Associations）的统计，1919 年全世界有 37 个政府间国际组织，到 1951 年发展到 123 个。1919 年成立的国际联盟是人类历史上第一个具有广泛职能的世界性政府间国际组织。1945 年，由美、苏、中、英、法五国倡导成立了联合国。它是最具普遍性的政府间国际组织，在维护世界和平，促进人类进步中发挥着重要作用。

20 世纪 50 年代至 60 年代，冷战进入高峰时期，美苏两大阵营之间的关系急剧紧张，政府间国际组织的发展也受到了影响。20 世纪 70 年代末，随着美苏关系的缓和，政府间国际组织数量迎来了爆发式增长时期。政府间国际组织数量由 1978 年的 289 个猛增至 1990 年的 4 322 个。20 世纪 90 年代，由于东欧剧变、苏联解体以及国际形势的变化，政府间国际组织也经历了分化组合，数量迅速增加。据统计，2000 年政府间国际组织达到了 6 556 个，截至 2017 年，世界各类政府间国际组织共计 7 658 个。① 其中，在国际社会十分活跃，并发挥重要作用的政府间国际组织就有 700 多个。

（3）非政府间国际组织的兴起

非政府间国际组织通常是指不以营利为目的，由不同国家的民间团体和个人等组成的国际组织。联合国经济及社会理事会（简称"经社理事会"）是联合国系统内负责协调同非政府间国际组织关系的主要机构。目前，关于非政府间国际组织的界定通常引自联合国经社理事会的三份决议。1950 年，联合国经社理事会第 288（Ⅹ）号决议指出：任何国际组织，凡是不经由政府间协议而创立的，都被认为是非政府组织。1968 年，联合国经社理事会第 1296（ⅩLⅣ）号决议认为，非政府间国际组织必须符合《联合国宪章》精神，具有被承认的国际地位，代表不同国家和地区的一大批人民的利益，并且有一个民主产生的章程以及民主决策程序。1996 年，联合国经社理事会第 1996/31 号决议将非政府间国际组织的承认范围扩大到在各国和各地区活动的非政府组织。

早期建立的各类非政府间国际组织主要是出于宗教活动、人道主义和学术研究的需要。例如，1844 年成立的基督教青年会、1862 年成立的国际大地测量学协会、1863 年成立的红十字国际委员会等。进入 20 世纪，两次世界大战的爆发在一定程度上减缓了非政府间国际组织的发展，但是，也促进了紧急救助类非政府间国际组织的产生。例如，1919 年成立的救助儿童会，1942 年成立的国际乐施会，1943 年成立的天主教救济服务组织等。第二次世界大战后，非政府间国际组织大量增加。一方面，"二战"后国际环境相对和平稳定；另一方面，联合国成立后与非政府间国际组织形成了一种制度性的联系。《联合国宪章》规定，联合国经社理事会须与各种国际非政府组织会商有关本理事会职权范围内之事件。② 同时，联合国经社理事会还专门设立非政府组织委员会，负责审批和接纳非政府组织。根据国际协会联盟公布的数据，1909 年世界各类非政府组织只有 176 个，1951 年为 832 个，1981 年大幅上升至 13 232 个，1990 年增长到 22 334 个，2000 年跃升至 45 674 个。截至 2017 年，国际非政府组织的数量已达到 61 682 个。③

（4）跨国公司的产生和发展

跨国公司是资本主义经济发展到一定历史阶段，生产和资本国际化的产物。19 世纪下半叶，欧洲列强开始了对殖民地的资本输出，以集中对殖民地的铁路建

---

① 数据来源：《国际组织年鉴》电子数据库。
② 参见《联合国宪章》第 71 条。
③ 数据来源：《国际组织年鉴》电子数据库。

设和矿业开采进行大规模直接投资。随着世界市场竞争的加剧，为了避开贸易限制，西方国家的一些大公司开始了对国外生产领域的直接投资，现代意义上的跨国公司应运而生。

由于技术条件的限制，早期的跨国公司数量不多，规模和经营范围有限，国际影响很小。20 世纪上半叶，受两次世界大战和资本主义世界性经济危机的影响，跨国公司处于相对缓慢发展的状态。"二战"后，随着第三次科技革命和交通、通信技术的发展，跨国公司发展突飞猛进。跨国公司的数量、规模和对外投资都急剧增长，在世界经济领域中发挥着重要作用。据联合国贸易和发展会议的统计，1995 年全世界已有跨国公司 3.9 万家，其外国子公司约有 27 万家。[1] 到 2012 年，全世界的跨国公司达到 10 万家，它们的外国子公司约有 90 万家，总资产 88.5 万亿美元，雇佣海外员工约 7 000 万人，这些跨国公司及其子公司控制了全球产出的 40% 以上。[2] 跨国公司的活动不仅影响到各国的经济和社会生活，而且影响到国际政治关系。

3. 国际政治行为体的多元化

进入 21 世纪，随着各种非国家行为体的发展，主权国家已经不再是唯一的国际政治行为体，国际政治行为体呈现出多元化特点。各种国际政治行为体依据其性质和地位，在国际事务中发挥着各自功能与作用。

第一，主权国家仍然是最基本和最重要的国际政治行为体。在当代国际政治中，主权国家仍然是最重要的国际政治行为体，这是其他任何非国家行为体所无法替代的。然而，国家行为体也面临一系列新的挑战：首先，经济全球化使得各国经济的相互依赖、相互联系达到了前所未有的水平，一国的经济发展开始和世界经济的发展紧密相联，这使得国家内外政策日益受到各种国际因素的影响。其次，各类政府间国际组织的发展，使国家主权行为更多地受到国际法和国际组织的约束，并成为国家行为的共同准则。再次，信息技术革命使得国家管控信息的成本提高，想完全控制信息的传播几乎是不可能的事情。最后，全球性问题的涌现对国家主权也构成了挑战，全球性问题超越了国家和地区的界限，超出了单一国家治理能力的范围，必须依靠国际社会的共同努力，采取联合行动。

第二，政府间国际组织在国际社会中的作用变得越来越重要。当前，政府间

---

[1] United Nations Conference on Trade and Development, *World Investment Report* 1996: *Investment, Trade and International Policy Agreements*, p. xiv.

[2] United Nations Conference on Trade and Development, *World Investment Report 2015*: *Reforming International Investment Governance*, p. 18.

国际组织的数量远远超过了主权国家的数量。政府间国际组织已经成为全球化进程的重要载体之一。它在制定全球化的规则，维持全球化的国际秩序等方面发挥着国家难以起到的作用。一方面，政府间国际组织为成员国提供了政策沟通、表达意见、开展合作的平台。另一方面，政府间国际组织在政治、经济、文化、卫生、通信、交通等领域制定行为规则，在一定程度上充当国际社会管理者的角色。政府间国际组织这种协调和管理功能对于维护世界秩序的正常运行至关重要。此外，一些政府间国际组织都将维护国际和平与安全作为自己的行动宗旨。它们在冲突的各方之间积极奔走斡旋，有效缓解或平息了冲突的升级和地区动乱，为世界的和平与稳定作出了重要贡献。

第三，非政府间国际组织在国际社会中非常活跃。目前，世界上存在 60 000 多个非政府间国际组织，它们活动在国际社会的每一个方面，正以不同的方式改变着原有的社会运作模式。在全球化和信息化发展的促进下，非政府间国际组织正成为国际社会中日益壮大的国际政治行为体。

第四，跨国公司作为一种超国家的经济实体，对国际经济和政治产生重要影响。2012 年，世界排名前 10 位的非金融类跨国公司的国外资产都在 1 500 亿美元以上，超过了同期世界 70% 的主权国家国内生产总值。大型跨国公司凭借其强大的经济实力及其跨国生产和经营方式，对所在国的政治、经济和对外政策产生一定影响。在自身经济利益的驱动下，它们会尽力地影响母国和所在国的政策，有时也会成为跨国公司母国对所在国施加影响的重要手段。跨国公司对国际事务影响力的增大，动摇了主权国家政府对国际政治事务的长期垄断地位，在很多方面成为主权国家的有力竞争者之一。

三、国际政治行为体的基本特征

在当代国际政治中，国际政治行为体日益多元化，国际政治行为体的数量大量增加。然而，无论是国家行为体，还是各种非国家行为体，它们都具有一些共同特征。这些特征也是我们判断和区分国际政治行为体与其他行为体的根本标志。

1. 具备一定的独立行为能力

所谓独立行为能力，就是能够独立自主地参与国际事务，在国际关系中直接享有主体的平等地位和权利，履行相应的国际职责，承担规定的国际义务。通常来说，凡是符合国际法行为主体条件的对象都具备这种能力。在国际社会中，没有独立行为能力的实体和个人不能被认为是国际政治行为体。例如，一些国家内部的社会组织，由于不能独立参与国际事务，也没有履行国际责任和承担国际义务的能力，因此，不能被认为是国际政治行为体。

2. 具有比较稳定的组织结构形式

国际政治行为体必须具有比较稳定的组织结构形式，以相对稳定的政治实体身份参与国际事务，开展国际交往活动。这里无论是主权国家，还是政府间国际组织和非政府间国际组织，都要求具备稳定的组织形式。例如，一个国家如果没有稳定合法的政府，就不可能有效地行使国家主权，也无法承担国际责任，就可能失去国家行为体资格。各类政府间国际组织和非政府间国际组织，如果没有常设的组织机构和组织章程，就无法作为国际政治行为体而存在，也无法开展国际交往和独立地参与国际事务。作为国际政治行为体的特殊个人，只有依托比较稳定的组织结构形式，无论是主权国家，还是其他国际组织，才能发挥其个人的特殊作用。

3. 具备一定的实力

国际政治行为体都应具有一定的实力，其中包括维持正常活动的财政和资金保障，独立参与国际事务和发挥国际影响力的能力等。例如，主权国家具有维持国家社会经济发展的管理能力，维护国家独立和主权的防卫能力，参与国际事务的外交影响力等。各类政府间国际组织和非政府间国际组织具有开展国际活动的经费，协调和参与国际事务的影响力等。没有这些基本实力的政治实体既不能保证其持续存在，也无法发挥其国际影响力，也就不能成为国际政治行为体。

4. 具有影响国际事务的手段

国际政治行为体不仅具有一定实力，还需具有影响国际事务的手段，才能够真正参与国际事务，发挥国际影响力。它们通常采用政治、经济、军事和文化等各类手段。由于国际政治行为体的类型不同，实力各异，它们所采取的具体手段，施加影响的方式和方法也不同。例如，主权国家主要采用政治、经济、军事、外交和文化手段。各种政府间国际组织则通过具有国际法效力的公约或决议等影响国家决策和行为，从而影响国际事务。各种非政府间国际组织则是通过国际舆论、国际游说、国际声明等手段对国家和国际关系施加影响。由于国际政治行为体使用的手段不同，其对国际事务产生的影响也有很大不同。国际政治行为体根据利益诉求和目标，常常会考虑采取哪一种手段，或综合利用各种手段，以发挥其影响力。相比较而言，没有一定影响手段的政治实体不能被视为国际政治行为体。

上述国际政治行为体四个方面的基本特征彼此相辅相成、缺一不可。它们共同构成了一个相互联系、不可分割的统一整体。首先，独立自主的行为能力是国际政治行为体的重要依据，也是其自立于国际社会的重要标志；其次，稳定的组织结构形式是国际政治行为体参与国际互动的载体，是国际关系运行的基础；再次，具备一定的实力是国际政治行为体被国际社会认可的基本依据，是其参与国际事务的影响能力；最后，影响国际事务的手段则是国际政治行为体在国际事务中发挥作用、确立自身国际地位和实现自身目标的重要方式。

第二节　国家行为体

国家是国际政治主要行为体，称为国家行为体。国家行为体与非国家行为体相比较，它拥有国家主权，具有所属领土，建立有中央政府，有一定数量固定居民。在政治制度、经济制度、价值形态和文化上表现为多样性特点。这些特点决定了国家行为体在国际政治中的地位和作用。

一、国家行为体的类型

依据各种划分标准国家行为体可以分为各种类型，这些不同类型决定了国家行为体在国际政治中的地位和国际影响力。例如，依据政治体制，可分为君主制国家和共和制国家；依据国家结构，可分为单一制国家和复合制国家；依据国家综合国力，可分为超级大国、大国、中等国家和弱小国家等。

1. 依据政体分类

政体，它是指主权国家的政权组织形式，即主权国家借助何种政权组织形式进行权力统治。按政体可以将国家分为君主制和共和制。

（1）君主制。君主制是以君主（国王或皇帝）为国家元首的政权组织形式。国家元首为世袭君主，且为终身任期。从发展史上，罗马帝国和阿拉伯帝国时期，其王国多为绝对君主制，君主拥有绝对权力，其意志即是法律。它和现代君主制不同，现代君主制一般是立宪君主制。现在，实行君主制的国家仍有 30 多个。不过，当今实行君主制的国家，除了少数国家没有议会，仍实行专制君主制之外，其他君主制国家一般都设有议会，实行立宪君主制。根据政府与议会的关系，君主拥有的权力大小不同，立宪君主制一般可分为两类：

第一，二元制立宪君主制，又称二元君主制。在这种政体形式下，国家虽然设立了议会，但君主仍然保持封建专制时代的权威，是权力中心和最高的实际统治者。政府和议会地位并列，政府不对议会负责，君主作为国家元首，控制政府。1871—1918 年的德意志帝国和 1889—1945 年的日本是二元君主制的典型国家。君主拥有实权，但不同国家君主拥有的实权范围和程度不尽相同。例如科威特、巴林、约旦、不丹、汤加、莱索托等君主国，国王对政府，甚至议会都有较大的实权，国王可任免首相和提名主要大臣，议会议案需经国王批准后方可通过。

第二，议会制立宪君主制，又称议会君主制。君主只是象征性的国家元首，形式上有权任免首相、大臣、大法官等，召集和解散议会。实际上国家权力掌握在议会手中，议会是国家最高权力机关，拥有最高立法权。多数党领袖组成内阁，控制行政大权，政府对议会负责。君主及其行为受议会和宪法的约束，并无实权。最具代表性就是英国的君主立宪制。除此之外，西班牙、比利时、瑞典、挪威、丹麦、荷兰、日本、澳大利亚等实行这种政体。

（2）共和制。它是国家代表机关或国家元首由选民或议会直接或间接选出的一种政权组织形式。政体从属于国体，共和制国家一般可分为资本主义共和制与社会主义共和制。

第一，资本主义共和制。它可以分为议会共和制与总统共和制两种形式。这两者的根本区别是立法机关与行政机关关系的不同。议会共和制，议会是国家最高权力机关，拥有立法、组织和监督政府等权力；政府或内阁由占议会多数席位的政党或政党联盟来组织，政府对议会负责；总统只拥有虚位，没有实权。当代实行议会共和制的国家有德国、意大利、芬兰、奥地利和印度等。总统共和制，总统既是国家元首，又是政府首脑；总统总揽行政权力，统率三军；议会拥有最高立法权；行政机关和立法机关相互独立，相互制约。当代实行总统共和制的国家有美国、墨西哥、巴西、阿根廷、埃及、印度尼西亚等。另外，除了上述两种共和制外，资本主义国家还存在两种特殊的共和制形式：法国的半总统共和制和瑞士的委员会共和制。

第二，社会主义共和制。社会主义共和制是社会主义民主制度，例如中国的人民代表大会制度。人民代表大会制度是中华人民共和国的根本政治制度。中国各族人民按照民主集中制原则，选出各级代表，组成各级人民代表大会并掌握立法权。全国人民代表大会是最高国家权力机关，它选举国家主席、副主席，决定国务院总理的人选，总理向全国人民代表大会负责。人民代表大会制度体现了中国的现实国情，显示了其强大的生命力和优越性。

2. 依据国家结构形式分类

国家结构，主要指的是国家整体与部分、中央政权机关与地方政权机关所组成的关系形式，也就是一个国家的各个地区如何组成的问题。按照国家结构形式，可将国家分为单一制国家和复合制国家。

（1）单一制国家，又称单一国。它是由若干地方行政区域组成的具有统一主权的国家。它实行统一的宪法和国籍、统一的最高权力机关和行政体系。由中央机关制定对外政策，代表国家参与国际事务。地方行政单位经中央机关授权可以进行某些对外交往，但不是国家行为体。

中华人民共和国属于单一制国家。虽然香港、澳门在回归祖国后作为特别行政区享有高度的自治权，可以单独同世界各国、各地区及有关国际组织保持和发展关系，签订和履行条约，参与国际会议。但是，香港和澳门是中国的一个地方行政区域，中华人民共和国政府负责管辖与香港和澳门特别行政区有关的外交事务，负责统一的防务。因此，香港和澳门不具有国家行为体的地位。

（2）复合制国家，又称复合国。它是由两个或两个以上成员单位依据宪法组成的联合国家。它的最高权力被部分分割，或部分转让给地方政府所有，全国仍维持一个全国性的国家权力机关，地方政府也享有部分主权，并以联邦制形式维持全国统一。一般而言，复合制国家的外交、军事、财政、立法等，均由联邦中央政府统辖；地方政府可在联邦宪法范围内，在一定程度上管辖自己的财政、税收、文化与教育等事务，具有一定的自主权。目前美国、德国、瑞士、俄罗斯等国家都是复合制国家。

联邦制是复合制国家的国家结构形式，联邦国家是国家行为体，组成联邦的成员不具有国家行为体的资格。而邦联制是由两个或两个以上的主权国家建立的国家联合体。它设有共同的组织机构，用于协调邦联成员国之间的相互关系和内外政策，但邦联本身不是国家行为体。各成员国仍是完全的主权国家，是国家行为体。英联邦既不是联邦，也不是邦联，它是由历史上的大英帝国演变而成的一种国家联合体。它由英国及其自治领土和其他独立的英国前殖民地和附属国组成。英联邦成员以"英王为独立成员国自由联合体的象征"，英联邦成员自由结合，地位平等，内政外交互不隶属。英联邦不是复合制主权国家，它们只是由独立主权国家所组成的一个松散的，相互进行政治、经济磋商和合作的组织。

3. 依据综合国力分类

综合国力，也称国家实力或国家力量。它是指一国生存和发展所具备和拥有的全部物质力量和精神力量。国家实力是一个综合性概念，它是由物质力量和精神力量等多种因素构成的综合国力。综合国力的物质力量包括：地理条件、人力资源、自然资源、经济能力、军事能力、科技能力等；精神力量包括：民族特征、国民素质、政府效能、外交水平、国家凝聚力等。

综合国力是国家生存和发展的内在力量，它在一定程度上决定国家在国际社会中的地位与作用。在国际关系中，综合国力是国家行为能力和国际影响力的实力基础，它是国家制定对外政策的实力基础和实施对外政策的手段。它对每个国家及其相互关系具有重大影响和制约作用。一般来讲，综合国力强大的国家，其行为能力和对外影响力就相对较大；综合国力较弱的国家，其行为能力和对外影响力就相对较小。依据国家实力的大小可以将世界各国划分为：超级大国、大国、中等国家和弱小国家。

（1）超级大国，它是指经济、科技、军事实力超级强大，在世界上占有明显的支配地位，拥有最强的国际行为能力，并对其他国家乃至整个国际体系都产生决定性影响的极少数国家。由于其综合国力和对世界事务的影响都是全球性的，超级大国通常也被称为"全球性大国"① 或"超级"的"一极"。例如两极格局时期的美国、苏联，以及当今世界的唯一的超级大国美国。

（2）大国，它是指那些在综合国力上具有强大的硬、软实力，但远没有达到世界性的"超级"地位，对国际事务的影响力主要局限于本地区范围之内的国家，因此，也称为地区性大国。只有少数"准全球性大国"对全球性事务产生一定的影响，但其影响力远不及超级大国。例如第二次世界大战后的法国和英国，以及当今世界的中国、德国、日本、俄罗斯等。

（3）中等国家，它是指在综合国力上处于世界一般水平，对国际事务的影响力主要涉及周边邻国的国家。少数实力较强者对地区性的国际事务也具有一定的影响，如韩国、南非、以色列、埃及等，但大多数国家主要关注自己的周边环境。

（4）弱小国家，则是指那些无论在综合国力，还是在国际影响力上，都较为弱小的国家。如发达资本主义国家中的摩纳哥、安道尔、圣马力诺等欧洲袖珍国家和发展中国家中的弱小国家。

另外，有的学者还从民族构成的角度进行划分，分为单一民族国家和多民族国家。还有学者提出，冷战后的国际社会，出现了生产力水平、生产关系、上层建筑和文化差别较大的四类国家。它们分别是发达资本主义国家、发展中的民族主义国家、冷战后中东欧国家与独联体成员国，以及社会主义国家。除了社会主义国家之外，其他三类国家的生产方式、社会制度基本或大致相同，均属于资本主义社会制度的范畴。

二、国家行为体的基本特征

国家行为体是重要的国际政治行为体。它具有自己固定的居民、领土、政府

---

① 参见［美］兹比格纽·布热津斯基：《大棋局：美国的首要地位及其地缘战略》，中国国际问题研究所译，上海人民出版社 1998 年版，第 13 页。

和主权，具有独立自主地决定对内和对外事务的最高权力，在国际事务中代表整个民族国家利益。国家行为体的基本特征决定了国家在国际政治中的核心地位与决定性作用。

1. 国家具备的四个基本要素

（1）定居的居民。居民是国家的基本要素，只有具有一定数量的居民，才能建立一定的经济和政府机构，组成国家。没有一定数量定居的居民，国家是不可能存在的。至于定居的居民数量多少、民族构成状况，世界各国差别很大，但这并不影响国家作为基本行为体的资格。

（2）确定的领土。领土是一个国家赖以存在的物质基础和活动空间，包括领陆、领海、领空。有了确定的领土，居民才能获得生存和发展所需要的物质资源，才能聚集，形成社会，国家才能在一定的领土范围内建立起来，并行使主权。世界各国的领土面积可能有大有小，但所有国家都必须有赖以存在的领土。严格来说，无领土的国家是没有的。至于领土的大小、国界是否完全划分，均不影响国家的成立。

（3）政府，即政权组织。它是国家在政治上和组织上的体现，是执行国家职能的机构。政权组织代表国家对内实行管辖，对外进行交往。没有政权组织就不能构成国家。至于采取什么样的政权组织形式，这是各国的内政。由于各国历史、文化传统和具体国情的不同，各国所建立政权组织形式也不尽相同，主要表现为君主制、共和制等。

（4）主权。它是一个国家独立自主地处理对内对外事务的最高权力，是国家的根本属性。国家主权就是国家的统治权力。它表现为国家对内的最高管辖权和对外独立权、平等权、自卫权。国家对内享有管理本国国民、资源和政治经济生活的权力；对外享有独立处理国家关系和制定外交政策的自主权，在国际关系中享有平等的地位和权利，享有抵抗外来侵略和维护领土完整的自卫权。在一个地域内，尽管有定居的居民，有政权组织，如果没有主权，则不能成为一个国家，只能是一个国家的地方行政单位或属地。

以上四个基本要素是相互联系，缺一不可的。它构成了国家最基本的特性，是国家行为体与其他行为体相互区别的根本标志。从国际政治学的角度，作为国际政治行为体的国家必须具备上述四大因素。定居的居民和确定的领土是国家作为基本实体存在的首要条件，是国家赖以存在和发展并在国际舞台上发挥作用的客观前提和物质基础。同时只有拥有主权，才能独立地制定国家战略和外交政策，并通过一定的政权组织，通过政治、经济、外交、军事活动，实现和维护国家利益。

2. 国家具有的两重性

按照马克思列宁主义的观点，国家是阶级矛盾不可调和的产物，是阶级统治的工具。这主要是指国家的内在特征，同时，它还具有国防和外交职能等外向特征。国家的这种两重性，在其对外行为和与其他国家的相互作用中表现得尤为明显。

第一，国家职能具有两重性。国家职能，是指国家机构的基本作用，即国家为维护统治阶级利益，实现统治阶级意志的基本活动。从国家职能的空间范围来看，通常分为对内职能和对外职能。对内职能主要包括两个方面：一方面是政治统治职能，另一方面是社会管理职能，这反映了国家对内职能的两重性。对外职能主要包括：维护国家领土和主权完整，抵御和反抗外来侵略，发展与各国的政治、经济、军事和文化交往。

对于一个主权国家来说，国家的对内职能和对外职能是紧密相连、不可分割的。国家对内职能的有效行使是保证国内社会政治秩序，实现国家政治稳定和经济发展的重要基础。国家对外职能是对内职能的外部延伸，是为实现国家内部职能服务的，是为国家创造良好的外部环境。它们都服从于国家共同目的，反映整个国家或民族的利益和意志。

第二，国家主权具有两重性。即拥有对内的主权和对外的主权。对内主权是指国家对其领土范围内的一切事务拥有最高的统治权和管辖权，有权选择自己的政治经济制度，独立自主地制定本国的内外政策，任何国家不得干涉。这种对内主权通常体现了统治阶级的权力和意志。对外主权是指在与其他国家交往时，作为平等的一员，享有独立自主权、平等权与自卫权。这种对外主权是由对内主权所决定的，它体现了国家的阶级特性；同时它所捍卫的不仅是统治阶级的利益，而且是全社会、整个国家的利益，这种主权是属于全体居民的。

主权是国家的本质属性，是神圣不可侵犯的。但是随着国家间交往的密切，国家主权理论受到强烈的冲击。一些国家提出"有限主权"理论，提倡主权分割、主权让渡与共享，这实质上是霸权主义和强权政治的体现。世界上任何一个国家，作为国际法主体，都享有维护国家主权和领土完整、不受干涉、不受侵犯的国家主权权利。但需要强调的一点是，尽管主权让渡的现象在国际关系中日益频繁，但主权让渡必须具备三个基本的属性，即自愿性、平等性和共享性。自愿是让渡的前提和基础，所有让渡均出自主权国家根据自身国家利益进行的判断和取舍，同时还保留在必要时收回的权力；平等是让渡的程度和方式，这也是主权平等原则的体现；共享则是让渡的归属和结果，让渡不是主权的丧失，而是在共同体内共享更大的主权。因此，自愿让渡主权与外力侵犯主权是有本质区别的。

第三，国家作为国际行为体具有两重性。国家在其对外行为和与其他国家的相互作用中，体现出阶级性和民族性的两重性。即以统治阶级利益主导的阶级性和以民族国家利益为核心的民族性。国家的对外行为与其对内行为有着密不可分的联系，在很大程度上是受其对内行为制约，并为对内行为服务的。因此，一方面，国家对外行为具有阶级性。国家对外政策的制定是由统治阶级的意志所决定的，国家的对外行为充分反映了国内占统治地位的阶级与社会集团的根本利益。另一方面，国家对外行为具有民族性。国家的对外行为和对外决策又具有很大的独特性。国家之间的相互关系并不完全取决于两国阶级的一致性。在国际舞台上，国家是作为其全体国民利益的代表者，而不是某个阶级利益的代表者而出现的，它所维护的首先是整个国家或民族的利益。

三、国家行为体对国际体系的影响

国家是国际体系中最基本的行为体。国际体系主要是在国家互动过程中形成的，国家关系的性质和发展变化决定了国际体系的性质、结构及其变化。

1. 国家是国际体系中最基本的行为体

国家是构成国际体系的基本组成单元，在国际社会中居于核心地位，并发挥主导作用。这主要表现在：

（1）国际关系主要是国家之间的关系。主权国家是现代国际关系形成和发展的构成要素。国家之间的政治、经济、军事、文化关系构成了国际关系的主要内容和基本形式。离开了国家之间的关系，国际关系就无从谈起。国际关系是在国家产生以后，随着国家之间交往的密切和扩大逐步形成和发展起来的。资本主义生产方式的出现，民族国家的兴起，推动了国家之间交往的扩大，使现代意义的国际关系基本形成。第二次世界大战结束后，随着一大批殖民地半殖民地国家获得独立，成为主权国家，现代意义上的国际体系才最终形成。

（2）主权国家在国际体系中居于最主要的地位并起着最重要的作用。国家在国际体系中居于最重要的核心地位。在各种双边的、多边的、地区的和全球性的国际关系中，国家都是最基本、最主要的构成要素。国家之所以能在国际体系中发挥最重要的作用，关键在于国家是国际关系中具有完全行为能力的主体，拥有稳定的政治经济实体，拥有主权，并能以其他行为体所不具有的强大能力和组织手段参与和决定世界事务。它能独立自主地制定和实施对外政策，签署国际条约，宣布战争与媾和，具有完全的行为能力和义务能力。

（3）从国家行为体与非国家行为体之间的关系来看，主权国家对非国家行为体起着重大的制约作用。这主要表现在：首先，非国家行为体是在国家间关系日益发展、国家交往日益频繁的基础上产生的；其次，政府间国际组织作为国际政治行为体，其性质、地位、作用都是由构成这一组织的各个国家，特别是那些具有影响的大国决定的；最后，非政府间国际组织在国际关系中的作用、影响，归根到底是由其影响主权国家行为的能力决定的。

2. 国家关系决定国际体系的性质、特点和结构

国际体系是由国家和其他行为体相互联系、相互作用、相互制约而构成的一个集合体。国家关系的性质、特点和发展变化决定国际体系的性质、特点、结构和发展方向。

（1）国家的行为与相互作用构成国际体系的基本特点。国际体系的基本特点，取决于国家所处时代的基本性质。国家作为国际体系的基本单元，由于所处时代的不同，各国对于国家利益界定不同，对外政策和对外行为不同，国家之间相互作用所构建的国际体系在不同时代具有不同的基本特点。

（2）国家国内政治性质的不同决定了国际体系的性质特征和发展方向。各国的多样性决定了国际体系表现形式的复杂性。主权国家是国际体系中稳定性最强、消亡率最低的基本单元。主权国家存在着国土面积、政体、经济实力、法律制度、文化传统与综合国力的差异，导致不同国家在履行其相同或类似职能时的能力差异。大国往往能在国际体系中发挥主导作用，大国的变更使得国际体系在不同时代的表现形式多种多样。国际体系自产生以来经历了三个历史时期：第一个时期自资本主义生产方式出现至1917年俄国的十月革命。世界上的强国几乎是清一色的资本主义国家，因此，这一时期是世界资本主义体系。第二个时期自俄国十月革命至第二次世界大战结束。这一时期，苏联在国内建立了社会主义制度，打破了资本主义一统天下的局面。此时的国际体系开始出现两种制度并存的局面。第三个历史时期自第二次世界大战之后，国际体系中涌现一批独立的社会主义国家和第三世界国家，使得国际体系内部出现了一大批在政治发展上具有不同特征的国家集群。因此，现在的国际体系表现为两大社会政治体系、三类不同国家体系相互联系、相互作用的基本结构。

3. 国家之间综合国力对比的变化推动了国际体系的发展与演变

在相互作用与依存的社会中，国家之间综合国力的大小决定了它们在国际体系中地位作用的不同，也决定了国际体系的存在方式。正是由于国家之间综合国

力对比的变化，使得国际体系经历了以欧洲为中心的国际体系、凡尔赛–华盛顿体系、雅尔塔体系，以及冷战后形成的一超多强的国际体系。

国家力量的发展变化也推动着国际政治格局的发展演变。随着国家之间力量对比的变化，国际政治格局由美苏两极格局演变为"一超多强"国际政治格局，并且随着中国和第三世界国家综合国力的增加，国际政治格局向多极化发展的趋势日益明显。

在国际体系中，虽然国际行为体的多样性日益增强，但真正起作用的仍然是主权国家，尤其是综合实力强大的国家行为体。无论是美苏时期的两极格局，还是现在的一超多强格局，以及逐渐形成的多极格局，在其中发挥作用的始终是政治、经济、军事、文化等综合实力强大的国家。在未来国际政治格局的建构中，只有综合国力强大的国家才能发挥作用。因此，中国应抓住机遇，不断增强自身的综合国力，这样才能在未来国际格局中占有一席之地，从而推动国际新秩序的构建。

第三节　非国家行为体

在当今国际政治舞台上，除了仍然发挥着主导作用的国家行为体外，还有各种不同形式的非国家行为体。非国家行为体是指那些主权国家之外的、能够独立地参与国际事务并发挥职能作用的政治、经济实体。非国家行为体的出现是国际关系不断发展的产物，同时，非国家行为体的存在和发展对国际事务和国际关系都产生着重大影响。

一、非国家行为体的类型

随着经济全球化的发展，国际经济关系和政治关系都发生了巨大变化，促使国际政治舞台上的行为体也发生了变化。在国家行为体发展的同时，非国家行为体大量出现，数量不断增加，种类更加繁多。广义的非国家行为体是指一切具备了国际行为体的基本特征，但并不具备主权国家地位的其他国际行为体。但是，总体来说，非国家行为体主要表现为三种类型的实体：政府间国际组织、非政府间国际组织和跨国公司。

1. 政府间国际组织

政府间国际组织成员构成一般限于主权国家。政府间国际组织的建立是以成员国的合作意愿为基础，以一定的结构形式为条件，以一定的组织机制为保障的。

政府间国际组织可以按基本性质和职能划分，也可按组成区域来划分，其表现形式是多种多样的。若按照基本性质和职能来划分的话，可以分为一般性国际组织和专门性国际组织两大类。一般性国际组织具有较广泛的宗旨、原则和职能范围，其活动领域也涉及政治、经济、军事、文化等诸多方面。例如，联合国是由主权国家组成的一般性国际组织。按照《联合国宪章》和宗旨，它致力于促进各国在国际安全、经济发展、社会进步、人权和世界和平方面的合作。专门性国际组织的目标和活动一般局限于国际社会某一个专门的领域。例如，经济性国际组织有世界贸易组织、世界银行、国际货币基金组织、国际结算银行、亚洲开发银行、石油输出国组织等；又如政治性国际组织有独立国家联合体、东南亚国家联盟、阿拉伯联盟等；军事性国际组织有以美国为首的北大西洋公约组织、以俄罗斯为首的集体安全条约组织等；环保性国际组织有世界自然保护联盟、全球环境基金等。

若按照组成区域来划分的话，可分为全球性国际组织和区域性国际组织。全球性国际组织是面向全球所有国家，为解决全球性问题而建立的国际组织。诸如联合国、世界贸易组织、国际货币基金组织、世界银行和世界卫生组织等。区域性组织是以区域或民族宗教标准，重点解决区域性问题而建立的组织。诸如亚太经合组织、北美自由贸易区组织、阿拉伯联盟、拉丁美洲一体化协会、非洲联盟、东南亚国家联盟等。

冷战后，随着经济全球化和国际相互依存关系的不断发展，政府间国际组织的作用日益增强，其在协调成员国之间的行动、信息交流与沟通、促进国际合作、维护国际和平与安全等方面都起到了重要作用，发挥着主权国家无法替代的功能。

2. 非政府间国际组织

非政府间国际组织是指由非官方的民间组织或个人发起并建立的非营利性国际组织。联合国经济及社会理事会1950年第288号决议对非政府间国际组织作过这样的界定：任何国际组织，凡是不经由政府间协议而创立的，都被认为是为此种安排而成立的非政府组织。1968年的第1296号决议进一步阐明：包括接受由政府当局指定的成员的组织，如果这种成员资格不干预该组织观点的自由表达的话。这是目前具有权威性的关于非政府间国际组织的界定，也是我们分析研究非政府间国际组织的重要依据。

非政府间国际组织于19世纪兴起，最初主要以倡导人道主义、传播宗教为主要内容。到了20世纪，特别是第二次世界大战以后，在世界相对和平的环境下，非政府间国际组织有了很大发展，不仅数量增加，对国际事务也发挥着越来越大的影响。

非政府间国际组织涉及国际社会各个领域，包括文化与教育、环境与发展、慈善与救济、社会与宗教等各种非政府间国际组织。如国际奥林匹克委员会、国际大学协会、无国界医生组织、红十字国际委员会、国际绿色和平组织等。由于非政府间国际组织具有民间性质，它不像政府间国际组织那样对国际政治有着直接的影响力。但是，近些年来，非政府间国际组织与政府间国际组织的合作和协调正在逐步增强，特别是很多非政府间国际组织已经与联合国的一些机构建立了正式关系，对联合国的决策起到一定的咨询和协商作用。

3. 跨国公司

跨国公司，通常是指以一国为基地或决策中心，通过对外直接投资、在国外设立分公司、子公司或附属机构，从事跨国生产、经营或其他服务活动的国际性公司。19 世纪 60 年代至 70 年代，随着资本主义生产的不断发展，资本的扩大超越了国界，开始向国外直接投

拓展阅读

资。随后，西方发达国家的一些大公司纷纷向外投资，这样现代意义上的跨国公司就产生了。跨国公司的出现引起了跨国组织的革命，并成为跨国政治中十分重要的非国家行为体。

跨国公司的分类有不同的标准，归纳起来主要有如下几种：按照经营项目的性质可分为三类：一是资源开发型跨国公司，这是以获取母国短缺资源和原材料为目的的公司，诸如埃克森-美孚公司、英荷壳牌公司；二是加工制造型跨国公司，这是主要从事机器设备制造和零配件产品加工业务的公司，如美国通用汽车公司；三是服务提供型跨国公司，主要是向国际市场提供技术、管理、信息、咨询和法律服务等无形产品的公司。

随着经济全球化的推进，跨国公司的影响也进一步拓展，已经渗透到了世界经济的所有产业部门以及生产、流通、消费等各个领域。凭借雄厚的经济实力，跨国公司对母国和东道国的内外政策都具有一定影响力，从而影响国际政治关系。

二、非国家行为体的基本特征

非国家行为体是相对于国家行为体而言的，虽然它具有稳定的组织形式、独立参与国际事务的能力和一定的国际影响力，但是，它与国家行为体有着根本区别，这些区别构成了非国家行为体的基本特征。

1. 超国家性

非国家行为体的组织结构具有跨国性，它追求的利益和目标具有超国家性。构成非国家行为体的成员来自多个国家和地区，并以全球或区域为活动范围。它的成员往往基于某种追求或某种利益而结合，追求的是超国家的利益和目标，具有明显的超国家特点。突出表现为成员因在文化、语言、宗教信仰、种族等问题上的相互认同，或在追求经济、政治、文化、社会、生态等利益问题上形成共识而建立的国际组织。

联合国就是一个超国家的具有普遍性的政府间国际组织。它的宗旨就是增进国际合作，保持世界和平与安全。绿色和平组织则是以环境保护为目标而建立起来的超国家非政府间国际组织。它的宗旨就是阻止污染，保护自然生物多样性和大气层，追求无核世界。

2. 派生性

非国家行为体所拥有或被赋予的权利一般具有派生性特点。如各类政府间国际组织，它们的地位与作用常常取决于组成该政府间国际组织的成员国的地位与作用。它们的政策和主张在很大程度上取决于成员国政府的立场，并成为各国政府推行对外政策和维护国家利益的国际舞台。因此，这类政府间国际组织在追求其宗旨和参与国际事务中，常常会受制于成员国政府的利益取向。它们在国际事务中发挥作用的效果主要取决于成员国政府的国际协调与合作。非政府间国际组织追求的权利与目标在一定程度上也取决于是否得到各主权国家的认可和支持。

3. 间接性

非国家行为体影响国际事务的方式具有间接性特点。它不同于主权国家，没有任何军事或制裁手段来推行其政策主张和诉求。非国家行为体的作用主要是通过对主权国家政府或领导施加影响而间接实现的。非国家行为体参与国际事务的主要方式是会议、决议、舆论、游说等。非国家行为体通过召开国际会议，以协商方式形成决议，制定行动准则和规范，并动员和借助世界舆论，采取广泛宣传、积极游说等形式，影响各国政府的对内对外政策，从而间接地影响国际事务。它的国际影响力在于对各国政府政策的影响能力。它对各国政府或领导人的影响越大，其发挥的作用也就越大。

4. 协调性

在国际事务中，非国家行为体主要是通过协调的方式来发挥作用。非国家行为体在国际事务中的协调性职能主要体现为：一是通过国际组织机构或国际会议方式，为各成员之间的交流与合作提供国际场所，使各成员增进思想交流，开展政策沟通，化解矛盾分歧，深化相互信任，促进国际合作；二是以签署国际公约，通过多边决议，发表国际声明等形式，推动建立国际法和国际准则，以协调国家间关系；三是通过参与谈判、斡旋、派出志愿者行动等方式，化解国际矛盾和冲突，促进国际合作与交流。

非国家行为体没有具有强制力的暴力工具，因而不具有强制性功能。因此，非国家行为体通过的决议和达成的协议，对每个成员虽具有约束性，但缺乏强制性约束力。它通常是以各成员主动遵守国际承诺为基础，以各成员的自律为执行条件，这是非国家行为体一个明显的特征。这也就是我们经常看到的一种现象——联合国作出决议，在实际执行中却常常受到阻力，难以贯彻执行的原因。

三、非国家行为体对国际体系的影响

非国家行为体对国际体系产生了重大影响。它超出了传统的国家中心主义，使国际体系主体多元化，推动了多边外交和国际机制的发展，也使国际政治焦点从传统的权力政治和国家利益转向关注全球治理问题。

1. 促使国际政治行为体多元化

非国家行为体的发展使国际体系超越了传统的国家中心主义。在国际体系发展过程中，最初的国际政治行为体就是主权国家，国际政治就是国家间政治，因此，国家中心主义是国际政治的基本命题。非国家行为体的发展使国际体系的主体实现多元化，使政府间国际组织和非政府间国际组织都成为国际体系的重要行为体。

国际政治行为体的多元化改变了国际政治的主题和议程，开始从追求国际权力和国家利益为目标转向对超国家共同目标和公共利益的关注。无论是政府间国际组织，还是非政府间国际组织，它们都是为了解决某些国际性的问题，协调国际关系而成立的。它们的活动方式和活动领域都与国家行为体相区别，通过彼此间的沟通、交流，包括与国家行为体的互动，促进国际社会更多地关注全球问题与共同利益。

2. 促进国际机制的发展

非国家行为体的发展创造了国际对话与合作平台，特别是政府间国际组织成为多边外交的舞台。政府间国际组织的建立推动了国际机制的发展，使各国通过国际组织平台阐述政策，交流思想，协调立场，解决分歧，调解争端，促进合作。政府间国际组织通过建立规则和制度形成对国家行为的法律约束机制，通过常设机构建立对国家行为的监督机制，通过国际组织会议创立了多边外交的舞台。因

此，政府间国际组织的发展从根本上改变了传统国际体系的运行机制，一定程度上克服了由于国际无政府状态所形成的丛林法则。

非政府间国际组织则建立了各国政治、经济、社会和文化团体开展国际沟通和合作的广阔平台。它与政府间国际组织相互联系，密切沟通与合作，成为国际机制的重要组成部分。

3. 推动全球治理进程

与国家行为体相比较，非国家行为体更加关注全球性问题和国际公益问题。随着全球化的发展，诸如人口、就业、气候、环境、宗教、核威胁等全球性问题不断增加。某些非国家行为体从国际整体利益和人类公共利益的角度进行思考，并积极参与这些问题的解决，发挥着十分重要的作用。

特别是非政府间国际组织，十分关注扶贫、教育、公共卫生、妇女、儿童、环境保护等领域。它们不是从主权国家利益的角度考虑问题，也不是简单地以政治利益决定取舍，而是出于一种公益的要求。例如，许多非政府间国际组织对非洲贫困儿童非常关注，发起捐助活动；发起保护环境运动，反对环境污染；发起反恐怖活动，维护生命安全等。

非国家行为体通过多种多样的组织形式，广泛参与国际事务有关规则的制定和执行。通过咨询、参与谈判、多方呼吁等方式，就国际社会所关注的重大问题、重要事件等，尽快撰写并形成国际规则；通过信息收集和传播等方式，密切跟踪各国政府履行国际条约、承担国际义务、实现国际承诺的实施情况，推进了全球治理进程。

综上所述，非国家行为体作为国际体系的重要成员，在国际体系发展中发挥着越来越重要的作用。它们用所掌握的知识和信息，通过政治游说、日程安排、法律制定和政策建议影响着国家行为体的决策和国际政治的发展。

思考题

1. 什么是国际政治行为体？其基本特征有哪些？
2. 概述国家行为体的基本类型。
3. 简述国家行为体对国际体系的影响。
4. 非国家行为体的基本类型和基本特征有哪些？
5. 简述非国家行为体对国际体系的影响。

第四章　国际政治发展的动力

发展是指事物由小到大、由简单到复杂、由低级到高级的变化，是事物从产生即开始的一个进步过程。国际政治发展，指国际政治这一特殊社会现象，从产生开始的演变过程，即由区域到全球、由简单到复杂、由无规则到有组织化的变化进步过程。国际政治发展动力，指国际政治产生、发展及演变的"推动力量"。国际政治发展的动力是多层次多维度的：社会生产力的发展，国际社会基本矛盾的运动以及国际行为体之间的相互作用，是国际政治发展的根本动力；国际政治行为体的利益以及不同利益之间的博弈，构成国际政治发展的直接动力；国际政治行为体对权力的追逐以及权力关系的制约，则是国际政治发展的重要动力。根本动力是国际政治发展之根源，直接动力是根本动力的具体形态，重要动力则是直接动力的特殊表现方式。多层次动力并非单独发挥作用或简单相加，而是相互影响、相互渗透、相互制约，形成一个"动力系统"，"合力"共同推动国际政治不断发展变化。本章试图从国际政治的根本动力、直接动力和重要动力三个方面对国际政治发展的动力进行分析。

第一节　国际政治发展的根本动力

国际政治作为一种跨国界的社会关系现象，从根本上讲，其产生和发展离不开人类社会的物质生产活动，离不开一定历史时期社会生产力发展状况。正是由于社会生产力的发展，推动人类从原始氏族部落组织形式进入国家这一高级集合体形式，也正是由于国家与国家之间有了不断扩大的交往，国际政治才得以产生。国际政治现象产生后，不断从地域范围发展到跨地域乃至全球范围，把世界上所有国家卷入其中，不断从个别领域发展到多个领域，几乎囊括人类社会生活的方方面面，这正是社会生产力不断发展、不同时期国际社会基本矛盾的运动变化以及各国际行为体相互作用的结果。

一、社会生产力的发展

社会的发展究竟是由什么力量推动的？国际政治的产生和发展又是由什么力量推动的？这是人类世代关注的一个古老而常新的问题，也是国际政治学所要探究的理论问题。

1. 社会生产力发展是国际政治产生的基础

马克思主义认为，"一切人类生存的第一个前提，也就是一切历史的第一个前提，这个前提是：人们为了能够'创造历史'，必须能够生活。但是为了生活，首先就需要吃喝住穿以及其他一些东西。因此第一个历史活动就是生产满足这些需要的资料，即生产物质生活本身。"[①] "根据唯物史观，历史过程中的决定性因素归根到底是现实生活的生产和再生产。"[②] 个人为了生存，必须通过劳动获取满足生存的物质，在生产过程中，必然需要与大自然发生关系，这便形成了生产力。由于单个人的力量有限，人在生产过程中也同其他人发生关系，人与人之间的关系便形成生产关系。生产力和生产关系，以及两者之间矛盾对立统一所构成的生产方式，是推动人类社会发展的根本动力。

生产力是人类运用各类专业科学技术，创造和生产物质和精神文明产品，满足人类自身生存和发展的能力，由劳动者、以生产工具为主的劳动资料和劳动对象等要素构成。社会生产力是整个社会中所有生产单位的生产力的平均，是社会属性意义上的生产力。生产力决定生产关系，生产关系反作用于生产力，当生产关系成为新的生产力发展的桎梏时，生产关系必须发生变革以适应生产力发展的需要。"随着新生产力的获得，人们改变自己的生产方式，随着生产方式即谋生的方式的改变，人们也就会改变自己的一切社会关系。手推磨产生的是封建主的社会，蒸汽磨产生的是工业资本家的社会。"[③] 社会生产力就是这样推动人类社会向前发展，作为一种特殊社会关系的国际政治，正是人类社会生产力发展到一定阶段的产物。

社会生产力是国际政治赖以产生的基础。没有社会生产力的不断发展，人类可能还会在原始氏族阶段徘徊。从人类发展的历史看，国家并不是从来就有的，曾经有过不需要国家，而且根本不知道国家和国家权力为何物的社会。国家是社会生产力发展到一定阶段的产物，当经济发展到一定历史阶段，产生了劳动分工和私有制，进而使社会分裂为阶级时，国家就产生了。属于国家范畴的独立政治共同体既包括城邦，比如古代希腊或文艺复兴时期意大利的城邦，也包括现代民族国家。国际政治作为一种跨越国界的社会关系，正是国家产生之后才有的社会现象，在社会生产力发展到国家与国家之间有足够的交往，一个国家可以对其他

---

① 《马克思恩格斯文集》第 1 卷，人民出版社 2009 年版，第 531 页。
② 《马克思恩格斯文集》第 10 卷，人民出版社 2009 年版，第 591 页。
③ 《马克思恩格斯文集》第 1 卷，人民出版社 2009 年版，第 602 页。

国家的决策产生影响，从而促成某种互动时，国际政治也就随之产生。因此，国际政治作为人类社会发展的一种特殊社会关系现象，它的产生不可能脱离人类的物质生产活动，不可能脱离一定的社会生产力发展状况。

2. 社会生产力发展水平决定国际政治发展的水平

一般认为，国家产生之后才出现了国与国之间的交往，从国际政治学的视野看，把国家作为研究国际政治的逻辑起点是理所当然的，因为没有国家就谈不上国家之间的交往，也就不可能有国际政治的产生。而不同历史时期国际政治发展的广度和深度，取决于生产力水平和发展状况。前资本主义时期，由于生产力水平低下，科学技术不发达，交通、通信手段落后，加之自然的山川河流等的阻隔，古代国家的远距离交往能力受到极大的限制。因此，古代国际交往基本上都被限制在邻近地区，交往的政治主体是奴隶制或封建制的部落或部落联盟、城邦、王朝、军事帝国、游牧民族甚至宗教团体，交往涉及的领域十分有限。而国际交往比较活跃的地区，一般也是生产力发展水平比较高的地区。如人类历史上几大文明发源地，国际政治的发展较其他地区要发达许多。两河流域地区，公元前3000多年兴起了许多城邦，这些城邦为了争夺土地与奴隶而频繁发生战争，其后出现了许多像古巴比伦这样的著名王朝国家，以及赫梯、亚述、波斯等军事帝国。古代中亚、南亚、东亚地区国际交往也十分频繁，中华文明以发达的科学技术引领地区潮流，古代中国的四大发明显示了中国的科学技术处于世界领先地位，周边国家与中国形成中国主导下的以中国为中心的"东亚朝贡"体系。还有古代希腊文明，其对整个欧洲的影响更加深远，欧洲国际政治正是在古希腊、古罗马帝国的基础上形成和发展起来的。

古代国际政治是一种次地域或地域政治，主要发生在社会生产力较为发达的地区。从内容上看，一种是规模较大但相当脆弱的经济联系，主要通过贸易方式连接，如古代从中国出发经中亚到波斯乃至罗马的丝绸之路；一种是强度较高的政治联系，主要由战争、军事及军事对抗、联盟、派遣使者、远征等表现出来。从交往主体看，主要有城邦、帝国、游牧部落和定居部落等。从交往趋势看，各地区的国际交往呈扩张之势，但受制于生产力发展水平，尚未形成跨越洲际具有全球意义的国际政治。

近代社会随着生产力的突飞猛进，交通和通信工具的发展，地理大发现和新航线开辟，资本主义大工业、商业的发展，国际分工和世界市场随之出现。国际分工指世界上各国各地区之间的劳动分工，是国际贸易和各国各地区经济联系的基础，它是社会生产力发展到一定阶段的产物，是社会分工跨越国界的结果。此时，欧洲国家用商品、坚船利炮打开亚非拉国家的大门，亚非拉国家则以被剥削、被奴役的身份，被迫卷入国际政治的大潮，全球意义的现代国际政治随之产生。与此同时，国际政治向广度和深度发展，国际政治内容日益丰富，领域日益扩大，角色日益多样，是古代国际政治难以比拟的。

3. 科学技术直接影响国际政治的发展与变革

马克思主义认为，科学是历史的有力杠杆，是最高意义上的革命力量，生产力也包含科学。科学技术是人类认识客观世界的精神成果以及改造客观世界的原则方法，是推动社会进步的巨大杠杆。人类运用自己的智慧，通过生产技术的不断更新，提高征服、改造大自然的能力，科学技术不断发展及其在生产过程中的运用，推动生产力不断发展，从而有力推动社会形态不断发展进步。科技革命的发展使科学与技术成为一个不可分离的整体，科学为生产技术的进步开辟道路，科学技术化，技术科学化，科学技术生产一体化，科学技术成为生产力中最活跃的因素和最重要的推动力量。

科学技术是第一生产力。人类社会的发展历史充分证明科学技术对国际政治的产生及发展具有深远影响。

第一次科技革命和产业革命源于18世纪60年代的英国，以棉纺织业的技术革新开始，以蒸汽机的发明和广泛使用为标志，促使资本主义的生产从工场手工业过渡到机器大工业，人类进入机器大工业时代。随着蒸汽机的广泛使用，轮船、火车等相继问世，工农业生产和交通运输业获得空前大发展，新的产业不断涌现，生产力突飞猛进，促进社会关系和国际政治发生深刻变革。一方面，生产力的发展，"不断扩大产品销路的需要，驱使资产阶级奔走于全球各地。它必须到处落户，到处开发，到处建立联系。资产阶级，由于开拓了世界市场，使一切国家的生产和消费都成为世界性的了。"[1] 在科技革命推动下，一国经济活动冲破了主权国家的领土界限，促进国际分工的出现和世界市场的形成，资本主义占据主导地位，从而推动现代意义的全球国际体系产生。另一方面，生产力发展领先的国家占据着国际政治的中心舞台，拥有广泛而强大的影响力，在国际事务中拥有比其他国家更大的发言权。这次产业革命首先发生在英国，因而极大提高了英国社会生产力的发展，英国实力大增，不仅成为"世界工厂""世界首富"，而且成为

拓展阅读

———————————
[1] 《马克思恩格斯文集》第2卷，人民出版社2009年版，第35页。

"海上霸主"，用商品和大炮打开落后国家的大门，缔造了大英"日不落帝国"，成为国际政治中的霸主。

第二次科技革命发生在 19 世纪 70 年代，以电力的发明和广泛运用为标志，人类跨入电气时代。电力的广泛应用不仅为人类提供了廉价劳动力，还为生产自动化创造了条件。这次科技革命加快了生产社会化的进程，促进了统一的资本主义世界经济体系形成。美国、德国成为这次科技革命的引导国，两国社会生产力获得快速发展的同时，在国际事务中的地位也快速上升。德国仰仗强大的经济和军事力量，点燃了两次世界规模的战争，美国则以此为起点，通过两次世界大战逐步成长为全球性超级大国。这次科技革命推动自由资本主义过渡到垄断资本主义，各个相对封闭的地区政治连接成一个松散的世界性的整体，全球性国际体系初步形成。

第二次世界大战后兴起的新科技革命，规模之大，范围之广，以及对国际政治带来的影响之深远，都是前两次科技革命难以比拟的。兴起于 20 世纪四五十年代的新科技革命，以原子能、电子计算机、空间技术、信息、生物、海洋、新材料、新能源等技术的发明和运用为标志。新科技革命促使生产力高度发展，导致一系列新兴工业部门诞生，促使以世界农村和世界城市的国际分工发展为以现代工艺、技术为基础的分工，水平分工发展为垂直分工，促使一个真正具有全球性、囊括了所有国际政治行为体、不同于以往的现代国际体系最终形成，促使国际政治主体向多元化、国际政治问题向全球化、国际政治行为规则向制度化发展。

当代计算机及互联网快速发展，使得互联网成为国际政治的新平台，一些非国家行为体通过互联网如推特（Twitter）、脸书（Facebook）等网站在一些国家策动街头革命，而一些国家领导人则通过微博宣传自己的外交理念和政策，或通过互联网与民对话，争取民众的支持。国际政治的形式趋向多元化，且日益平民化、廉价化。

二、国际社会基本矛盾的运动

唯物辩证法认为，物质世界是无限发展的，之所以无限发展，根本原因在于其内部的矛盾性，一切事物中包含的矛盾以及矛盾双方的相互依存和相互斗争，推动一切事物的发展。"自然界的变化，主要地是由于自然界内部矛盾的发展。社会的变化，主要地是由于社会内部矛盾的发展，即生产力和生产关系的矛盾，阶级之间的矛盾，新旧之间的矛盾，由于这些矛盾的发展，推动了社会的前进，推动了新旧社会的代谢。"[①]

---

① 《毛泽东选集》第 1 卷，人民出版社 1991 年版，第 302 页。

1. 前资本主义时代国际社会的基本矛盾

马克思主义认为，社会基本矛盾指的是生产力与生产关系的矛盾，以及在此基础上产生的经济基础与上层建筑的矛盾。它存在于人类社会发展的不同历史阶段，贯穿于人类社会发展的始终，只是在不同的历史发展阶段所表现出来的内容、方式、激烈程度等有所不同而已。社会基本矛盾的运动推动人类社会从低级向高级发展。

国际社会基本行为体是国家，基本矛盾表现为国家行为体之间的矛盾。各个国家行为体由于经济发展水平、社会制度、民族特性、宗教信仰、地理环境、对外战略等存在这样或那样的差别，在国际生产中的地位不一样，所追求的利益也就并非完全一致。正因为此，必然导致各国家行为体之间产生这样或那样的矛盾，并形成相互联系、相互影响、相互依存、相互制约的矛盾对立统一体。正是这样的矛盾运动，推动国际政治或直线或螺旋式发展演变。

前资本主义时代，国际政治局限于相邻的地区之间，现代意义的国家形成之前，行为体主要是城邦、军事帝国、游牧部落及定居部落、王朝等，其中强大的城邦、军事帝国等向外扩张及相互征战，城邦之间、游牧部落之间、定居部落之间以及游牧部落和定居部落之间的利益差异和对立，相互之间的依存、渗透、合作等，推动区域国际政治发展变化。如公元前 600 年前后，古希腊地区形成 200 多个城邦，其中雅典和斯巴达实力最强大，成为 200 多个城邦政治关系的中心。当波斯人入侵时，雅典和斯巴达结成联盟，团结其他希腊城邦，打败波斯，阻止波斯人向爱琴海地区扩张，巩固了雅典和斯巴达在该地区的霸主地位。而当域外的波斯人被打败后，雅典和斯巴达两强之间的矛盾和冲突不断激化，最终导致伯罗奔尼撒战争，这场争夺地区霸权的战争持续 27 年（公元前 431—前 404），结果雅典战败，斯巴达成为地区霸主。伯罗奔尼撒战争推动了古希腊地区国际政治与外交的发展，同时古希腊城邦之间交往所创立的一些基本外交原则，发展为地中海沿岸国家公认的原则，到公元前 3 世纪则形成希腊化的地中海体系，由此形成极具希腊特色的区域性的国际社会。古希腊人提出的"国家平等""国际社会"等概念，对全球意义的国际政治以及外交的发展产生了深远影响。

2. 资本主义时代国际社会的基本矛盾

从人类文明发展史看，资产阶级在发展社会生产力方面发挥了非常重要的作用。资本主义生产方式的基本矛盾是生产的社会化和生产资料私人占有之间的矛盾，在生产力发展驱动下，资本主义生产方式得以延伸和扩张，现代意义的国际政治随之产生。早期自由资本主义时期，国际社会基本矛盾表现为国家行为体之间的矛盾，具体可概括为四大类，即新兴的资本主义国家与落后的封建主义国家之间的矛盾；资本主义国家之间为争夺原料产地、商品市场和投资场所的矛盾；封建主义国家之间的矛盾以及西方宗主国与被掠夺的亚非拉殖民地之间的矛盾。资本主义产生之初具有革命性和进步性，在与落后的封建专制国家的共处、竞争中，最终战胜封闭落后的封建生产方式，在世界范围内确立了资本主义的生产方式。资本主义在战胜封建主义的同时，极力向海外扩张，寻求原料产地、产品市场、投资场所的需求促使资本主义奔波于世界各地。这样，生产力得到极大发展的资本主义国家，通过海外征战及商品输出，把落后的亚非拉国家的大门先后打开，建立起殖民体系，由此产生了被压迫民族反抗殖民主义以及殖民主义争夺海外殖民地的斗争，它们构成国际政治斗争的重要内容，国际政治跨越地域的局限，开始形成体系并具有全球意义。

进入垄断资本主义时期，国际社会的基本矛盾主要表现为帝国主义国家之间瓜分和再瓜分世界的矛盾和斗争，殖民地、半殖民地国家和民族反抗殖民主义统治的矛盾和斗争，俄国十月革命后新生的社会主义国家与帝国主义国家之间的矛盾和斗争。这三大国际矛盾冲突的结果，一方面是帝国主义国家之间的战争不断，另一方面是殖民地半殖民地国家通过民族解放战争，不断摆脱殖民统治而获得民族独立。帝国主义国家之间的矛盾冲突、帝国主义国家和社会主义国家之间的较量、殖民统治和殖民地半殖民地人民反抗殖民统治的斗争，推动国际政治不断发展演变。这一时代，战争占据整个世界舞台，特别是两次世界大战，给世界人民带来深重灾难，同时也促使世界人民觉醒，战争引起革命，革命制止战争，这一过程中，广大亚非拉殖民地或半殖民地获得民族独立，国际政治的国家行为体数量由此大增，国际政治的内容更加丰富。

3. 当今国际社会的基本矛盾

第二次世界大战后，国际社会的基本矛盾更为纷繁复杂，其内容和矛盾运动方式有了新的特点，不同国家之间的矛盾以不同的方式表现出来。帝国主义国家之间的矛盾演变为发达资本主义国家之间的矛盾，也称"西西矛盾"；殖民主义与殖民地半殖民地的矛盾，因民族解放运动促使殖民体系瓦解而演变为西方发达资本主义国家与发展中国家之间的矛盾，也称"南北矛盾"；帝国主义国家与社会主义国家之间的矛盾演变为美国为首的西方资本主义阵营和苏联为首的东方社会主义阵营之间的矛盾，也称"东西矛盾"，20世纪60年代，苏联走上与美国争夺世界霸权的道路，西方阵营和东方阵营内部分化，两大阵营的矛盾演变为美苏争霸的矛盾，仍称"东西矛盾"；发展中国家之间的矛盾占据一席之地，称"南南矛盾"；"二战"后随着一大批社会主义国家的建立，产生了社会主义国家之间的矛盾，称"东东矛盾"。在现时代，"东东""西西""东西""南南""南北"等矛盾并非单一线性或非此即彼，而是纵横交错，形成多种不同的矛盾组合。除不同国家行为体之间的矛盾外，还有不同国家集团之间的矛盾，如北约与华约（1991年华约解体后，表现为北约与俄罗斯之间的矛盾）的矛盾，国家个体与国际社会整体之间的矛盾。此外，"二战"后，随着大量非国家行为体涌现，产生了国家行为体与非国家行为体之间以及非国家行为体之间的矛盾，等等。表现方式上，有些矛盾以战争等极端方式表现出来，如发展中国家之间因领土、宗教等原因引起的战争。而历史上常常以战争方式表现出来的"西西矛盾"，"二战"后却采取了非战争的协调方式。各种矛盾相互影响，互为因果，导致国际政治波诡云谲，更为错综复杂。

1991 年苏联解体，世界进入冷战后时代。苏联一分为十五，捷克斯洛伐克一分为二，南斯拉夫一分为六，国家行为体数量大增。同时，经历急剧社会变动的中东欧国家政治制度、经济发展模式等处于转型之中，冷战时期的"东西"矛盾淡化，演化为北约东扩与俄罗斯抵制东扩的矛盾，其他矛盾延续并有所发展。如发达资本主义国家之间的"西西"矛盾、发达国家与发展中国家之间的"南北"矛盾、发展中国家之间的"南南"矛盾等，这些矛盾继续发展，其内容和表现形式都有了许多新的特点。冷战后国际社会最为突出的基本矛盾是美国与其他大国之间的矛盾。由于美国唯一级超大国地位凸显，衍生出美国与其他大国争霸与反霸的矛盾，它超越了社会制度、意识形态和经济发展水平，表现为美国力图建立一超称霸的单极世界秩序和其他大国（包括新兴地区大国）力图建立多极世界秩序的博弈。这一对矛盾复杂多样，在冷战后不同阶段、不同国家以及不同领域表现出的性质并非相同，如欧洲大国与美国主要表现为欧洲希望摆脱冷战时期形成的"美主欧从"的关系，争取与美国平等的地位，作为一极在国际事务中发挥作用，矛盾的性质为非对抗性。俄罗斯与美国则主要表现为俄罗斯极力反对北约东扩等战略问题，矛盾的性质则具有对抗性，有时表现得十分激烈，如围绕乌克兰危机展开的较量。此外，国家行为体与非国家行为体之间的矛盾继续发展，与冷战时期相比，也有了新的表现方式和更丰富的内容。

三、国际行为体的相互作用

社会生产力的发展以及国际社会基本矛盾的运动，是通过国际行为体的相互交往、相互影响、相互制约表现出来的。国际行为体若没有跨越国界的你来我往，而是自我封闭，即便处于鸡犬之声相闻状态，也会老死不相往来，若老死不相往来，就不可能彼此影响、相互作用，没有彼此影响、相互作用，国际政治这一特殊社会现象也就不会产生。所谓相互作用，是事物或现象之间辩证联系的普遍形式，它全面、深刻地揭示了事物之间的因果联系，是因果关系在逻辑上的充分展开，是事物的真正终极原因，在它之外没有也不可能有使它运动和发展的原因。正是国际行为体之间无限多样的相互交往、相互影响、相互制约，把因果性关系转变为相互作用的关系，其中每一方都作为另一方的原因并作为对立面的反作用的结果表现出来，这样才有了国际政治和国际社会的产生和发展。

自国际政治产生以来，行为体的相互作用表现出鲜明的特点。

1. 行为体相互作用的地域范围不断扩大

古代社会由于交通技术相对低下，受海洋、山脉、沙漠、严寒气候等自然地理条件的限制，行为体的相互交往主要在相邻地区的个别国家之间。随着技术的进步，行为体交往互动的能力提高，国际交往从相邻地区向其他地区拓展。许多技术对国际政治和国际体系的发展具有十分突出的作用。如文字的发明和使用，改变了行为体之间沟通交流的方式。航海技术的发展，为行为体海上探险扩大交往提供了可能：15 世纪郑和七下"西洋"，是中国与印度洋国家军事、政治和经济交往的大胆尝试；哥伦布跨越大西洋的航行，"发现"美洲大陆，欧洲国家随后登上美洲大陆，洲际的隔离被打破；达·伽马绕过非洲好望角到达印度的航行，以及麦哲伦环球旅行，证明了地球是圆的，使其后全球性的相互往来成为可能。航海技术的发展使得向地球任何地方运送商品和士兵成为可能。大众运输工具的产生及其速度的不断提高，使行为体相互之间的联系更为便捷。"19 世纪中期，船和马车平均速度都还不足每小时 60 英里……到了 1930 年，螺旋桨式飞机的平均速度达到每小时 300 多英里，而 20 世纪 50 年代后期的喷气式客机又将速度加倍到每小时 600 多英里……这一革命对每个方面的影响都是巨大的，从战争和贸易、外交和旅游到认同和移民。"① 如今，各个行为体的相互联系已经扩大到全球，"全球化"已使地球上的各个行为体成为"全球村宅"不可分离的一部分。

2. 行为体相互作用的领域不断扩大

古代社会行为体相互往来数量最多的是贸易，最著名的是横跨欧亚大陆的丝绸之路。丝绸之路实际上并不是道路，而是陆、海路网络，它所运载的货物也远

---

① ［英］巴里·布赞、理查德·利特尔：《世界历史中的国际体系——国际关系研究的再构建》，刘德斌主译，高等教育出版社 2004 年版，第 247 页。

非只是丝绸。丝绸产自中国，能够在欧亚大陆其他地区出现，说明古代就有活跃的贸易路线存在。据估计，在古代中国与罗马帝国的贸易中丝绸占到 90%，说明范围广泛的欧亚贸易路线自世界历史的很早时期就出现了。[①] 贸易成为行为体之间经济互动相互作用最主要的方式。此外，就是军事-政治互动。在一个无政府状态的国际社会中，每个行为体的生存必须依靠自己的力量来维持，相互之间的不信任，导致无法判断其他行为体的意图是进攻还是防御性，安全困境由此产生。于是，相互征战成为常态。财富取决于对邻国的战争，为对抗他国的入侵，保卫贸易及自己的文明，时而与彼国结盟以对抗第三国，时而与第三国结盟而对抗彼国，相互作用过程中常常因果易位，要素重组。古代由于互动能力的限制，军事对抗被限定在相对有限的范围内，如一个军事-政治互动过程扩大到整个欧亚大陆——罗马人的势力可以扩展到不列颠和波斯，但难以到达印度或中国。而技术的进步，武器装备的革命，强国之间的相互军备竞赛，使得军事-政治互动扩展至全球，最能说明这一点的就是两次世界规模的战争。

当今国际行为体交往互动相互作用的领域已经大大扩展，涉及经济、政治、外交、军事、文化、科技、体育等，无所不包，各个国际行为体在各个领域的关系密不可分，互动频繁。除传统的经济贸易关系仍占据交往的中心位置外，军事-政治互动的内容已经或正在发生相当大的变化，相互威胁不断向安全合作转变，一国安全与国际安全以及全球安全相互影响相互作用，还有经济与政治的互动，军事与外交的互动等，使得国际行为体的相互作用更具多层次性、多领域性。

3. 行为体相互作用的机制从自发性向可调控性发展

国际行为体的相互作用，是国际行为体一系列互动互构你来我往的运行过程，是一系列相互关联的要素的综合。行为体相互作用的机制就是国际行为体相互作用的制度、方式或方法。国际行为体既是独立的个体，独立于国际社会，又是国际社会的基本构成单元，与国际社会存在内在的联系；既作用于国际社会，也反作用于国际社会。在国际政治产生和发展的历史过程中，从区域性国际政治向全球性国际政治展开的历史画卷中，国际行为体相互作用的机制主要是自发性的，其过程或结果是难以预计的。这是因为，就行为体而言，其对外行为是内部生产力或观念不断发展变化的结果。各行为体力量相对接近或均衡，力量的排列组合具有无限多样性；行为体的结盟灵活，秘密外交、王朝外交、宫廷外交、联姻外

---

① 参见［英］巴里·布赞、理查德·利特尔：《世界历史中的国际体系——国际关系研究的再构建》，刘德斌主译，高等教育出版社 2004 年版，第 169 页。

交等更增加了对行为体相互作用动机、目的等的判断难度；加之国际社会的组织程度低下，国际法律规范不完善，自发性机制在相互作用中占主导地位。

第二次世界大战后，国际行为体相互作用的机制朝着可调控性方向发展。其原因：一是国际行为体增多，除国家和国家集团以外，非国家行为体纷纷登上国际政治舞台（政府间国际组织、非政府间国际组织、跨国公司，甚至个人在国际政治中的作用都不可低估），参与国际政治的角色日益多样化，国际政治规模空前，需要世界规模的国际组织协调，特别是经历了两次世界大战的浩劫，世界各国希望通过世界规模的国际组织约束各国的行为。二是国际行为体之间的相互联系相互交往密度加强，互动频繁，任何一个行为体都不可能脱离所处国际社会而孤立存在，与国际社会其他行为体的互动是国际行为体存在的方式也是存在的条件，相互交往、相互依赖、相互制约加深，形成一荣俱荣、一损俱损的"命运共同体"。三是国际政治从野蛮到文明的发展，促使人们的观念随之发生变化，在承认国际社会无政府状态的同时，也看到建立世界秩序的重要性，国际社会的约束与组织化程度不断提高。

在国际政治发展的历史上，每一次大规模战争后都建立了新的世界秩序：1648年的《威斯特伐利亚和约》通过"各诸侯国可自行决定官方宗教"的原则，结束了长达近一个世纪的宗教战争，主权原则和领土原则的确立，在一定时期约束了欧洲国家彼此征战以获取其他诸侯国领土的行为；1814—1815年的维也纳会议产生了"均势原则"，这一原则给三年一小打，五年一大打，处于纷繁战争状态的欧洲带来了几十年的和平；第一次世界大战后建立的国际联盟，是国际社会走向组织化的第一次尝试；第二次世界大战后建立的联合国，则几乎囊括了地球上所有国家行为体，以《联合国宪章》为中心的国际法体系，众多区域性、专门性国际组织，为国际行为体的相互交往、相互作用提供了组织和法律的约束和保障。国际行为体相互作用机制从自发性向可调控方向发展，这是人类文明的巨大进步。

第二节　国际政治发展的直接动力

国际政治得以向广度和深度发展，其直接的推动力量是国际行为体对自己利益的追求。在一个主权国家林立的国际社会，每个国家行为体都有自己的利益要求，不同国家所要求的利益，既有共性，也有个性，其共性体现了国家利益的同质性，其个性体现了不同国家利益的差异性。不同国家利益的实现，既有和平方式也有非和平方式。国家行为体之间利益关系的互动错综复杂，有时表现为冲突性，有时则通过协调以合作的形式表现出来。

一、行为体的利益及利益主张

国际社会中行为体相互交往产生的矛盾运动，行为体相互作用的实质，是一种利益关系的相互作用过程。行为体为何需要对外交往？行为体相互往来的动机是什么？资本主义产生后，是什么推动资本家奔波于世界各地？究其根本，是各国家行为体社会生产力发展的不平衡引起的矛盾运动，导致各国家行为体不同利益的追求。各行为体对利益的追求，成为行为体行为的基本动因，各行为体之间利益关系的互动，成为国际政治发展的直接动力。

1. 利益及国家利益

何谓"利益"？学术界众说纷纭，莫衷一是。一般认为，对于人类来说，利益就是一切有利于人类生存、发展和价值体现的条件之获取。利益就是好处、权利或受益点，例如，讲个人利益，就是指个人获得的好处，讲民族利益就是指民族获得的好处，讲国家利益就是指国家获得的好处。正是为了维持或获得更多的好处，以更好地生存与发展，行为体才会有无数的交往互动。

"行为体利益"，指曾经活跃以及正活跃于国际舞台的诸行为体的利益。现代民族国家产生后，行为体利益主要突出和强调的是国家行为体利益，"二战"后大量非国家行为体虽然出现在国际舞台上，极大充实和丰富了国家行为体之间的关系，但非国家行为体在国际政治中的利益要受到国家行为体意志的支配，在国际政治中的利益处于从属地位，其利益难以与国家行为体利益相比拟。因此，"行为体利益"实际主要指的是国家行为体的利益。

国家行为体利益，指能够满足国家行为体生存、发展及维护其尊严与提高其威望所需要的一切对国家行为体有利的事态，是国家行为追求的主要好处、权利或受益点，反映国家行为体全体国民及各种利益团体的需求。[1] 国家行为体利益伴随国家的产生而产生，其内涵随国家的发展而不断发展。国家是社会阶级矛盾不可调和的产物，是一种在相对固定地域内维系不同社会集团的社会组织形式。它既是阶级社会的政权组织，具有阶级属性，又是国际社会的构成单位，具有独立政治地理单位意义的国度含义；它既是在共同的血缘、地域、文化认同的基础上形成的相对稳定的社会集合体，又是反映占统治地位阶级意志的权力机构，这就

---

[1] 参见王逸舟：《全球政治与中国外交》，世界知识出版社 2003 年版，第 37 页。

是国家的本质特征。国家作为利益的主体，内部不同阶级的利益既存在冲突的部分，也存在共同需要的部分，国家利益是从统治阶级的利益需求出发，在一定程度上综合了社会各阶级、阶层的利益需求，即国家赖以生存和延续的基本条件。

国家利益是一个综合性概念。从国家利益内容构成看，可以简约划分为政治利益、经济利益、军事利益和文化利益。政治利益主要指国家的政治独立、社会制度、国家尊严、国际地位等，即国家不受外来干预，独立自主处理一切对内对外事务，与其他国家处于平等地位。经济利益是国家利益的基础，主要指国家自主发展经济、自主开展对外经济活动、发展与外部的经济联系、维护本国在海外的投资安全等权利。军事利益是国家利益得以维护的后盾，主要指拥有足以自卫的军事力量、领土完整、没有与外部发生军事冲突、没有外来侵略、与周边和世界其他国家处于和平状态等。文化利益主要指维护本国意识形态、保护本国优秀文化及对外传播、对外来文化的扬弃、增强民族认同及凝聚力等。

从国家利益重要性角度看，可以划分为三对：一是生死攸关的利益与非重大利益，前者称核心利益或战略利益，涉及国家安全、主权以及领土完整，是国家不能妥协并要坚决维护的利益，后者涉及国家发展需求的各个方面，可以通过谈判协商或互谅互让作出妥协的利益。二是一般利益与特定利益，前者涉及广泛的地区或全球性的利益，如地区或世界和平、人类共同发展、各国需共同应对的诸如全球环境问题等，这是必须通过国际合作方能共同获得的利益，后者是国家明确界定的利益，如一定时期内国家对外战略所要达到的利益目标。三是永久利益和可变利益，前者指国家不变的利益目标，如领土完整、主权独立不容侵犯等，后者是国家根据自身综合实力、发展战略、外部环境因素等变化所确定的利益。①

2. 国家利益的同质性与差异性

在一个主权国家林立的国际社会，每个国家行为体都会追求自己的本国利益，都有自己的利益主张，这些利益主张既有共性，也有个性，既有相互交织的部分，即同质性部分，也有差异性，这一差异性也是根本冲突之处。

相互交织的部分主要有：

第一，生存利益，这是国家行为体的基本利益主张。国际社会由众多行为体构成，在经历了无数次战争的厮杀后，生存和允许生存成为国际政治的基本逻辑。在这样的逻辑下，国家不论大小强弱都是构成国际社会的一个单元，一个强大的国家可以仰仗强大的国家实力保护自己不受任何其他国家的侵犯，同样，弱小国

① 参见李少军：《论国家利益》，《世界经济与政治》2003 年第 1 期，第 6 页。

家尽管不具备强大的军事实力，但也能够作为国际社会的一个构成单位存在于国际社会而不允许被强国所兼并。生存利益主张要表达的是，维护国家实体的存在，即国家生存所必需的诸条件得到满足，如领土、主权、居民等的安全得到保障。领土是国家生存的物质载体，国家领土所蕴藏的自然资源，是国家生存所必需的物质条件，不能遭到掠夺，维护领土完整成为最基本的利益主张。主权是最为重要的生存利益，是每一个国家行为体的固有属性，是国家存在的一个根本标志，主权利益表明国家行为体在国际社会中具有平等地位能够合法存在，每一个国家在维护本国主权利益时不得损害他国主权利益，每一个国家生存于国际社会的同时也应允许他国生存于国际社会。但若仅有领土而没有主权，那是难以保证国家作为独立政治实体所需的生存利益的。

第二，发展利益，这也是国家行为体的共同利益主张。国家行为体对外交往，既是社会生产力发展推动的结果，也是社会生产力不断提高所要求的。发展利益是一种不断变动着的国家利益，是国家在保证生存利益的基础上所追求的更高利益，是国家不断发展进步所需各种条件的满足。发展利益打破了国家传统疆域的局限，从空间范围看具有超越传统疆域性、不确定性、相互融合性等。特别在全球化不断发展，交通、通信手段日益发达的现时代，单个国家的利益不断突破本土疆域的局限，在广度和深度上不断向全球拓展。国家的经济繁荣、人民生活水平的提高、整体综合国力的上升等，这些发展利益已经突破了疆域的局限。不同的国家有不同的发展利益主张，发展的空间、发展的领域、发展的程度也不尽相同，但追求发展利益却是共同的。发展利益作为一个不断变动着的国家利益，对国家维护生存利益至关重要，如果一个国家没有发展利益的要求和主张，停滞不前，日渐落后，生存利益恐怕也难以保证。当然，每个国家的发展利益也要受到自身经济实力、国家总体战略目标、国际环境状况、国家在国际社会中的地位等要素的制约。

第三，参与利益，这是国家行为体较高层次的利益主张。每一个国家行为体立足于世界民族之林，都希望广泛参与国际事务，通过参与，建立良好的国际关系以赢得广泛的国际认可，塑造本国良好的国际形象，国家的尊严和荣誉得到维护，国家的威望和影响力得到提高，从而更广泛地参与国际事务。参与利益是行为体的价值体现。从构成国际社会单元的角度看，每一个国家行为体都有追求参与利益的权利，都会以自己的价值观、理念、原则指导对参与利益的追求，但现实国际政治中，每个国家行为体参与国际事务的能力大小不同，对参与利益的追求不尽相同，国家的价值体现也不完全等量，国家的威望及影响力也就不可同日而语。

生存、发展、参与反映了国家行为体利益主张的不同层次，在这些共同主张中，不同国家的利益主张范围、内容、强度等都有所不同。同样是发展利益，有的国家社会生产力低下，与外部联系的广度和深度有限，所获得的发展利益难以与大国相比拟。同样是参与利益，不同国家参与的范围、广度、深度等也不相同，所获得的参与利益也就完全不相同。

国际社会中，由于各个国家拥有的实力大小不一，强弱等级不一，国家的利益主张和目标也就各不相同。正是利益主张和利益目标的不同，导致不同国家追求的利益具有极大的差异性。

实力强大国家的利益主张和目标与实力较弱的中小国家的利益主张与目标存在很大的差异，后者所追求的利益远逊于前者，两者不可能不发生矛盾和冲突，其中最激烈的就是霸权利益主张。

霸权利益主张在生存、发展、参与各个层面都有，这种强权利益主张建立在实力比其他国家行为体实力强大许多的基础上，它仰仗实力，不以公认的国际法为准则，以强力方式把自己的利益范围扩大到全世界。如美国就宣称美国的国家利益遍布全球，称中东、北非变局关乎美国利益，东亚地区的稳定与否也关乎美国利益，某个国家领导人更替也关乎美国的利益，等等。放眼全球，美国利益无所不在，无所不包，这种以实力界定国家利益的主张不可避免会和其他行为体利益发生冲突，为建立在国际法基础上的合法利益追求所不允许。

强国大国之间的利益主张和目标也存在差异。不同历史时期不同强国，依据自身实力来确定国家对外利益目标，这一利益目标必然存在差异，这种差异若控制在一定程度，并能理性通过和平方式协商处理，求同存异，求同化异，则利益目标就有可协调性。若某一强国高估自己的实力，追求的利益目标过大过高，对所处国际环境的战略判断失误，再加上时任领导人的个性品质具有进攻性，则强国之间利益的差异有可能导致战争，若扩大，则会殃及无辜中小国家。这样的事例很多，远的如16、17世纪欧洲强国之间的战争，近的如两次世界大战。

此外，非国家行为体也有自己的利益主张和追求，政府间国际组织、大量非政府间国际组织以及跨国公司，在特定领域和特定范围，都有自己的利益存在，一般要受到国家行为体利益的支配。

二、行为体利益的实现方式

国家行为体利益反映了国家生存、发展、国际声望等根本需求，国家在国际社会的交往行为以追求利益为根本，利益实现的方式大体有非和平与和平两大类。

1. 非和平方式

非和平方式主要表现为暴力方式，最高形式是战争。战争是人类社会集团之间为了一定的政治、经济目的而进行的有组织的武装斗争，是政治的继续，它与私有财产和阶级的产生相伴随。战争的发生表明，冲突一方或各方认为除了给予对方军事打击，无法拓展或维护自身的利益。从国际政治发展的历史看，运用军事手段维护或拓展国家利益的主要是大国强国，特别是追求霸权利益的大国强国，它们通常以实力来界定自己的国家利益，认为实力越强权力越大，所追求的国家利益就应该更大，建立在实力基础上的权力就成为实现国家利益的最有效工具。虽然每一次战争发生的具体原因不尽相同，但究其根本仍是利益。如德国19世纪70年代完成统一后，实力逐渐增强，实力强盛后的德国不满足仅仅在自己的花园里欣赏蔚蓝色的天空，而任凭英法拥有大量海外殖民地利益。要求重新瓜分殖民地利益的欲望，促使德国走上战争道路。而英法为了维护既有的海外殖民地利益，不得不与德国兵戎相见，第一次世界大战由此爆发。这是强国争夺海外利益以拓展本国利益最典型的战争。另一种情况是，强国仰仗实力用战争方式掠夺弱国利益，面对强国的入侵，弱国不得不奋起反抗以维护本国利益，这类例子数不胜数。

以战争方式掠夺他国利益以壮大扩展本国利益，在一个时期内看似有效，但长远看却不能保证本国利益的可持续发展，战争在获取和破坏他国利益的同时也消耗了本国实力，没有一个强国能够永远依靠战争方式来牟取本国利益，而且发动战争的强国若是战败，则本国利益也难以保障。如第二次世界大战结束后，战争发动国日本的经济一片凋零，侵略战争不仅给包括中国在内的亚洲诸国带来灾难，也摧残了日本的经济，而美国为敦促日本早日投降在广岛和长崎扔下的原子弹，对日本的国家利益，包括政治、经济、文化等，所产生的影响更是深远。战争不可能成为实现国家利益的长效方式，和平方式成为绝大多数国家行为体的选择，尤其在和平与发展为主题的当今时代。

2. 和平方式

和平方式是实现行为体利益可持续发展的唯一方式，主要包括：

第一，依靠自身力量实现本国利益。这表现在两方面：一方面，行为体内部政治稳定，社会发展，通过科技创新不断提高社会生产力，不断优化产业结构，不断完善国民经济体制以更好地发展与外部的交流和往来。对于一个国家来说，稳定是前提，改革是动力，在此基础上国家利益才能实现并不断获得发展，才能满足本国国民不断增长的物质和精神需求。另一方面，还必须制定建立在国家利益发展需求上的国家战略。每一个国家行为体，在不同的历史时期对国家利益的追求侧重点是不一样的。面对异族入侵时，最重要的国家利益就是生存，因此国家战略就是如何调动全民族力量抗击侵略，维护国家的领土完整和国民的生命安全，其他如经济利益或文化利益在国家战略中则退居次要地位。和平时期国家更多追求的是发展利益，而发展的方方面面又需要统筹安排，不能顾此失彼。因此，依据国家利益的需求制定国家战略，在国家战略的指导下才可能有效地实现国家利益。

第二，综合运用多种手段实现国家利益。国家行为体利益实现的过程是一个多领域利益相互交错相互作用且十分复杂的过程，这就要求国家行为体在寻求国家利益实现的过程中，综合运用多种手段且有效配合。如政治、经济、军事、文化、外交等诸手段，相互协调，相互倚重，根据不同时期国家利益的轻重缓急，诸多手段的运用各有侧重。在经济安全、经济利益优先的现时代，政治、军事、文化、外交等均要围绕经济安全、经济利益服务，一国首脑外交体现的不仅仅是国家之间的政治关系，跟随首脑出访的常常是庞大的经济贸易代表团，首脑亲自推动国家之间经济贸易协议的签订并见证这一时刻，体现的是用政治手段谋求实现本国经济利益的发展。此外，软实力的运用对国家利益的实现也十分重要。每个国家都有根植于本国的历史传统、语言、文化、价值观等，这些具有民族特性的软实力在国际交往中的有效运用，对其他行为体所具有的吸引力以及所产生的影响是难以估量的，文化的功效在"润物细无声"中不断积累，为国家利益的实现发挥桥梁作用。

在综合运用多种手段实现国家利益的过程中，军事手段的运用尤应谨慎且需要智慧。各行为体的生存安全、发展利益一方面需要和平的国际环境予以保障，另一方面也需要行为体具备足以自卫的军事力量作保证。军事力量在维护国家行为体的生存利益中至关重要，在促进行为体的发展、参与利益中也不可或缺，主要发挥威慑作用，为其他手段的运用保驾护航，为本国利益以和平方式实现以及国际社会的和平环境提供保障。和平、合理、合法地使用军事力量以实现国家利益，建立在所追求的国家利益具有合法性基础上。在实现行为体利益的过程中，军事力量的过度使用或滥用将难以保证利益的实现。

第三，通过广泛参与国际制度实现国家利益。在全球化不断发展，各国相互联系相互依存加深的国际环境下，行为体要更好地维护和实现自己的利益，除了依靠自己的力量、综合运用各种手段等传统方式外，还应该积极广泛参与国际制度安排，以实现本国利益。不可否认，一定历史时期的国际制度安排是大国强国利益博弈的结果，体现了大国强国的意志，是大国强国对国际事务的软性控制。但也要看到，国际制度一经确立，国际规则一旦建立，约束其他国家的同时也制约大国强国的行为。如"二战"结束后形成的以《联合国宪章》为核心的国际法律体系，为各个行为体的平等交往确立了基本原则，而几乎囊括了所有国家行为体的联合国，则为世界各国提供了合作、交流的平台，联合国在协调、维护国际共同利益的基础上，也为成员国追求本国利益的合法拓展提供了可能。这种建立在国际法和国际组织基础上的利益，是互利共赢前提下通过合作获得的国家利益。这一利益合法合理。

当今时代，各种全球性、地区性的国际组织层出不穷，涉及政治、经济、文化等各个领域，它们是国际规则、国际制度的组织化体现。如世界贸易组织，既为各国的经济贸易合作确立了原则，也为各国的经济贸易摩擦和平解决提供了法律平台。特别是众多区域、次区域的经济组织，为行为体经济利益的合法延伸、拓展提供了合法可靠的途径。目前，参与国际组织的国家越来越多，几乎所有的国家都选择广泛参与国际组织，如联合国的成员国已经达到193个。地区性国际组织的数量激增，其覆盖面也日益扩大。可以说，没有哪一个国家不参与本区域的各类组织，没有哪一个国家会置身于全球或地区性国际组织之外，通过积极参与国际组织实现本国利益的合法发展和合理拓展已成为各国的共同选择。

三、行为体利益关系的互动

国家行为体之间的利益关系十分复杂，利益关系相互作用、相互影响、相互制约，导致利益关系发生变化，这反映的就是利益关系的互动。在相互依存、相互依赖不断加深的国际环境下，每个国家行为体利益合理合法的发展建立在其他国家行为体利益合理合法发展的基础上。不同国家利益关系的相互依存与矛盾、相互竞争与协调、相互冲突与合作等，促进国家行为体利益朝各自不同的方向发展，进而推动国际政治不断发展变化。

1. 国家行为体利益关系的互动具有对立统一性

国家行为体利益关系的互动，表现为利益关系是矛盾体的对立统一。这种对立统一，一方面是国家行为体相互之间利益互动的对立统一，另一方面是国家行为体利益和国际利益互动的对立统一。

利益是国家行为体互动的驱动力，每个国家行为体都把利益的追求放到首位，没有哪个国家行为体的对外交往不把利益作为出发点和归属。每个国家行为体的利益需求都建立在一定的社会生产力发展基础上，由于各个国家行为体社会生产力发展阶段不同，各个国家体行为所追求的利益就千差万别，这千差万别的利益需求就不可避免产生矛盾，在利益关系的互动中，便形成对立统一的关系。每个国家行为体为了不断满足自己生存和发展的需要，都要向外拓展自己的利益，特别在全球化发展不断加深的国际环境下，拓展经济利益，扩大相互之间的经济往来，更是每个国家行为体所重视的。利益虽然有差别，但是通过利益的互动、利益的互补以获取各自的利益又是共同的。每个行为体追求利益具有的独特性所表现出的排他性和相互交往产生的利他性，构成利益关系互动的依存与矛盾。

各个国家行为体都有自己的利益，相互依存、相互依赖的加深使其利益相互交织，一国利益并不单单局限于自身，往往牵涉多方面多个国家的利益。而由行为体组成的国际社会也有自己的利益，即共同利益，或称国际利益，这也是行为体利益相互交织的部分。共同利益或国际利益反映的是国际社会的整体利益，需要国际社会所有行为体共同努力方能共同维护。一方面，国际利益不一定符合每一个国家行为体的利益，国际利益与国家利益也会发生矛盾。如环境保护、生态平衡、核不扩散、毒品禁运、预防跨国犯罪等，虽是国际社会共同利益所在，却与个别国家行为体的利益存在矛盾。以全球环境保护为例，1997 年签署的有关限制温室气体排放的《京都议定书》，美国认为它约束了本国行为，不符合自身的利益而宣布退出；还有的国家为了眼前短期利益或生存利益而不顾全球限制碳排放量的相关规定，不惜破坏自然环境，过度排放，无疑给人类的生存和可持续发展带来极大危害。再如，1970 年 3 月正式生效的《不扩散核武器条约》，截至 2003 年 1 月，共有 186 个国家参加。作为迄今为止全球最广泛的核不扩散条约，自生效以来对国际安全及核不扩散事业作出了极大贡献，这一国际安全利益，也是国际社会的共同利益，关乎所有国家安全。但也有个别国家如朝鲜却不遵守这一条约，罔顾国际社会的共同安全利益，近年来多次试爆核装置，无疑给东亚地区和平与安全乃至世界和平与安全带来严重危害。

另一方面，行为体利益与国际利益并非决然对立，国际利益也是各行为体共同努力共同合作的结果，国际利益与行为体利益密不可分，也是行为体利益的组成部分，如和平的国际环境需要所有行为体共同努力，而共同努力获得的和平国际环境又为所有行为体生存和发展提供了前提条件。

2. 行为体利益关系的互动具有竞争性

行为体利益关系互动，其性质表现为竞争性，这是由行为体之间利益关系的矛盾性所决定的。如前所述，由于历史、社会、政治、经济、文化、宗教、民族等诸多内部因素以及外部发展环境不同，行为体在相互交往中的地位不尽相同，这就产生了各行为体特定的利益，决定了各行为体所追求利益的差异性，正是差异性决定了利益关系是一种竞争关系。

竞争指的是各行为体为了实现自己特定的利益，在政治、经济、文化、军事等领域相互追赶以求领先的状态。历史上相当一个时期，行为体利益的竞争主要在政治军事领域，军事实力成为衡量行为体国际地位和竞争胜负的决定性因素，军备竞赛构成竞争的战略重点。而今，军事利益虽然仍是各行为体所追求的，但竞争的重点已让位于以经济、科技为核心的综合国力的竞争。贸易、投资、金融等领域的竞争，区域经济集团之间的竞争，全球市场的竞争，教育、科技、人才等竞争，构成当今各行为体错综复杂的竞争画面。

3. 行为体利益关系的互动具有冲突性、协调性及合作性

行为体对利益的追求，行为体利益的差异性和排他性，行为体在某些利益上的不同要求，决定了行为体利益关系互动存在的冲突性。冲突是行为体之间利益差异与分歧在一定历史时期，在一定主观和客观条件综合作用下逐步扩大和升级的结果，只要行为体利益的差异和分歧存在，只要行为体把利益作为对外行为的根本目标，行为体围绕利益展开的冲突就不可避免。冲突就成为行为体之间关系的一种正常现象，并且贯穿于国际社会发展的始终。

行为体利益的差异性和排他性，决定了行为体利益关系互动的冲突性，冲突的发展进程，既可能是各方之间用极端的暴力形式，即战争的方式解决，也可能以各方之间谈判和协商的方式解决。前者最著名的是两次世界大战，此外还有"二战"后发生在不同地区的局部战争，如多次中东战争。战争这种极端方式对交战各方的利益所带来的破坏，促使行为体更多地是通过谈判和协商的方式来解决利益的分歧。这就是利益关系互动的协调性和合作性。

全球化的发展以及各行为体之间相互依存的加深，扩大了行为体之间和行为体与全球之间的利益共同点，从这个意义上看，过去那种一方所得即是一方所失的"零和博弈"的传统利益争斗，为了一己私利而不惜使用武力的政策已经越来越不符合历史发展的潮流，越来越多的国家意识到武力并不是维护国家利益的最有效手段，因为全球化的发展带来各国复合相互依存加深，即国家行为体之间、非国家行为体之间、国家行为体与非国家行为体之间，相互联系、相互交往日益密切，交往活动的范围遍及全世界，涉及各个不同的领域，形成你中有我，我中有你，一损俱损、一荣俱荣的局面，出现政治问题经济化、经济问题政治化，以及国际问题国内化、国内问题国际化。这一相互联系相互依赖关系的日益加深，客观上要求各行为体在追求各自利益的时候，要采取和平协商方式，即便利益发

生矛盾和冲突也须用和平协商的方式协调解决,这样才有可能使各方获利。

行为体利益关系的互动通过协调而更多以合作的形态表现出来。一方面,利益关系的合作建立在一系列双边、多边条约或协议的基础上,任何行为体都不能随心所欲地获取一己私利,必须通过合法的正当的手段,依据相互之间达成的条约、协议等,以积极的外交谈判、建设性的对话,谋求自身利益的实现。这一点在行为体经济利益关系的互动中表现得特别突出。世界贸易组织成立后,在该组织规定的原则、章程内,各行为体依此展开经济合作与交流,任何行为体企图通过霸权谋求自己的利益的方式已经行不通,必须通过谈判协商解决彼此之间的利益冲突。另一方面,全球性的共同利益逐步成为各行为体利益的有机组成部分,越来越多的行为体认识到,环境污染、毒品走私、核武器扩散、流行病跨界传播等问题,涉及众多国家的利益,不是单个国家或几个国家能够解决的,必须通过各国共同协调、外交谈判、以合作的方式方能解决。当今时代,合作而不是对抗,协商而不是对抗,双赢或共赢而不是"零和"成为行为体利益关系互动所要追求的目标。

第三节 国际政治发展的重要动力

国际行为体权力及其对权力的追求,从另一层面推动国际政治不断发展变化。在国际政治中,权力被大国强国看作是维护其生存与发展的安身立命之道,在国际政治舞台的中心,大国强国围绕权力展开的博弈十分激烈,权力关系的变化以及权力关系的制约,促使国际政治朝着不同的方向发展演变。权力关系并非总表现为大国强国控制或影响着小国弱国,小国弱国所具有的权力同样从不同的方向制衡着大国强国,这种权力关系的转换与制约,决定着国际政治发展演变的基本走势。

一、行为体的权力及权力追求

权力是政治学的核心概念,也是国际政治学研究的核心要素。在国际政治关系中,行为体的对外关系以及行为体之间的互动,以权利、权力、利益为核心。战争与和平、强权与民主、影响与被影响、自主与服从、独立与依附、剥削与屈从等国际现象体现和反映的就是一种"权力关系"。"权力关系"虽然并非国际政治关系的全部,但却是至关重要的,正是行为体对权力的追求以及行为体权力关系的制约与变化，构成了国际政治发展的重要推动力量。

1. 权力及国际政治权力

何谓"权力"？权力（power），源自法语 pouvoir，而法语又来自拉丁文的 po-testas，或 potenia，原指影响他人或他物的某种能力。在当代，power 在英语中的含义有三：control over others，influence，ability to do or act，译为中文，可理解为：权力就是对他者的控制力、影响力和能够采取行动的能力。

从一般政治学意义理解，"权力"是一个有多重含义的概念。

第一，权力是某个人或某些人将自己的意志强加给他人的能力，具有强制性。马克斯·韦伯指出："权力意味着在一种社会关系中哪怕是遇到反对也能贯彻自己意志的任何机会，不管这种机会是建立在什么基础之上。"①

第二，权力是政治权力主体通过各种手段和方式对政治客体产生的影响力，包括强制性的直接影响和非强制性的间接影响。"用制造严厉制裁的前景来对付不屈从，从而得到屈从，这种影响力常被称作权力。"②

第三，权力是一种关系范畴，是政治主体与客体之间的主动意志施加和被动意志接受的关系。"政治权力实际上是在特定的力量对比关系中，政治权力主体为了实现和维护自身的利益而拥有的对政治权力客体的制约能力。"③ 即 A 能够迫使 B 做某件事情，反过来 B 却不能迫使 A 这样做，这就是权力。不过，这种权力关系在一定条件下也可能发生变动，权力主体与权力客体的制约关系易位，客体对主体产生"权力反制约"。

依据上述对权力的界定，国际政治中的权力，可以理解为某个国际行为体改变其他国际行为体行为的能力，即在一定的国际环境下，行为体在国际交往中将自己的意志强加于其他行为体，控制或改变其他行为体行为和意志，影响国际事务的综合能力。

国际政治权力十分复杂，作为一个综合性概念，需要从多个方面加以理解。

第一，国际政治权力反映的是行为体之间政治关系的互动和政治意图的实现。爱德华·卡尔指出："政治总是权力政治。通常，人们使用'政治'的时候，并不

---

① ［德］马克斯·韦伯：《经济与社会》（上卷），林荣远译，商务印书馆 1997 年版，第 81 页。
② ［美］罗伯特·A. 达尔：《现代政治分析》，王沪宁等译，上海译文出版社 1987 年版，第 60 页。
③ 王浦劬：《政治学基础》，北京大学出版社 1995 年版，第 76 页。

是指国家所有的活动，而是指那些涉及权力冲突的问题。"① 一方面，行为体之间的相互合作，例如经济和贸易合作，文化交流，防止流行病的传播，禁止毒品跨国界走私等，作为"非政治"活动或"技术性合作"，并不涉及权力，只有行为体出于政治意图的互动，体现的才是权力关系。另一方面，在经济政治化和政治经济化日益交错的当今，这些"非政治"活动或"技术性合作"往往也带有浓厚的政治色彩。如一国给予他国最惠国贸易待遇，却附带政治条件，如要求他国释放政治犯、改善人权状况等，以达到促使他国改变对内或对外政策的目的，如果接受最惠国待遇的行为体同时也接受了这些附加条件，这种本来属于"非政治"的贸易关系互动就具有了政治权力关系性质。若行为体拒绝接受附加条件，一国给予的最惠国待遇由此取消，双方互动终止，政治权力关系则处于互不就犯的对峙状态。此外，在行为体政治关系的互动中，政治意图若未能实现，这种政治互动也不具权力关系性质，只有一方改变了另一方的行为，政治意愿被另一方所接受，政治互动才具有了权力关系性质。

第二，国际政治权力既是行为体互动所追求的目的，又是行为体谋求实现自身利益的一种手段。摩根索指出："国际政治像一切政治一样，是追逐权力的斗争。无论国际政治的终极目标是什么，权力总是它的直接目标。"② 摩根索认为，在国际政治中，行为体的权力越大，越有可能达到理想的目的，越有可能最大限度地获得自己的利益。因此，追逐权力成为国际政治的目的所在，而权力一旦在握，就可以成为获取最大利益的手段。尽管不少学者对此提出了质疑，但从国际政治现象看，国家行为体在国际交往中，都力图增强自身对国际事务拥有的战略控制能力，力图提高对国际进程的综合影响力，使自己处于有利的国际地位，从而有效维护和获得自己本国的利益。而行为体要增强自己在国际政治中的权力，最为重要的是不断发展自己的经济和军事实力，只有拥有比其他行为体强大得多的经济尤其是军事实力，才有可能对其他行为体产生威慑，才有可能在国际事务中处于支配地位，才能促使其他行为体按照自己的意愿采取行为。国家行为体对外政策的主要目的是维护和实现国家利益，权力的运用就和国家利益联系在一起，权力成为维护和实现国家利益的一种手段，而增强国家在国际政治中的权力地位构成国家利益的重要组成部分，就此而言，政治权力既是手段，也是目的，而且

① ［英］爱德华·卡尔：《20 年危机（1919—1939）：国际关系研究导论》，秦亚青译，世界知识出版社 2005 年版，第 98 页。

② ［美］汉斯·摩根索：《国家间政治：权力斗争与和平》（第七版），徐昕等译，北京大学出版社 2006 年版，第 55 页。

与利益紧密相连。当然，若一个国家行为体过度扩展自己的军事力量以追求权力，那就很容易走上霸权主义道路。

第三，国际政治权力可以划分为硬权力与软权力，在相互关系中以强制性和软性影响表现出来。所谓硬权力，是指在国际政治互动中，一方运用强制或暴力方式，把自己的意志强加给其他行为体、迫使其他行为体改变政策或做原本不愿做的事情。硬权力的物质基础是经济实力，直接体现就是军事力量，最高表现形态就是战争。一般而言，行使硬权力的行为体主要是国家，因为只有国家才能拥有军队，才有使用军事力量达到迫使他国服从自己意愿的能力。何谓软权力，约瑟夫·奈曾作过较为全面的论述。他认为，通过影响达到"让其他人做你想让他们做的事"的能力，就是软权力。软权力是一个国家对其他国家所具有的吸引力，在国际政治关系中表现为"一个国家想追随它，崇尚它的价值观，学习它的榜样，渴望达到它所达到的繁荣和开放程度。"① 与硬权力不同，软权力是用非强制方式，以思想文化、价值观念、生活方式等影响其他行为体，达到改变其行为或追随自己的目的。这不是靠强迫，而是靠影响，不是靠威慑，而是靠说服，促使其他行为体认同你，追随你，自觉地做你想或你希望他们做的事。软权力主要是通过文化或观念的软性影响反映出来，其过程较长，结果具有不确定性。

第四，国际政治权力具有一定的相对性。"权力概念总是一个相对的概念。当我们说美国是目前世界上最强大的两个国家之一的时候，我们实际说的是，如果我们将美国的权力同所有其他国家目前的权力状况相比较，我们发现除一个国家外，美国比所有其他国家都强大。"② 另一方面，权力关系双方地位也是相对的，它并非仅仅是大国和强国才可能拥有的，它也不应当仅仅是一种大国和强国对小国和弱国实行控制的关系状态。在一定的情形下，政治权力关系双方也会角色易位，权力的掌控者会变为权力的受控者，反之亦然。

第五，国际政治权力具有历史发展性。国家行为体在国际政治中的权力，建立在一定的经济与军事实力基础上，行为体在国际社会所占据的地位与其总的社会生产力发展水平相关联，军事力量必须依靠经济实力来支撑。然而，"好花不常在"，行为体的实力总是处于不断发展变动之中，随着行为体实力的升降变化，其权力地位也会随之发生序列易位，某个国家行为体不可能永远居于国际权力中心

---

① Joseph S. Nye：*The Paradox of American Power*，*Why the World's Only Superpower Can't Go it Alone*，New York：Oxford University Press，2002，p. 8.

② ［美］汉斯·摩根索：《国家间政治：权力斗争与和平》（第七版），徐昕等译，北京大学出版社 2006 年版，第 192 页。

地位。历史上大国实力的兴衰所带来的权力地位的变化说明了这一点。

2. 追逐国际政治权力的表现

国际政治中，权力一直被大国强国视为在国际社会无政府状态下维护其生存与发展的安身立命之道，对国际政治权力的追逐演变为寻求霸权，在不同的历史时期有不同的表现。

16 至 19 世纪，欧洲殖民主义国家热衷于扩张领土、争夺海外市场，它们用商品和大炮把亚非拉国家的大门打开，将其变为本国的原料产地和商品市场，将其变为自己的殖民地。欧洲殖民国家的海外争夺，追求的是赤裸裸的霸权强权，拥有多少殖民地成为衡量权力大小的最重要标志。欧洲大国的权力建立在强大海军力量基础上。16 世纪的西班牙，海军力量超过法国和英国，"无敌舰队"控制了海上通道，西班牙在殖民地扩张中处于强有力地位，从殖民地掠夺的黄金白银成为西班牙权力的象征；17 世纪崛起的荷兰，同样拥有超过法英两国的海上力量，"海上马车夫"维持了荷兰庞大的商业利益；当英国的海军先后打败西班牙和荷兰时，英国凭此建立起遍及全球的殖民地，"日不落帝国"英国也因此盘踞国际政治权力中心长达近两个世纪。

两次世界大战都是强国寻求霸权所致，西方殖民主义国家为瓜分和再瓜分殖民地、为扩张领土、为在国际政治中处于掌控地位展开争夺，这种对国际政治权力的追求其目标是物质性的，它与当时的国际政治、国际经济发展相适应。

第二次世界大战后，对国际政治权力的追逐主体由欧洲大国变为美苏两个超级大国，权力追逐的目标从物质性转向以社会制度和意识形态为界标的全球势力范围的争夺，意识形态的较量甚至发展到兵戎相见，如美国出兵朝鲜、越南，很大程度是为了对所属阵营意识形态的绝对控制。美国推行马歇尔计划、建立北大西洋公约组织等，都是为了阻遏苏联和社会主义，并加强对西欧盟国的控制。

20 世纪 60、70 年代，苏联走上与美国争夺世界霸权的道路，权力的争夺由意识形态和两种社会制度之争转向美苏霸权之争。一方面，美苏在军事领域展开竞赛，通过轮番升级的军备竞赛，争夺军事领域的制高点。另一方面，双方不再计较意识形态和社会制度方面的差异，通过同盟条约，把一些国家纳入自己的势力范围。如苏联在 70 年代与十多个发展中国家签订了双边"友好合作条约"，这实际是变相的军事同盟条约，其中有的国家并不是社会主义国家。而美国从霸权的战略考虑，则与一些社会制度和意识形态完全相异的国家建立同盟关系。此外，美苏甚至通过代理人发动战争，在亚非拉展开势力范围的争夺，一些地区热点问题不同程度地反映了美苏扩展势力范围的图谋。

当今，国家行为体对权力的追求更为多层次，表现形式更为复杂，赤裸裸的霸权强权方式已然行不通。总体而言，国家特别是强国大国对国际政治权力的追逐主要表现在以下方面。

首先，国家行为体更加重视"软权力"的运用，扩大软权力范围。虽然军事力量的角逐仍十分重要，但是"现今国际舞台上的权力之争不仅是对军事优势和政治统治的争夺，而且在特定的意义上是对人心的争夺。这样，国家的权力不仅依赖于外交的技巧和武装力量的强大，而且依赖于它的政治哲学、政治体制和政治政策对其他国家的吸引力"①。的确，通过文化、社会制度、意识形态的吸引力，领袖人物的政治魅力以及国家形象的感召力，促使其他行为体响应其号召，追随其政策，仰慕其发展，这种软性权力比军事强制力所产生的效果更能为其他国家所接受，为国际社会所认可，由此在"润物细无声"中扩大软权力。

其次，通过国际机制或国际制度的安排，维护或扩大国际规则的制定权力，或称话语权。规则的制定往往体现制定者的意志，规则一旦确立，规则制定者就拥有了比他国家更多的话语权。例如，冷战后，美国对国际政治权力的追求突出表现在对国际制度、秩序和规则的制定方面。冷战结束之际，布什政府就提出美国要利用冷战结束这个前所未有的机遇，努力为这个新世界建立一种新秩序；克林顿政府明确提出美国在全球拥有利益，而且负有责任，强调国际机构和国际组织对于美国领导世界的重要性。可以说，美国在冷战后要建立的就是美国主导的制度化的国际政治权力体系。如美国重视西方七国集团，甚至把俄罗斯拉入其中，近年俄罗斯退出，八国又变为七国；不断推动北约东扩和日美安保条约西扩，随着范围的扩大，美国的权力也相应扩大；2008 年金融危机爆发后推动 20 国机制；在亚太经济合作组织（APEC）中又试图建立跨太平洋伙伴关系协定（TPP），如此等等，反映美国力图通过制度安排、规则制定使其权力扩大并合法化，这种制度化权力更为隐性。当然，由美国推动的 20 国集团目前看并非完全按美国的意愿发展。新兴大国也希望通过国际组织或制度化安排，提高自己在国际事务中的发言权，如 2009 年形成的金砖国家元首会晤机制，2015 年 7 月成立的金砖国家开发银行，由中国倡导成立的亚洲基础设施投资银行等，这些从一个侧面反映当今国际政治权力追逐围绕国际秩序、国际规则的博弈是相当激烈的。

---

① ［美］汉斯·摩根索：《国家间政治：权力斗争与和平》（第七版），徐昕等译，北京大学出版社 2006 年版，第 187 页。

最后，科技创新、经济发展，成为国家行为体追逐国际政治权力的重要领域。在经济全球化和区域经济一体化的进程中，经济、生产、金融、市场、知识等对权力的塑造越来越重要。冷战后世界局势总体缓和的环境下，大国之间爆发直接军事冲突的可能性降低，国际权力角逐的重心逐渐由军备竞赛转向以科技为先导、以经济为核心的综合国力竞争，世界各国特别是大国都从战略高度重视科技创新和经济发展，科技和经济成为影响国家间权力关系的重要变量。物质力量的变化决定权力的变化，而物质力量的大小建立在科技和经济发展基础上，在全球科技、经济体系中占据战略制高点，这不仅成为当今权力资源的重要来源之一，而且意味着能直接影响甚至控制他国在科技和经济及贸易领域的行为，最终转化为国际政治中的现实权力。因此，这一领域的权力追逐十分激烈，被称为"看不见硝烟"的战争。权力既是目的也是手段在这一领域特别明晰。

此外，非国家行为体也从多个领域参与国际政治权力的追逐。非国家行为体的行为虽然受到国家行为体意志的制约，如政府间国际组织，政府作为成员，其行为是难以超越国家意志的。但非政府间国际组织，特别是跨国公司这样的经济实体，仰仗强大的经济实力后盾，一方面分享国家行为体拥有的权力，另一方面则在市场、价格、利润分配等方面，不断维护并拓展自己的权力。

二、行为体权力的来源及转化

行为体权力的来源有两方面：一方面是指权力赖以产生的资源，另一方面是指权力来源的合法性。权力赖以产生的资源是一种力量或实力，它虽然不能等同于权力，但却是权力大小的重要基础，权力实际就是对力量的有效运用。

1. 行为体权力赖以产生的资源

行为体权力赖以产生的资源主要有以下两个方面：

第一，来源于行为体综合实力。国际政治中最重要最基本的行为体是国家，国家行为体权力赖以产生的基础来源于国家本身，也就是国家的综合实力，它包括可以计算的部分和难以计算的部分。前者主要指一国的领土面积（地理位置、自然资源）、人口（人口数量和质量）、经济实力（经济总量、均量、质量和变量）、科技实力（科技投入、科技创新、知识产权）、军事实力（三军规模、军工企业蕴藏的潜力、战时动员能力）等。目前领土面积、人口规模、经济实力居前十位的国家大都是公认的世界大国或地区大国。显然，这些要素对国家权力具有重要意义。难以计算的部分指的是一国政治和制度安排（政党、政府决策及领导能力、政府效率、政治稳定、制度创新能力等）、意识形态（占主导地位的信仰、社会凝聚力、国民士气等)、自身文化(语言、宗教、传统、教育、社会生活方式等)、国家形象、外交(外交政策、建交国数量、外交战略及控制能力等)。这些要素的综合大体反映一国总体实力,不同要素在不同国际问题领域对权力的影响不尽相同。

第二,来源于相互依赖的国际环境。"传统观点认为,军事实力主导着其他类型的力量,拥有最强大军事实力的国家支配着世界事务。然而,权力赖以产生的资源现在已经变得越来越复杂了。"① 20 世纪 70 年代以来,国际政治中的突出现象是相互依存相互依赖加深,日益紧密的经济联系使得行为体之间你中有我、我中有你,进入 21 世纪,这一进程更是发展迅速。日益紧密的相互依赖以国家之间或不同国家的行为体之间相互影响为特征。行为体在相互依赖中所处地位影响其对国际事务过程和结果的能力。"权力并非只是来自枪杆子,也来自脆弱性相互依赖的非对称性——某些非对称性有利于某些非国家行为体,其程度超过大多数观察家的预计。权力得以运行的相互依赖网络是多层面的,任何一个层面的意义都不可抹杀。即使就在许多层面绝对强大的国家而言,在其他方面也可能存在着严重的脆弱性。"②

2. 行为体权力来源的合法性

行为体权力来源的合法性体现在以下三个方面:

第一,自然性。从构成国际政治的行为体看,所有享有独立平等参与国际事务权利的行为体,理论上讲,都是国际权力的享有者,行为体存在的合法性决定了其在国际政治中权力来源的合法性。这是一种"自然性权力",只要是合法存在的行为体都拥有这样的权力,是行为体"与生俱来"的权力。大国强国由于综合实力强大而潜在权力比一般国家大,但弱国小国也有自己特殊的权力位置,在不同国际问题层面所具有的能力也是不可忽视的。如一国整体实力虽难以与强国相比,但地理位置重要,极具战略意义,对战略通道的控制也会促使大国不得不采取对其友好的政策。可以说,这是行为体依其合法性拥有的权力。

第二,制度安排。国际制度是国际行为体通过协商所形成、为行为体所接受的一系列行为原则、规则、规范及决策程序,或在某一领域合作或协调的机制,包括正式和非正式的,简言之,就是行为体之间的"游戏规则"。国际制度是在行

① [美] 罗伯特·基欧汉、约瑟夫·奈:《权力与相互依赖》(第 3 版),门洪华译,北京大学出版社 2002 年版,第 11 页。

② [美] 罗伯特·基欧汉:《非正式暴力的全球化、世界政治理论与"恐怖的自由主义"》,门洪华译,《世界经济与政治》2003 年第 7 期,第 54 页。

为体互动的过程中产生，在制度的建立过程中，行为体权力的差异具有决定性的影响。一定历史时期不同行为体权力的大小直接决定国际制度是这样而不是那样，它深深烙上行为体权力属性。如第二次世界大战结束后建立的一系列国际制度，反映了人类力图避免战争的良好愿望，反映了战胜国和平、民主、平等的要求，尤其体现对反法西斯战争胜利作出贡献的大国权力，如联合国安理会五个常任理事国拥有的否决权这一制度安排，还有如美国在国际货币基金组织和世界银行的投票权分别占了 17.407% 和 15.85%，这一安排充分体现了"二战"后美国建立在强大经济军事实力基础上的权力地位。

在制度安排中处于优势地位的国家行为体，因制度安排被赋予了权力，这些权力在制度的框架内就具有了合法性。如世界银行行长由美国人出任，国际货币基金组织的总裁由欧洲人出任，尽管不合理并遭到许多国家的质疑，但却合法，因为这是特定历史条件下的制度安排。再如联合国安理会五个常任理事国所具有的否决权，有些国家也认为不合理，但却合法，因为这种权力安排也源于制度设计。

另一方面，一个设计合理的国际制度一旦建立，便会具有较为长久的生命力，对国际行为体的行为必然产生约束力。这不仅是对一般行为体而言，对那些在制度建立时发挥决定影响并在制度安排中占主导作用的行为体同样产生约束。后者之所以愿意用制度约束自己，从理论上讲，是因为这种制度安排有利于自己权力行使合法化，并获得其他行为体的认同。因此，源于制度安排的权力，凸显维护大国强国国际地位和权力的重要作用。罗伯特·基欧汉论述国际制度与霸权国利益的关系时指出："当重大的共同利益能通过协议来实现时，忠实履行协议的名声所具有的价值，就超过了始终接受国际规则的约束而付出的代价。追寻自我利益并不需要最大限度地获得行动自由，相反，明智而富有远见的领导者明白，要达到他们的目标，无不依赖于他们对制度的承诺，而正是这些制度，才使得合作成为可能。"① 可以说，也正是依靠这些制度，国家行为体（不仅仅是大国）的权力才具有了合法性。

第三，国际认可。国际政治是一种特殊的社会现象，没有凌驾于国家行为体之上的绝对权威，没有具有强制力的暴力机构惩治违背国际法的行为，国家行为体不论大小强弱，所追求的政治目标就是安全，若一个行为体感到不能有效抵御

---

① ［美］罗伯特·基欧汉：《霸权之后：世界政治经济中的合作与纷争》，苏长和等译，上海人民出版社 2001 年版，第 308 页。

来自另一强大行为体的威胁时，就不得不跨越国界，通过与大国强国的结盟寻求安全保障。而大国遍及全球的安全保障盟约，被与之结盟的国家视为对本国安全的最大支持，在处理复杂的国际问题时，这些国家往往跟着承诺提供安全保障的盟主走，前提是这样的追随外交不至于损害本国的利益，甚至带来某些好处。大国的权力地位在这样的互动中形成，它源于大国政策的追随者和支持者的认可，这种国际认可为大国权力提供了合理性。

大国权力的国际认可一般发生在国际格局大变革大调整时期。一般而言，国际格局大变革大调整源于重大国际危机或重大国际突发事件，大国在重大危机中的突出表现吸引其他国家，由此形成这些国家对大国政策的认可和追随，形成对大国的依赖心理，大国正是利用这一点，达到对其他国家政策的引领，凸显在重大国际问题上不可或缺的领导地位。不同历史时期的重大国际变革必然导致不同历史时期的国际权力从一个大国转移到另一个大国，对大国权力的国际认可并不一定具有世界范围，一般情况是获得某些地区国家的认可，或部分国家的认可。最突出的例子是冷战时期西方阵营对美国权力的认可和东方阵营对苏联权力的认可，虽然两大阵营中常有国家不时挑战美苏的权力。

3. 行为体权力的转化

权力资源及权力来源具有合法性并非等同于拥有权力，前者只能看作是潜在的权力，潜在权力要变为权力，必须有一个转化的过程，在转化的过程中，实际权力可能与潜在权力相一致，也可能大于或小于潜在权力。权力的基本判断标准是行为体的政策对其他行为体态度和行为所产生影响的大小。

将潜在权力转化为实际权力的行为体主要是国家，国家的潜在权力通过其外交政策所产生的吸引力、影响力体现出来。一个国家能否将其潜在权力通过外交途径转化为实际权力取决于该国领导人的意愿、领导能力和外交技巧，这并不等于国家可以肆无忌惮地将潜在权力转化为可以不受制约地滥用于国际社会的权力，否则就将陷入实力越大权力就越大的霸权逻辑。国际制度对行为体权力的转化也十分重要，行为体通过国际制度就国际问题或双边、多边关系进行协商，促成行为体之间的合作，改变行为体的行为方式。行为体通过国际制度，以巧设议程、协商与说服、条约与规范、代价与收益等方式，将潜在权力或实力转化为某种政策倾向，对其他行为体产生影响力、吸引力。虽然影响力、吸引力的大小难以用量化的标准确定，但在国际社会中其他行为体愿意追随自己的政策，甚至愿意牺牲本国的利益而服从自己的政策，这就说明影响力和吸引力转化为实际权力了。国际制度为行为体将实力或潜在权力转化为实际权力提供了平台。

三、行为体权力关系的制约

国际政治中行为体权力关系，反映的是行为体之间相互关系的发展演变，是权力主体和权力客体之间的关系。没有权力客体，权力主体的权力无从体现，同样，没有权力主体，也就不存在权力客体。权力关系作为一种相互依赖相互制约的关系，是权力主体和权力客体之间的互动，而不是某一个权力主体单方面的活动。

国际政治中，行为体权力的制约关系十分复杂，概而言之，主要表现在以下方面：

1. 权力主体对客体所形成的制约

现代国际体系的发展以民族国家为中心而展开，国家长期以来被视为国际政治的重要行为体，而权力则主要集中在国家行为体中的大国强国手中。国际政治发展表明，在国家行为体中，不管承认与否，确实存在着权力的不平等，"不平等是国家系统内固有的特性，无法加以消除。在权力的顶峰，只有少数大致平等的国家曾彼此共处；与它们相比，其他国家的重要性总是要稍逊一筹。"①

通常情况下，国家行为体实力的大小强弱影响着其对外行为方式。从理论上讲，权力关系的建立是强国控制或影响弱国，强国一般处于权力主体地位，弱国则处于权力客体地位，权力关系表现为处于权力顶峰的强大国家对另一个或多个弱小国家具有的控制和影响，两者之间形成控制与被控制、支配与被支配、影响与被影响、制约与被制约的权力关系。如第二次世界大战以前，西方强国通过建立殖民主义体系，对其他亚非拉国家实行赤裸裸的控制，形成西方殖民主义国家控制、支配和影响亚非拉国家的权力关系，具体表现为西方大国通过商品、大炮把处于封闭状态的亚非拉国家纳入国际政治过程，并牢牢控制了世界范围的生产、贸易及金融，借此建立起不平等的国际分工、贸易和金融体系，权力关系表现为西方大国以这些不平等体系制约、控制亚非拉中小国家。第二次世界大战后，美国和苏联通过结盟显示自己的权力，作为盟主控制着所属阵营的盟国，而盟国在外交上不得不处于追随和服从的地位，双方以意识形态和社会制度为界标在世界范围展开争夺，权力主体美苏对权力客体即盟国的支配和影响不言而喻。

---

① ［美］肯尼思·华尔兹：《国际政治理论》，信强译，上海人民出版社2003年版，第176页。

2. 拥有权力的强国之间所形成的制约

历史上国家拥有强大的军事力量就意味着拥有控制和支配国际事务的权力。强国之间的权力制约一方面是不断扩充军备，增强军事实力，在军力上力图压倒对方，如第一次世界大战前，英国和德国之间的军备竞赛，第二次世界大战前英、法、美与德、意、日之间的军备竞赛，冷战时期美苏之间的军备竞赛等。另一方面，处于次一级权力地位的国家则通过建立联盟以制约权力最强大的国家，如英国建立反法联盟以制衡并打破拿破仑在欧洲大陆的霸权，德国拉拢奥匈帝国和意大利挑战英国的全球权力，"二战"后美苏则以同盟的力量相互制约。强国之间的权力制约目的就是阻止某一个国家拥有过于强大的权力，这一过程常常导致战争。

3. 权力客体对权力主体的反制约

现实国际政治中，权力主体对权力客体的制约、支配只是一个方面，权力关系并非如此简单，并非只是单方面的制约和支配。处于弱势地位的权力客体，也会对权力主体形成制约。如亚非拉国家不甘于殖民主义的控制，高举民族独立的旗帜，通过民族独立运动，从殖民主义的权力枷锁下解放出来，最终促使殖民主义体系瓦解，从而获得独立参与国际事务的权利，控制与反控制、支配与反支配的权力关系改变为平等主权关系。冷战时期美苏盟国不甘受美苏的控制，不服从或追随其外交，表现出盟国对盟主美苏的反控制。例如，法国不满美国的控制，打破美国不允许西方盟国与中国建交的禁令，率先与中国建交，并一度退出北大西洋公约组织军事一体化机构，对美国的权力既是制约更是挑战。中苏同盟关系中，中国奉行独立自主的外交政策，反对苏联的霸权政策，不追随其政策，也是对苏联权力的反制。此外，20世纪六七十年代，各国反对美苏争夺世界的霸权政策，用不同的方式制约其霸权，如这一时期兴起的不结盟运动、七十七国集团等，都有对美苏霸权权力制约的含义。

在具体问题领域中，权力关系的制约更能说明强国大国并不能总是能够为所欲为。如美国和伊朗的权力关系中，美国建立在实力基础上的权力显然比伊朗大，可是，在伊朗扣押美国人质危机中，拥有强大军事力量的美国并不能使伊朗屈从，在这一问题上的权力较量中伊朗占了上风。这样的事例不胜枚举。

冷战结束后，唯一超级大国美国对世界事务的控制力、影响力虽然有所下降，尤其是2008年的金融危机严重削弱了美国的领导能力，但与其他国家相比，美国仍处于国际权力的重要地位。不过，美国已经难以为所欲为，新兴大国如金砖国家逐渐进入世界舞台的中心，成为全球变革的主要推动力量；新兴中等国家如金钻十一国等以雄心勃勃的态势积极参与国际事务，其影响不可忽视；在众多国际事务中，小国的影响也不可小觑，如全球贸易谈判、全球环境问题谈判中小国的政策对大国形成制衡。新兴大国、中等国家以及小国，对传统大国的权力形成制约，成为当今时代国际政治发展变化的重要特征。

相互依赖的权力关系中，连接权力主体与权力客体的是行为体的利益，当权力关系双方的利益在总的方向或目标上大体一致时，权力双方的关系就表现为合作关系，权力接受者听从权力实施者的命令，追随其政策，服从其支配，是为了实现或维护共同的利益，权力成为双方共同获利实现各自目标的手段，权力关系带来互惠。此外，权力拥有者所获得利益比权力接受者更多，权力接受者在这种情况下也能够获得自己应有的利益，双方一般也会产生合作关系。如果权力实施者迫使权力接受者服从自己的意愿，对权力接受者实施控制与支配，仅仅是基于对自身利益的考量，而使得权力接受者丧失、牺牲自己的利益，那么，这种一方受益一方受损的零和博弈便必然导致权力双方的关系表现为冲突。

4. 非国家行为体权力对国家行为体权力的制约

第二次世界大战后，各种非国家行为体纷纷登上国际舞台，积极参与国际事务，形成一种区别于国家行为体的权力体系结构，冲击着传统的以国家为中心的国际权力构架。在全球性交往和相互依赖不断深化的冷战后时代，作为在国家"之上"和"之下"的角色，非国家行为体已经形成独立于国家行为体的体系，它主要以政府间国际组织、非政府间国际组织、跨国公司等为重要组成部分，并以一种跨国的、平等的、网络式的方式在全球范围互动，没有哪一个领域的国际事务没有非国家行为体参与，它们对国家行为体的国际权力形成挑战和制约。

例如，在事关人类安全的战争与和平这样的重大政治问题上，联合国所发挥的作用和影响是任何大国都难以替代的，联合国安全理事会（简称"安理会"）常任理事国拥有的一票否决权，阻遏了某一个或某些大国通过安理会授权对其他国家实施武力打击的企图，对霸权国滥用权力形成一定程度的制约。2003 年美国力图游说安理会成员（包括常任理事国和非常任理事国），支持安理会授权美国军事打击伊拉克，结果未能如愿以偿。担任非常任理事国的中小国家不为美国的威逼利诱所动，反对安理会授权美国动武，美国在没有安理会授权的情况下单方面军事打击伊拉克就不具有合法性，美国一意孤行，在显示其硬权力的同时，却丢掉了软权力。在国际经济领域，跨国公司的地位和作用显而易见，由于经济实力强大，跨国公司对东道国的政治影响和经济控制甚至超过国家权力，更有甚者，实力强大的跨国公司通过操纵政变促使东道国政府更迭，促使新政府推行有利于自己利益的政治和经济政策，显示比国家更为强大的权力优势以及对国家权力的制约。在全球气候变化和环境污染问题方面，非政府间国际组织所发挥的影响也是任何国家行为体都不能忽视的。

这一切表明，当今世界，国际权力关系的构成更加多元化，权力关系受制的要素更加复杂化，权力关系的制约与反制约更为多样化。

思考题

1. 国际社会基本矛盾的运动如何推动国际政治的产生、发展及演变？

2. 第二次世界大战后国际政治行为体之间交往有什么新的特点？

3. 怎样理解国家利益？如何划定其内涵与外延？

4. 国家之间利益的纷争是否必然导致战争？

5. 怎样理解国际政治权力？

6. 制约国际政治权力的因素有哪些？

7. 国家行为体之间的权力关系以何形式表现出来？

第五章　国际冲突

作为国际政治互动的基本形式之一，国际冲突一直是国际政治学界关注的议题。第二次世界大战结束后，随着时代主题的变换，冲突和合作在国际关系研究中的地位越来越凸显。冲突何以发生、冲突是人类社会正常现象还是非正常现象，人类社会能否一劳永逸解决冲突问题，针对这些问题，国际关系理论，从微观层次的人性考察，到中观层次的国家理论，再到宏观层次的体系理论，都对战争和冲突的起源进行了探究，政治学、经济学、社会学、心理学等学科，也纷纷从自己的视角对这些问题给出了解释。本章从国际冲突的概念考察入手，重点探究国际冲突的理论起源，最后介绍目前国际关系实践中几种国际冲突的解决模式。

第一节　国际冲突的概念

作为冲突的一种类型，国际冲突包含了冲突的一些基本特征。如何理解冲突与国际冲突的内涵？冲突与紧张、危机和战争的关系如何？国际冲突存在哪些类型？国际冲突是人类社会的常态还是非常态？针对这些问题，本节考察了冲突与国际冲突的内涵、国际冲突的不同类型及国际冲突的属性。

一、冲突与国际冲突的内涵

什么是冲突？詹姆斯·多尔蒂、小罗伯特·普法尔茨格拉夫等学者认为，冲突指的是这样一种情形，某一个自我认可的人群（不论是部落群体、种族群体、具有相同语言的群体、具有相同文化的群体、宗教群体、社会经济群体还是其他群体）有意识地反对一个或几个其他可自我认同的人群，原因是他们追求的目标相互抵触或看上去相互抵触。[1] 刘易斯·科塞给出的冲突定义在社会科学界比较权威，他认为"一场争夺价值以及稀有的地位、权力和资源的斗争，敌对双方的目标是压制、伤害或消灭对方"[2]。作为社会群体互动的基本形式，冲突指的是群体

---

[1] 参见［美］詹姆斯·多尔蒂、小罗伯特·普法尔茨格拉夫：《争论中的国际关系理论》（第五版），阎学通等译，世界知识出版社2003年版，第200页。

[2] Lewis A. Coser, *The Functions of Social Conflict*, New York: Free Press, 1956, p. 3.

间基于特定目标（身份、利益、观念、政策等）而处于相互对抗的一种状态。

为了进一步澄清冲突的含义，我们还可以比较与冲突相关的几组概念：

一是冲突与竞争。一般认为，竞争包括良性竞争与恶性竞争。良性竞争指的是行为体各自通过提高自身的素质、能力以获得优势、实现目标；而恶性竞争往往是通过降低对方的地位，以阻挠对方实现目标，恶性竞争易于转化为冲突。二是冲突与紧张。紧张一般指潜在的敌意、惧怕、怀疑和利益不一致，然而紧张并不必然超出态度和认识范畴而发展成为公开的相互攻击对抗。当然，持续紧张往往易于爆发冲突①。三是冲突与战争。战争是有国家参与的高度政治化、组织化的行为，冲突可以发生在人际、群体之间，也可以发生在国家之间。从小型冲突到大规模武装冲突到战争往往有个过程，而且宣战往往需要有关国家立法机构的批准。

澄清冲突的概念有助于我们对国际冲突的理解。西方学者从不同视角出发对国际冲突进行了界定。如，霍尔斯蒂认为互动的国家不相容的目标及政策行为构成了冲突的基础。② 有些学者从冲突发生的不同阶段来理解国际冲突，昆西·赖特就认为国际冲突是国家间关系的一种特殊形态且以不同程度存在于各种不同层次，"从广泛意义上讲，国际冲突可以划分为四个阶段：一是对目标差异和分歧的觉悟；二是导致紧张状态；三是由解决差异和分歧所需军事力量的缺乏而带来的压力；四是为寻求解决差异和分歧而诉诸军事介入或战争。"③ 国内学者高金钿从国际冲突的原因和类型中界定了国际冲突，认为国际冲突是由国家利益矛盾引起的，以一般冲突、国际危机或战争为表现形式的国际战略关系形态。④ 蒲宁、陈晓东认为，国际冲突是国际社会各行为体间为争夺稀有的权力、地位和资源而进行的压制、伤害或消灭对方的行为或其目标不相容时所处的状态，包括一般冲突、国际危机和战争三种主要形态。

综合以上国内外学者的观点，国际冲突就是指国际行为体，主要是国家之间的冲突行为或者状态。从国际冲突的阶段性演变看，一般包括危机、冲突和战争

---

① ［美］詹姆斯·多尔蒂、小罗伯特·普法尔茨格拉夫：《争论中的国际关系理论》（第五版），阎学通等译，世界知识出版社 2003 年版，第 201 页。

② K. J. Holsti, "Resolving International Conflicts: A Taxonomy of Behavior and Some Figures on Procedures", *Journal of Conflict Resolution*, vol. 10, no. 3 (September 1966), p. 272.

③ Quincy Wright, "The Escalation of International Conflicts", *The Journal of Conflict Resolution*, vol. 9, no. 4 (December 1965), p. 434.

④ 高金钿：《国际战略学概论》，国防大学出版社 2001 年版，第 164 页。

三个阶段。危机并不必然导致冲突，历史和现实中的很多危机最后以和平、合作方式得以解决，例如美苏冷战期间的古巴导弹危机。冲突是各方已经出现了对抗行为，如中苏 1969 年在珍宝岛的冲突，但冲突在初期还是可控的，并不必然进入法律意义上的战争状态。战争就是两国或多国全面的对抗阶段，一般伴随有一国对另一国的宣战。

二、国际冲突的类型

在国际关系实践中，国际冲突往往呈现不同的表现形式，包括隐性的与显性的，可控制的与不可控制的，暴力的与非暴力的。从不同的标准出发，我们往往把国际冲突做如下划分。

1. 从国际冲突的主体区分

国际冲突主体主要是主权国家，但是冲突双方并不完全都是国家。这点在冷战后的国际冲突中体现得非常明显。冷战结束后，国际冲突往往源于基于民族、宗教矛盾产生的国内冲突，冷战后很多国内冲突有明显的国际政治意义。因此，我们可以根据国际冲突的主体不同，把国际冲突划分为：一是国家与国家之间的冲突，这是传统的国际冲突样式，国家之间冲突的原因不一而足，有基于领土和主权争端引起的，有基于人权和人道主义危机产生的，有基于大国之间权力转移导致的。二是国家与国内政治集团的冲突，冷战后这类冲突呈现上升态势，主要表现为民族分离主义运动和争夺政权导致的内战，冷战后波黑战争、科索沃战争很大程度上是这种类型的冲突，而近年来中东、北非地区各国内部反对派通过暴力手段推翻现政权夺取政权，就是争夺政权的冲突。尽管是国内冲突，但冷战后的诸多国内冲突有明显的国际影响，因此也可以纳入到国际冲突的考察范畴。三是国家与国际组织的冲突，这里国际组织既有联合国这类的全球性国际组织，如冷战后联合国以维和名义介入一些国家内部的冲突，也有像北大西洋公约组织、非洲联盟这样的地区性组织，如 1999 年北约因为科索沃问题对南斯拉夫联盟共和国（简称"南联盟"）的轰炸，还有像"伊斯兰国"（IS）、"基地"组织这样的国际恐怖主义组织，如 2001 年北约对阿富汗"基地"组织的反恐战争，2014 年以来西方大国和俄罗斯对 IS 的空中打击。①

2. 从国际冲突的持续时间区分

---

① 严格意义上 IS、基地组织等不是国际组织，国际组织中各成员国（行为体）一般签订的协议应该符合国际法。这里是从组织化形态来定义它们的——本书编写组。

　　根据持续时间长短，国际冲突可以分为长期冲突和短期冲突。长期冲突往往涉及冲突双方根本目标的对立，如巴以（巴勒斯坦和以色列）冲突、印巴（印度和巴基斯坦）克什米尔争端。造成长期冲突迟迟不能解决的原因，除了双方目标对立、利益不相容之外，还有就是在长期冲突进程中，民族、宗教和情感类因素主导了双方的国内决策过程，任何一方如果退让的话就要冒强大的国内政治风险。例如巴以冲突就已经超越了早期的领土划分、难民回归和巴勒斯坦建国等问题，而是两个民族之间相互的仇视和厌恶，特别是巴勒斯坦的激进组织和以色列之间的报复与反报复，使得巴以冲突持续不断，难以平息。另外，冷战结束后，基于民族和宗教以及分离主义因素导致的国内冲突在上升，这类冲突往往涉及国家政权的维护和更替，而在国内政治中政权具有唯一性，这就导致内战旷日持久，如果再加上国际势力卷入，情况将更加复杂和难以解决。最后，冲突双方力量势均力敌，在冲突中都难以占绝对优势，导致冲突旷日持久。

　　短期冲突往往不涉及目标的根本对立，也较少涉及情感类因素。短期冲突往往源于双方利益分配不平衡，所以一旦双方就利益分配达成相关协议，冲突往往就可以得到缓解甚至解决。当然，短期冲突还有一种情况就是冲突双方的权势具有不对称性，权力不对称导致非对称性冲突，强势一方往往迅速结束冲突，达成对自己有利的协议。当然，由于在这种背景下达成的协议往往缺乏公正性，协议本身又可能导致新的冲突。

　　3. 从国际冲突的领域区分

　　根据冲突焦点所集中的议题领域，可以将国际冲突分为军事冲突、政治冲突、经济冲突和非传统安全冲突等类型。在军事冲突中，冲突各方会动用国家军队或地方武装，往往需要开展广泛的社会动员，以保证对国家物质和人力资源的汲取和运用。无论是低烈度的小规模交火，还是高烈度的全面战争，军事冲突都会对冲突双方的领土、政权、经济和人口造成破坏性影响。军事冲突的管理和解决都更为困难，即便双方能够签署停战协定或和平协议，由军事冲突带来的矛盾和仇恨很可能会延续相当长的时间。在政治冲突中，双方矛盾和冲突的焦点可能集中在某个国际政治事件，或是某个国家的内政问题上。冲突双方所采取的手段主要包括双边层次的外交谴责、驱逐大使、断绝外交关系等，也包括多边层次的国际舆论战。单纯的政治冲突不会造成国家经济和人员的损失，但仍然会对国家的形象声誉、双边的政治互信、地区的和平稳定造成一定影响。在经济冲突中，双方的矛盾和摩擦主要集中在贸易、金融、投资、能源、劳工权益保护、知识产权保护等议题领域，冲突的烈度不大，但也更为常见。经济制裁是国家间经济冲突中经常使用的手段，而过于强硬的经济制裁手段也会对目标国的国内民众生活带来巨大影响，因而有时会激起冲突双方更大的矛盾。在当代国际社会，越来越丰富完善的国际经济组织和机制可以为国家经济冲突的解决提供制度化途径，可以有效避免经济冲突向其他议题领域的外溢。在非传统安全冲突中，国家间的矛盾多围绕气候变化、水资源分配、极地开发、海洋资源开发等环境保护和自然资源分配等问题展开，很可能是产生于对公共物品供给与公共资源分配的利益分歧。近年来，网络安全问题、太空安全问题、移民和跨国犯罪问题等逐渐成为非传统安全的热点领域，由此衍生出的冲突也日益增多，各个新兴问题领域的规则制定成为各国冲突的一大焦点。

4. 从国际冲突的形式区分

卡尔·多伊奇将冲突划分为三组相互对应的六种类型："打到底的"冲突与"共存的"冲突、"根本性"冲突与"偶然性"冲突、"可驾驭的"冲突与"不可驾驭的"冲突。[①] 美国学者康恩提出了"逐步升级"的国际冲突模式并将其过程分为7个门槛：分歧产生、不要翻船、核武器是不可想象的、不使用核武器、中心避难、核战争、城市目标；7个阶段：潜伏的危机、传统的危机、紧张的危机、离奇的危机、威慑性危机、攻击军事目标的战争、攻击民用目标的战争；还有从相互报复、禁运封锁到武力威胁、战争讹诈、常规战争到核大战的44个阶梯。[②] 从形式上看，国际冲突还可以分为国际战争、国际危机、一般性冲突和语言象征冲突。

三、国际冲突的属性

关于国际冲突的属性，学界存在三种不同观点，包括冲突正常论、冲突失调论和冲突功能论。

冲突正常论认为，冲突是一种正常状态，具有合理性，主张对冲突主体进行综合全面的分析，研究重点包括冲突主体的理性与非理性、有意识和无意识的行为及其动机。大多数社会科学家和人类学家认为，冲突与团体的存在相伴生，是一种正常现象。

冲突失调论认为，冲突是一种破坏性的、机能失调的甚至是反常的情况。以帕森斯等人为主要代表，他们关注的是社会秩序而不是社会变迁，是社会静态学而不是社会动力学，所以他们认为冲突是一种带来破坏和机能失调的疾病。

---

① 参见［美］卡尔·多伊奇：《国际关系分析》，周启朋等译，世界知识出版社1992年版，第173—175页。

② Herman Kaln, *On Escalation: Metaphors and Scenarios*, New York: Praeger, 1965, p. 39.

冲突功能论认为，冲突可以用来实现积极的社会化目标，有时候暴力冲突甚至可以被看作是一种解决社会内部和社会之间争端的有效途径，冲突不仅可以整合群体，而且有助于建立群体认同、明确群体界线，并有利于增强群体的凝聚力。

冲突正常论、冲突失调论与冲突功能论是从冲突的不同功能出发，实际上反映了人类社会对冲突属性的不同认知。冲突正常论源于我们对人性、人的心理和生理情况的认识；冲突失调论很大程度上也是如此，只不过观点相对立；冲突功能论则是肯定冲突的积极功能，已经超越了对人性、人的心理生理的认识，而是从社会整合、国家凝聚力的角度认识冲突。

从人类社会还没有从根本上发现结束冲突、实现永久和平的方案而言，国际冲突是一种正常的社会现象，但是我们不能由此无视国际冲突给国际社会带来的危害；冲突失调论激励我们不能停止探索解决冲突具体途径的步伐；至于冲突功能论，只能在特定的内外环境下才有一定的作用，人类社会需要警惕的是，冲突功能论易于导致战争合理论，为军国主义泛滥提供支持。

无论是冲突正常论、冲突失调论还是冲突功能论，都是就冲突本身属性而言，它们的共同缺陷在于缺少马克思主义的阶级分析法，没有考察国际冲突主体的阶级属性以及与此相关的国际冲突的正义性问题，这是我们在考察国际冲突属性时必须要注意的。马克思和恩格斯认为，私有制和阶级的存在是战争的主要根源。在阶级社会，战争实质上是以暴力冲突的形式调整社会阶级关系。在由民族国家作为基本行为体构成的国际社会中，阶级矛盾往往表现为国家间的矛盾，阶级斗争往往演变为国家间的冲突。

第二节　国际冲突的起源

在西方社会科学中，对冲突起源的研究一般分为微观方法和宏观方法两类，两者的区别在于是从人类的本性还是社会结构出发寻找冲突的根源。自肯尼思·华尔兹在《人、国家与战争》中提出战争起源的人性、国家和体系三个意象后，对战争和冲突研究就侧重于从个人、国家与国际体系三个层次展开，由此形成多种解释国际冲突起源的理论。

一、国际体系与国际冲突

自民族国家诞生和国际体系形成以来，无政府状态就成为现代国际体系的根本特征。无政府状态意味着国际体系中缺乏有政治权威的中央政府，亦即华尔兹所说的缺乏全体系范畴的权威机构，类似于罗伯特·基欧汉所说的世界政治中缺乏一个共同的政府。① 一般认为无政府状态将产生两个政治后果：一是无政府状态下的国际体系必然是自助体系，由于不存在更高的权威保护体系内成员的安全，因此体系成员只能依靠自己的力量，保护自己的生存和财产权利。② 二是权力政治是无政府体系的必然归宿。无政府状态造就自助体系，自助体系下易于导致安全困境，国家面临安全困境的应对措施只能采取权力政治政策，权力政治的必然结果就是无休止的权力竞争和利益冲突。因此，正如格里科指出："国际无政府性造就了国家之间的竞争和冲突。"③ 在无政府的国际体系中，体系的不同结构及其变化、国家间相互依赖的程度、国际无政府文化都对冲突与和平产生影响。

1. 权力、结构与国际冲突

在现实主义理论流派看来，国际体系中权力分配的静态结构和动态变化可以为理解国际冲突提供有益视角。

第一，国际体系结构与国际冲突。

国际体系结构是由构成体系的单位数量、类型以及国际体系中权力分配状况决定的。极（polarity）指的是行为体数量以及它们的实力分配状况。单极、两极和多极结构到底更有利于体系稳定和世界和平还是更易于发生冲突呢？所谓体系的稳定就是能够保持该体系的基本特征，避免任何一个国家支配该体系，同时能保证体系成员的生存，并能防止大规模战争的爆发。④ 关于体系结构与国际冲突的关系，存在三种不同的观点。

卡尔·多伊奇和戴维·辛格认为，多极结构比两极结构更为稳定，多极结构可以为国家的对外战略选择提供尽可能多的选择，体系的灵活性强。"对于任何一个社会体系来说，影响其稳定性的最大威胁是缺乏选择性。"⑤ 多极体系中的同盟重构利益在集团之间形成必需的势力均衡，即使个体国家并不处于平等地位，只

① Robert O. Keohane, *International Institutions and State Power*, Boulder: West View, 1989, p. 1.

② ［美］肯尼思·华尔兹：《国际政治理论》，信强译，上海世纪出版集团 2003 年版，第147 页。

③ Joseph M. Grieco, "Anarchy and the Limits of Cooperation: A Realist Critique of the Newest Liberal Institutionalism," in Baldwin, ed, *Neorealism and Neoliberalism: The Contemporary Debate*, New York: Columbia University Press, 1993, p. 116.

④ John Lewis Gaddis, *The Long Peace: Inquiries into the History of the Cold War*, New York: Oxford University Press, 1987, p. 218.

⑤ Karl W. Deutsch and J. David Singer, "Multipolar Power Systems and International Stability", *World Politics*, vol. 16, no. 3 (April 1964), p. 394.

要能保持一定的灵活性，各大国就能轻而易举地改变同盟关系以应对某个更强大国家的威胁，从而阻止那些占有压倒优势的国家实施侵略行为。

华尔兹对多极稳定论提出怀疑，认为两极结构有利于国际体系稳定。多极结构下的不稳定性不能使国家具有应有的谨慎，不能增大和平的可能性，而只能导致战争。国际体系越复杂，稳定性越差。多极结构下同盟的灵活性使得友好与敌对关系变化不定，并使每个国家对当前和未来的力量关系的估计捉摸不定。在两极结构下，双方通过内部而不是外部手段实现制衡，可靠性更强。因此两极结构能够在很大程度上防止国际体系的不确定性，从而更有利于维护世界的和平与稳定。

威廉·沃尔福斯则认为单极体系既和平又持久，认为它意味着单极力量强大到任何其他集团和联盟都不足以制衡它。单极国家拥有无可争议的霸权地位，任何国家都不想也无能力挑战这样的地位，如 21 世纪初的美国。沃尔福斯进而认为，如果说单极体系下冲突会发生，不是因为单极本身导致冲突，而是因为单极体系将很快走向两极或者多极体系，引起人们争议的不应是单极体系能否带来和平，而是单极体系能否持久。[①]

关于国际体系结构与国际冲突关系的争论莫衷一是。但有一点是肯定的，体系的稳定并不意味着没有冲突，只不过冲突没有发生在主要大国之间，甚至可以说主要大国之间没有发生大规模的武装冲突，从而改变体系自身的稳定和存在。现实主义国际关系理论过于强调国际体系结构即"极"与国际冲突或合作的静态关系，不可避免带有它的局限性。不同历史时期，"极"的含义与它所指涉对象之间的关系也不同。例如，后冷战时期"极"的含义与冷战时期的"极"的含义不同。冷战时期两极格局下的"极"强调对抗，后冷战时期多极化进程中的"极"强调差异。因此，我们不能孤立静态地讨论国际体系结构与国际冲突的关系，要把国际体系结构放在时代主题的背景下综合考察，"和平与发展仍然是时代主题。世界多极化、经济全球化、社会信息化、文化多样化深入发展"[②]。

第二，权力转移与霸权战争。

多极、两极、单极是国际体系结构的静态特征，从静态的权力分配出发考察国际体系的稳定和战争问题往往难以解释在权力结构变动时期的体系特征，这就使国际关系史上经常出现权力转移现象，在权力转移的动态时期国际体系是稳定

---

① William C. Wohlforth, "The Stability of a Unipolar World", *International Security*, vol. 24, no. 1 (Summer 1999), p. 24.

② 习近平：《决胜全面建成小康社会 夺取新时代中国特色社会主义伟大胜利——在中国共产党第十九次全国代表大会上的报告》，人民出版社 2017 年版，第 58 页。

还是冲突的?

　　奥根斯基和库格勒的权力转移理论比较有代表性。他们将国际秩序描述为较有秩序而不是无政府的,从而使其研究路径与古典现实主义分开。[1] 秩序产生于支配性大国将其偏好强加给其他国家的能力。秩序带来了财富、安全和支配性大国的声誉,但是以其他大国的损失为代价。战争存在于支配性大国和对现存秩序不满的挑战者之间。当一个次等级国家不断崛起而实力接近霸权国时,处于上升期的国家就可能发动战争,以期获得原有体系不曾给予的地位和回报。

　　罗伯特·吉尔平的权力转移理论考察的是在霸权周期内霸权国兴衰和权势转移问题,强调领导国家和可能挑战者之间军事力量的相对平衡和失衡问题。与奥根斯基和库格勒不同的是,吉尔平更关注衰退中的而不是崛起中的大国。帝国的过度扩张对支配性大国构成了挑战,而为体系中的新兴国家提供了机会。新兴大国有志于重塑支配体系的规则、势力范围,以及最重要的是领土的国际分布。为应对新兴大国的挑战,支配大国可能采取预防性战争。[2] 与奥根斯基等人的权力转移理论强调处于上升期的次等级大国首先发动战争不同,吉尔平认为霸权国更有可能首先发动预防性战争。

　　与强调国际关系的静态结构相比,权力转移理论强调的是体系结构变动时期的国际冲突起源问题。尽管这些理论在解释西方近代国际体系变迁时有一定的说服力,但同样存在固有的缺陷。不同历史时期的时代特征、国家意图及与大国的竞争战略不同,国家之间的权力变更模式必然也不同。在和平与发展成为时代主题的今天,很难想象大国之间的权力变更或者权力转移要通过战争方式来实现。

　　2. 相互依赖与国际冲突

　　经济相互依赖是有利于和平还是易于导致冲突? 一般认为,互利而又对称的相互依赖会促进国际和平。但是,与相互依赖名称并不一致的地方在于,相互依赖并非指的是一种互利的情形,也不以互利为其主要特征。在相互依赖的情形下,对于行为体而言,收益与成本的核心问题是如何分配收益、如何追求最大限度的收益。同时,相互依赖也不是一种国家间相互平等的关系,而是存在一种相互但又不平等的依附关系,这又构成了相互依赖的不对称性。如果相互依赖的敏感性

---

① A. F. K. Organski and Jacek Kugler, *The War Ledger*, Chicago: University of Chicago Press, 1980, p. 358.

② Robert Gilpin, *War and Change in World Politics*, Cambridge: Cambridge University Press, 1981, pp. 186–193.

会增加国家的交易成本，那么国家对相互依赖的脆弱性的恐惧不仅会打破相互依赖的状态，更有可能导致国际冲突的发生。

当然相互依赖的状态并不意味着国家必然走向战争，这将取决于相互依赖的具体特征。如果相互依赖是互利互惠的，而且能够均等地依靠对方提供的资源并在依赖中断时均等地承担由此带来的成本和损失，那么毫无疑问，这种平等的相互依赖意味着彼此互为依赖，将极大地促进国家间的和平。但是，如果相互依赖存在不对称性，国家对相互依赖脆弱性的忧虑和收益分配不均等的考虑，不仅会中断相互依赖的进程，更会使其为维护国家的生存与安全而选择战争。脆弱性的存在意味着相互依赖实际上变成一种依附关系，脆弱性高的国家不仅担心经济上依赖于别国，更加恐惧这种经济依附会最终威胁到国家的生存、安全和主权独立。当依附较少一方将这种不对称的依赖作为一种权力来运用以获取更大收益时，冲突发生的概率将会更高。

另一个导致国际冲突的原因就是国家认为相互依赖状态下收益分配不均等。客观地讲，发达国家和发展中国家在相互依赖中的收益是不均等的，发达国家可以利用其市场、技术、货币、资本、信息和规则等经济要素的优势在相互依赖关系中取得优势地位，在获取更多收益的同时，将更高的依赖脆弱性转嫁给发展中国家，最终形成发达国家的富裕建立在发展中国家持续落后基础上的发展格局，深化了国家之间的财富分布不均等的格局，权力弱小的国家始终处于依附地位。这种贫富差距的存在以及发展中国家的贫困问题不仅使发展中国家国内政治进程困难重重，而且在民众当中产生了一种普遍的挫折感，在部分发展中国家和地区激起了民众对西方世界的敌视和仇恨。这也解释了针对西方的恐怖主义和试图抛却现代文明的宗教激进主义在全球化时代不断兴起的深层根源。

相互依赖带来的收益分配不均等不仅体现在国家之间，也会出现在依附国家的内部。相互依赖的不对称性虽然使依附国家的整体收益受损，但是国内的富裕阶层仍然会依其掌握的政治和经济资源从中收益，将国家遭受的损失转嫁至国内的贫困阶层，从而激起国内民众对当地政府参与相互依赖决策的不满。这种不满集聚到临界点时，以暴力手段推翻政府、分裂国家甚至挑起与其他国家（尤其是有矛盾的邻国）的冲突以获取廉价的经济资源就不足为奇了。由此一来，国际冲突的国内根源出现了。

相互依赖究竟缔造了国际和平还是导致了国际冲突，除了相互依赖本身的特征之外，可能还取决于相互依赖的具体环境和条件。比如贸易预期理论认为，从根本上决定是冲突还是和平的变量并非当前国家间的贸易水平，而是它们对未来贸易收益的预期。如果当前贸易水平很高，而未来的预期很低，那么也有可能导致战争；而如果当前贸易水平很低，预期很高，则有可能导致和平。[1] 不仅如此，作为单一因素的经济相互依赖，无论是依赖程度还是未来预期，都很难直接导致冲突的发生，特别是在当今各国相互联系和依存日益加深的时代，在国际经济体系和多边贸易体系日益成熟的时代，经济相互依赖的国家间围绕双边贸易领域的矛盾和冲突，更多选择非战争模式即协商谈判或者多边制度框架内解决。

3. 国际体系文化与国际冲突

从国家之上没有更高的政府权威来看，无政府状态就是给定的。但是这并不意味着，给定的无政府状态并不是给定的单一逻辑，施动者的互动导致了结构的形成，作为一种体系结构，它的逻辑是国际体系中施动者互动的结果，简言之，"无政府状态是国家造就的。"[2] 施动者不同的初始行为，通过互应机制，就可以生成不同逻辑的无政府文化，这就是温特提出的三种无政府文化，包括互为敌人的霍布斯文化、互为对手的洛克文化、互为朋友的康德文化。国际体系三种文化构成了体系的另一特征。

在不同国际体系文化下，国家之间的关系状态是不同的，对于国际冲突的意义也不同。首先，如果国际体系处于霍布斯文化下，国家之间的关系紧张、冲突是可以预期的，而且这种冲突是占领领土、推翻政权，国家之间就是互存敌意、互为敌人的所谓"一切人反对一切人的战争状态"。其次，如果国际体系处在洛克文化下，国家不再相互仇视，不再以消灭敌人为目的，承认相互的生存权和财产权，典型标志就是威斯特伐利亚体系对主权的确认，国家间关系是竞争对手关系，即使有冲突使用武力，也不是以吞并领土、征服他国为目的，国家间关系的特征是维持现状。目前弱小国家的低死亡率说明洛克文化是当今国际体系的主导文化。最后，如果处于康德文化下，国家之间安全边界基本消失，即使国家之间存在矛盾，这个矛盾的解决也将摒弃暴力手段，即形成所谓的安全共同体状态，非暴力和互助是康德文化的典型特征。国际体系文化经历了从霍布斯文化到洛克文化的变迁，未来演进的方向是康德文化。

建构主义强调在国际体系的结构和制度之外的国际体系文化的重要性，为我们理解国际冲突与合作的起源提供了新的理论视角。但国际体系的文化过于宏观

---

[1] Dale C. Copeland, "Economic Interdependence and War: A Theory of Trade Expectations", *International Security*, vol. 20, no. 4 (Spring 1996), pp. 5-41.

[2] Alexander Wendt, "Anarchy is What States Make of It: The Social Construction of Power Politics", *International Organization*, vol. 46, no. 2 (Spring 1992), pp. 391-425.

且抽象，从霍布斯文化到洛克文化历经数百年，这难免不适用于解释当下洛克文化背景下国际冲突的起源问题。

综上，在国际体系层面，体系的权力结构及其变更、经济相互依赖程度与预期、国际政治文化的演进与国际冲突起源存在着的一定的相关性，但它们都不能独立决定国际冲突的起源。必须看到，马克思主义的世界体系理论，特别是列宁的帝国主义论揭示了资本主义进入垄断阶段后，伴随着垄断资本主义对世界的殖民扩张和殖民体系的建立，形成了世界范围内帝国主义与殖民地半殖民地国家的矛盾和冲突，这种事实上的等级制体系，为我们理解国际体系的性质和冲突提供了思想和方法上的重要指导。

二、国家与国际冲突

以国内政治结构或国家政府的类型解释国际冲突的起源由来已久。许多哲学家、历史学家和政治学家都试图将国家的类型与国家介入冲突的倾向联系起来，试图在两者之间建立相关性联系，并由此诞生了众多和平理论。其中，政治理想主义的核心人物伍德罗·威尔逊认为，和平是民主国家的本性，而极权专制国家和君主国家是好战的。与之相反，马克思主义的经典作家则认为，两个资产阶级政府的利益可能发生冲突，两个工人阶级政府的利益不可能发生冲突。到列宁时代进一步发展为帝国主义就是战争的观点。本章以下就以自由主义倡导的"民主和平论"和马克思主义的"帝国主义导致战争"作为代表，分析它们的基本观点、推理逻辑、存在问题以及对当代国际关系的意义。

1. 民主和平论

尽管不同理论家对民主和平论的表述形式有一定差别，但民主和平论的核心思想和论点应该是一致的：第一，一个民主国家绝不会（或者极少）与其他民主国家发生战争；第二，当民主国家发生矛盾或者摩擦时，它们极少威胁使用暴力，因为这样做是非法的。它们更多采用和平的方式、"文明"的方式加以解决和调整；即便有一定程度的冲突，也多半被有效抑制在战争的临界点以下。

民主和平论的推演逻辑包括：第一，自由民主制度的约束。这里指的是政治制度的制衡性，它不仅包含西方政府体制的三权分立的制衡，也包括政府官员的民主选举、政党竞争和对外决策的多元化特征。所有这些决定了在战争与和平这样的重大问题上，政府必须慎重行事，而不能一意孤行、为所欲为。自由民主国家的制度结构使得包括外交和开战这样的国务相当透明，使得国会、民众舆论等机制对战争的发动有强有力的制约和监督作用。第二，相关规范和文化造成的自律。这一逻辑推断包含规范性因素和文化因素。在西方自由主义政治哲学观看来，民主、自由与和平是西方政治中的普世价值观，有时民主国家也同非民主国家交战，但也是为了扩大自由的价值观。另外，民主政制下的各国人民能够理性规避彼此间的战争。民主的规范、惯例、观念以及社会风气等，最终会使适用于国内和平解决问题的办法同样适用于与其他国家的关系。第三，公民社会的制约。民主制的政府在开战问题上极为慎重，因为战争费用是公民以鲜血和财富来支付的，他们必须要向公民负责。在民主制度下，战争的决策需要全社会参与讨论，决策的透明度使得有风险的战争决策对于公众和决策者都是敏感的。公民在是否进行战争的问题上常有极为审慎的思考，且往往会因为战争的诸多代价而反对轻易卷入战争，而民主的主权在民原则以及定期选举机制，使得政治决策者不得不考虑公众的意愿，尽力以和平的方式解决国际争端。

民主和平论提出以来，在学界和政策界受到广泛争议。这些争议既有对民主国家的概念界定问题，也包括如何理解民主国家与非民主国家之间战争问题。在民主和平论受到的批评声音中，来自现实主义阵营的批判最为猛烈。结构现实主义（又称新现实主义）的代表学者肯尼思·华尔兹强调，在自助的国际体系中，竞争的压力要比意识形态偏好和国内政治压力重得多。① 从根本上讲，国内政治体制和国际体系的互动，不是前者决定后者，而是后者决定前者。进攻性现实主义代表约翰·米尔斯海默对民主和平论提出了明确的质疑，他认为，在过去两个世纪里，民主国家一直数量稀少，所以两个民主国家能够发生战争的机会也就不多，有限的民主国家之间之所以没有发生战争不是因为民主的体制，而是共同的威胁驱使上述几组国家走向合作。②

民主和平论不仅存在明显的理论偏差，而且在政策执行过程中易于带来政治谬误。西方坚持民主和平论者认为，为了实现和平，只有先扩大民主国家范围，这反而诱发了非西方世界的冲突。冷战后国际社会出现的"新干涉主义"下的强制和平，以及由民主和平论延伸出的民主扩展论导致的冲突，成为后冷战时期国际冲突的重要根源。

2. 帝国主义与国际冲突

1915 年，列宁在《打着别人的旗帜》中首次提出了"帝国主义时代"的概念，而他对帝国主义的论述则集中体现在《帝国主义是资本主义的最高阶段》一

---

① 参见［美］肯尼思·华尔兹：《国际政治理论》，信强译，上海人民出版社 2003 年版。

② John J. Mearsheimer, "Back to the Future: Instability in Europe after the Cold War", *International Security*, vol. 15, no. 1 (Summer 1990), pp. 5-56.

文中。列宁把垄断资本主义等同于帝国主义，并从以下四个方面推论垄断资本主义的产生：生产集中于康采恩、卡特尔、辛迪加和托拉斯；对原材料来源的竞争性需求；银行寡头的发展；旧的殖民政策发生转变，富裕的强国寻求在对弱国的剥削过程中扩大经济利益。列宁强烈反对考茨基的观点，在他看来，帝国主义并非仅仅是资本主义国家的一种政策选择，而是不可避免的。关于帝国主义的历史地位问题，他认为帝国主义是过渡的资本主义，或者说是垂死的资本主义："只有在资本主义发展到一定的、很高的阶段，资本主义的某些基本特性开始转化成自己的对立面，从资本主义到更高级的社会经济结构的过渡时代的特点已经全面形成和暴露出来的时候，资本主义才变成了资本帝国主义。"①

此外，从当时资本主义生产方式的基本特征入手，列宁集中论述了帝国主义的五个基本特征：第一，生产和资本的集中造成了在经济生活中起决定作用的垄断组织；第二，银行资本和工业资本的融合所导致的金融资本和金融寡头的统治；第三，比商品输出更为重要的资本输出；第四，瓜分世界的资本家国际垄断同盟；第五，最大的资本主义列强对世界领土的瓜分和重新瓜分。②

列宁的帝国主义论与早期霍布森的帝国主义理论相比较存在着两个明显的区别。一方面，霍布森认为，通过政府对财富的重新分配，可以消除帝国主义的动力；而列宁认为，控制政府的资本家永远不会采取这一政策，帝国主义政策是资本主义国家进入垄断阶段后的必然选择。另一方面，霍布森认为，帝国主义国家之间存在着合作的可能性，而列宁则坚持认为，在国家间发展不平衡的规律的驱使作用下，帝国主义必然带来战争。

帝国主义如何导致国际冲突和战争？列宁认为，帝国主义在政治上的特点，是由金融寡头的压迫和自由竞争的消除引起的全面的反动和民族压迫的加强。在垄断资本主义时期，帝国主义国家为了摆脱国内政治经济矛盾，为在世界范围内瓜分殖民地而进行争夺世界霸权的帝国主义战争。只要帝国主义存在，帝国主义战争的威胁也就不会消失，战争仍然是政治通过另一种手段（暴力手段）的继续，因此帝国主义战争可以被视为垄断资本主义国家及其国内主要阶级所推行的政治的继续。1914 年至 1918 年爆发的第一次世界大战就是一场典型的帝国主义战争。

列宁将世界性的无产阶级革命看成是消除帝国主义战争的解决办法。从对资

---

① 《列宁专题文集 论资本主义》，人民出版社 2009 年版，第 175 页。
② 参见《列宁专题文集 论资本主义》，人民出版社 2009 年版，第 176 页。

本主义列强之间利益冲突的判断中，他认为受资产阶级压迫与剥削的无产阶级可以从资本主义最薄弱环节中取得革命成功，从而推动国际关系的变革。资本主义进入垄断阶段之后，需要"把跨民族联合起来的资本同跨民族的工人运动的对抗提到第一位"[1]。帝国主义战争以及民族、阶级之间的矛盾使得无产阶级革命成为必然。帝国主义战争是"一场世界大多数民族的压迫者为巩固和扩大这种压迫而进行的战争"[2]。因此，希望得到持久和平的人们就应该拥护反对政府和资产阶级的国内战争。

列宁帝国主义理论具有重要的理论意义与实践价值。它进一步完善了马克思主义对帝国主义的论述。在列宁之前，已经有一些马克思主义学者对帝国主义问题进行了相关论述，但其中存在着明显的缺陷。其中的代表性人物考茨基将帝国主义的政治与经济相分离，认为帝国主义是金融资本的政策偏好，从而陷入了资产阶级改良主义的深渊。在那些资产阶级改良主义者看来，由于国家垄断组织具有一定的计划性，所以国家垄断资本主义已不再是资本主义，而是一种"国家社会主义"或"军事社会主义"。与此同时，很多资产阶级辩护者更是提出，帝国主义是现代资本主义，既然资本主义的发展是不可避免和进步的，那么帝国主义的到来也必然具有进步性。对此，列宁通过对帝国主义的系统分析，指明了国家垄断资本主义尽管是一种高度社会化的社会组织形式，但其性质要由国家政权和生产资料所有制的性质来决定。国家垄断组织尽管具有一定的计划性，但在资本主义制度下，这种计划性并不能改变工人受剥削的地位，也不能改变社会的性质。

同时，列宁的理论阐明了帝国主义战争与无产阶级革命的关系。根据列宁的理论，帝国主义战争在给本国和世界人民带来灾难的同时，也会使各帝国主义国家统治者的力量大大削弱，从而为无产阶级革命提供了有利时机。历史事实证明，列宁关于社会主义革命可能在资本主义链条最为薄弱的环节爆发并取得胜利的理论，为落后国家进行无产阶级革命提供了重要理论支撑。俄国十月革命和中国等国家的无产阶级革命都以列宁主义作为主要理论基础，而这些国家的革命胜利也证明了列宁帝国主义理论的时代正确性。

列宁的帝国主义理论关于帝国主义与战争关系的分析今天仍然显示了它的强大指导意义。从时代背景上看，列宁等人的帝国主义经济理论从生产和阶级的视

---

[1] 《列宁选集》第 2 卷，人民出版社 2012 年版，第 375 页。
[2] 《列宁选集》第 2 卷，人民出版社 2012 年版，第 527 页。

角出发，反映了 19 世纪末到 20 世纪初的资本主义世界的基本面貌，并极为深刻地分析了进入帝国主义阶段后的世界政治特征。通过生产和阶级的视角，那个时代国际冲突和战争的诸多规律性特征得到了展现，有利于使人们更为宏观地理解历史的必然性趋势。

三、个人与国际冲突

考察国际冲突的起源，我们还得正视个体层次因素。个体层次的解释是有意义的，因为最高决策往往是由个人做出的。当然，我们也不能夸大个人决策的作用，因为决策者在涉及冲突、战争这样高政治议题时毕竟需要充分考量国际、国内情势，还有官僚集团、社会舆论的压力。尽管如此，本章为了充分展示个体之于冲突起源的意义，还是尽可能把个体层次因素从其他层次因素中剥离开，聚焦个体因素的独特作用。

在西方国际政治思想史上，最早对人性与国际冲突关系进行阐述的是修昔底德，他认为城邦（国家）是放大了的个人，具有和人一样的本性。这种本性的不变在于它总是由理性、欲望和易于脱离理性的激情组成；而它的变化也在于此，随着个体的不同、环境的变异（尤其是剧变），其组成部分彼此的相对力量会发生改变，从而使得人性呈现不同的特征。修昔底德所着力描述的是人性在极端状态下的体现，而不是常态。

20 世纪国际关系理论家竭力把人性抽象化为某种单一、不变的特征，剔除了修昔底德人性观丰富、动态的内涵。因为 20 世纪后，特别是"二战"后的国际关系理论家，都试图把抽象的、普遍的人性作为理论建构的基础，将人（国家）作为具有特定秉性的物质存在，甚至相同的原子。例如，摩根索就认为，政治受植根于人性的客观法则的支配，政治法则的根源是人性，而自从中国、印度和希腊的古典哲学努力发现这些法则以来，人性就没有发生变化。在对人性与国际冲突起源关系进行系统研究的学者中，当代国际关系理论家肯尼思·华尔兹对人性与战争的研究较为系统，理查德·勒博在《国家为何而战？过去与未来的战争动机》中更是把人性中的激情因素上升到决定性地位。

华尔兹在《人、国家与战争》中提出的战争起源的三个意象中，第一意象就探讨了人性与国际冲突的关系。与其他学者相比，华尔兹更关注人性本身对冲突与和平的深刻影响。在华尔兹看来，战争最重要的根源在于人的本性和人类行为，自私、被误导的侵略性冲动和愚蠢，都将导致战争的发生。"那么要消除战争，就必须提升人类的道德，启迪人类的良知，或者确保实现其心理-社会层面的重新调整。"① 如何实现一个更为和平的世界，是人类社会孜孜以求的目标，在这个问题上，第一意象的研究出发点就是必须改变人的自身，无论是道德-智力方面，还是心理-社会行为方面。

除了从共同的人类本性出发研究揭示冲突的根源外，还可以从最高决策者的个性出发来理解国际冲突的起源。学者们一般从认知因素、心理因素和生理因素等特性因素出发考察它们对冲突起源的影响。从认知心理学出发研究冲突起源的最具代表性的成果是罗伯特·杰维斯的知觉与错误知觉理论。杰维斯认为，国家决策者之间的错误知觉可加剧国家之间的冲突、甚至导致国家之间的战争。杰维斯提出了错误知觉的生成机制，如认知相符现象（cognitive consistency），诱发定势（evoked set），历史包袱。他通过大量案例发现了经常发生的错误知觉，例如国家决策者经常把对方想象为内部团结一致、令行禁止的行为体；决策者往往过高估计自己的影响力和被影响程度；愿望思维（wishful thinking）；认知失调。② 杰维斯的研究开创了微观层次研究冲突起源的实证研究先河，对于如何减少国家间的因为错误知觉导致的冲突有较强的政策启示。

总之，从个人层次去分析冲突的起源尽管有一定解释力，但必须看到，这是很不完整、片面的，甚至易于产生决策失误。解释国际冲突的起源，我们需要把不同层次因素综合起来，更加重视结构性的宏观层面因素的作用。

在国际体系、国家和个人之外，我们还必须重视非国家行为体在国际冲突起源中的作用。例如，包括基地组织、伊斯兰国等在内的国际恐怖组织成为 21 世纪以来南亚、中东等地区冲突的主要渊源。

第三节　国际冲突的管理

从体系、国家与个人层面对国际冲突起源的揭示，实际上包含了对如何缓解国际冲突的现实关怀。本节主要从实践层面对国际冲突的管理进行考察。从时序角度出发，可以将解决冲突的几种路径大致分为：冲突发生之前的危机管理路径，

---

① ［美］肯尼思·华尔兹：《人、国家与战争——一种理论分析》，信强译，上海人民出版社 2012 年版，第 14 页。

② 参见［美］罗伯特·杰维斯：《国际政治中的知觉与错误知觉》，秦亚青译，世界知识出版社 2003 年版。

冲突进行过程中的协商谈判和国际干预两种路径，冲突解决后的冲突管理即冲突后建立和平路径。对于协商谈判和国际干预路径，其主要区分标准在于参与解决冲突的行为体是冲突当事方还是第三方：即协商谈判主要是由冲突当事双方进行对话，谋求冲突的政治解决，第三方可能只在其中扮演谈判平台或渠道提供者的角色；国际干预主要是由外部第三方介入并主导，以期解决冲突。一般而言，协商谈判发生在国际干预之前，如果协商谈判的方法难以奏效，通过国际干预手段解决冲突的可能性将会增加。需要指出的是，管理国际冲突的各种方法在实际操作中往往无效，主要与国际关系中的霸权主义与强权政治有关。

一、危机管理

在国际冲突发生之前，往往会经历国际危机酝酿和加剧的阶段，而这正是实施危机管理以最大限度地避免冲突发生的宝贵时机。在很多情境下，一旦发生冲突，冲突当事双方都将不可挽回地陷入利益受损状态，因此危机管理经常成为理性行为体规避损失的行为选择，具有遏制冲突和保障和平的重大意义。一般意义上，危机管理是一种更侧重提前预防性质的冲突管理手段，这种手段旨在以不诉诸武力为前提，达成一个能为双方所接受的危机解决方案。从结果上看，危机双方在实现危机管理后可能存在获益多寡的差异，但至少双方都避免了爆发冲突和战争的最坏局面，因而应当被视为国际冲突管理途径中的优先选择。

总体上，危机管理可以从国家层次、双边互动层次和国际层次三个方面着手。在国家层次上，最重要的在于进行及时准确的危机评估和冲突预警，认识到国际危机的严峻程度和潜在后果，从而及早将危机管理置于国内议程的优先位置，凝聚政治领导人、政府部门及官僚、军队等诸多国内政治行为体在危机管理问题上的共识，从而协调统一地制定具体的危机管理方案。在双边互动层次上，危机当事双方应该传递清晰明确的政策信号、建立稳定顺畅的沟通渠道、制定具体详细的应急机制，然后进一步展开沟通、谈判和博弈，以寻求危机的最终和平解决。在国际层次上，在危机当事双方互不让步的情况下，一些得到双方承认的国际组织或第三方国家可以扮演调和斡旋的角色，借助自身的权威为双方提供危机管理的可行方案，降低双方发生冲突和战争的风险。

具体而言，危机管理能否实现受诸多因素影响，大致包括双方实力差距、危机性质、国内政治、外部盟友、领导人个性，等等。当双方实力差距过大时，明显不利的处境可能会促使弱势一方倾向于妥协，但强势一方的过度威慑也可能反而刺激弱势一方做出强硬回应；当危机触及双方核心利益时，当事双方的让步空间将大大缩小，反而国家间的危机管控合作更易于实现；当国家对外决策体系过于分散、政府内部强硬派力量过于强大、国内民族主义情绪过于高涨时，国家和平化解危机的难度一般更大；当外部盟友卷入国际冲突时，国家出于维护自身承诺可信性和国际声誉的目的，有时也会或主动或被动地偏袒盟友甚至参与冲突，导致危机管理失败；领导人个性有时也是重要影响因素，比如肯尼迪的个人特质显然对于美苏古巴导弹危机的化解起到了关键作用。

当然，危机管理的实现并不容易，除了危机当事方的主观意愿外，国际危机本身蕴含的复杂性和急剧变动性也为危机管理制造了诸多困难。首先，国际危机所涉及的主体具有多元性，许多行为体的决策过程是不透明的，其向外界传递的信号也常常是模糊的，这种不完全信息状态使各方难以把握彼此的真实意图，使得国际信任难以在危机状态下产生和维系。其次，国际危机往往是突然发生且瞬息万变的，各方在这种紧急状态下经常需要迅速做出政策反应，难以在短时间内充分评估各种政策选项的利弊得失，以至于时常做出事后证明是激化危机的决策。最后，国际危机可能不断扩散蔓延，从单一议题领域扩散到多个议题领域，从有限地理范围扩散到较大地理范围，这就为危机的综合性解决制造了更大障碍，因为这类危机管理需要国家内部众多机构的协调联动与国际社会更多行为主体的建设性参与，由此造成的不确定性将显著增加。一旦危机管理失败，业已发生的国际冲突就需要危机管理以外的其他途径来加以管理和解决。

二、协商谈判

协商谈判是解决冲突的最初办法，也是成本相对较低的办法。协商谈判是指在和平条件下，通过双方协商的途径，为处置冲突、解决争端而提出建议与反建议的过程，在澄清事实、阐明观点、消除隔阂和误会、增进相互理解和信任的基础上，以寻求双方都能接受的解决办法。

相比较于解决冲突的其他途径，协商谈判的优势在于：第一，协商谈判多发生在冲突演进的早期阶段，若处理得当，可以将冲突控制在萌芽状态，不会产生严重影响；第二，协商谈判多发生在当事双方之间，不会引起第三方势力对当事方国内事务的干预，以此途径解决冲突的成本较低。其劣势在于：冲突双方由于利益矛盾、信息不对称、对彼此能力和意图的误判等原因，往往不愿妥协让步，导致协商谈判难以达到预期的效果。国内政治势力在没有外来压力干预的情况下，或者地区政治势力在没有域外大国干预的情况下，往往倾向于自助，双方利益的不一致更容易激化矛盾。此外，冲突各方对彼此能力和意图的判断，建立在自己掌握的有限信息的基础上，在此基础上的主观判断就难以避免误判的出现，从而阻碍妥协的达成。

影响协商谈判中双方互动，进而影响冲突解决结果的因素主要有：

第一，双方能够用于某一冲突解决的力量对比。相对而言，更具实力优势的当事方在冲突谈判过程中享有更大的话语权，能够在谈判议程设置、解决方案设计等问题上占据主导地位，迫使对方在协商谈判中作出更大让步。但有时候双方实力的绝对对比对于某一冲突而言，并不能完全呈现出双方态势。绝对实力强的一方，可能由于战略上的关注点太多而无法集中其所有力量在这一冲突上，导致特定冲突问题上的双方力量对比与双方绝对实力对比产生错位。

第二，双方战略意志力的对比。对于不同冲突当事方而言，同一冲突具有不同的意义，即这一冲突在双方或多方战略权衡中的地位是不同的。有时，某一冲突对于一方而言是一般利益，但对于另一方而言则可能是核心利益。相应地，各方愿意为此付出的代价也是不同的。双方的战略意志力对比直接影响双方的战略资源投入比重、损失承受能力等，进而影响冲突的解决。

第三，事实本身与外部环境产生的道德、伦理倾向。冲突本身的历史渊源、国际惯例、国际社会关切等因素将产生无形的影响力，在伦理道德方面制约冲突方的谈判形式与协商内容。比如，对于围绕着历史上长期存在的实际控制线的领土冲突，冲突双方的谈判目标设定不可能过于偏离双方的实际控制线；对于造成了人道主义灾难的国际冲突，冲突双方可能会迫于国际社会的舆论和政治压力不得不共同选择谈判解决的方式。

第四，谈判技巧与手段。这不是影响冲突解决中双方协商谈判的核心因素，但是合理运用谈判技巧和手段可以更好地维护主体利益。比如，通过建立与自身优势领域的议题联系，可以利用对方的脆弱性促使对方让步；通过与战场上的军事威慑和武力使用相互配合，可以增加自身的谈判筹码。

关于协商谈判的结果，一种可能是以完全没有达成任何协议而结束，双方各执己见，导致谈判破裂。但是，即便表面上看没有任何协议达成，至少冲突当事各方明确了彼此关切以及可能的底线，为下一步谈判做好了准备。协商谈判的另一种可能是以双方达成部分协议或完全达成协议而结束。达成协议的前提是至少有一方做出妥协，任何一方都不做任何妥协是无法顺利完成协商谈判的。大多数情况下，谈判结果的达成靠的是各方都做出相关妥协，各方关切都得到不同程度的照顾。

三、国际干预

不同于协商谈判的内部解决方式，国际干预是一种对国际冲突的外部解决方式，指冲突以外的行为体为实现对冲突的管控或解决而通过政治、经济或军事手段介入冲突的行为。总体上，国际干预可以分为联合国体系内的干预和联合国体系外的干预。具体来看，联合国体系内的干预包括和平手段、强制手段与维和行动，联合国体系外的干预包括大国干预与地区性国际组织的干预。

1. 联合国体系内的干预

作为当今世界上最重要的全球性国际组织，联合国的首要宗旨就是维护国际和平与安全。面对国际冲突，联合国的干预方式主要包括以下类型：

第一，和平手段。一般来说，和平手段是联合国解决国际冲突的首选方式，既包括斡旋、调停、和解等政治解决方式，也包括仲裁、司法判决等法律解决方式。在斡旋与调停中，联合国都充当了主动促成冲突双方进行谈判的第三方。但相比而言，斡旋者并不参加冲突双方的谈判，而调停者则是以中间人的角色实际参与到冲突双方的谈判进程之中；在和解过程中，联合国需要在对争端事实进行调查的基础上，向冲突方说明事实并听取当事国意见后，提出具体的争端解决建议；仲裁具有"自愿管辖"的性质，其前提是冲突双方都同意将争端提交仲裁；司法判决主要由国际法院执行，根据国际法对当事国作出具有法律拘束力的判决。政治解决方式充分尊重当事国主权，适用性强，但在实践中缺乏强制力，并不具有决定性作用。其中，来自联合国秘书长的斡旋与调解行动往往是最为迅速灵活的，历史上也不乏秘书长的成功调解案例，如哈马舍尔德对苏伊士运河冲突的调解、德奎利亚尔对两伊战争的调解等。法律解决方式以法律规则为依据，具有相对完善的组织机构和程序规则，但对争端当事国的法律拘束力有时较弱，难以确保有关国家对判决结果的严格遵守。

第二，强制手段。强制手段包括非武力行动、武力行动等，具体措施包括外交限制、武器禁运、经济制裁、授权采取军事行动等。联合国安理会是保障安全与通过强制手段的核心，集体安全是联合国维持和平与安全的重要机制。

所谓集体安全，是指国际社会设想的，通过集体力量威慑或制止其内部可能出现的侵略者或侵略行为，进而保障每一个国家安全的一种安全保障体系，它强调的是"所有国家保护所有国家的安全"，将各个国家的安全联系起来，安全共享、风险共担。集体安全思想在国际联盟时期就得到了实践，但真正将其机制化的则是联合国。作为一个集体安全组织，有三大要素必不可少：其一，集体安全组织的成员来源要具有普遍性，不能将区域内的主要国家排斥在外，这是集体安全得以实现的基本前提；其二，集体安全要求建立一套合法有效的防止侵略的安全机制，这是集体安全成功与否的关键；其三，集体安全的目的是为了防止成员内部发生侵略行为，联盟的总体力量应永远大于可能的任何侵略者的力量，这是集体安全组织发挥作用的必要条件。在现实中，联合国集体安全的运作虽然存在很多问题，经常受到大国掣肘，但的确在侵略的有效遏制上提供了重要手段。例如，在 1990 年伊拉克入侵科威特后，联合国安理会通过第 678 号决议，授权美国领导的多国部队解放了科威特，恢复了海湾地区的和平。

拓展阅读

第三，维和行动。联合国的维持和平行动处于和平手段与强制手段的过渡地带，虽然并未在《联合国宪章》上明确体现，但已经事实上成为联合国维护国际和平的最主要手段之一。维和行动是指，由联合国安理会或大会通过决议创建的，使用武装和非武装的军事人员、警察部队、文职人员，从事解决国际冲突、维持国际和平的一种集体行动。[①] 1992 年，加利秘书长提出了较为完整的维和思想体系，包括预防外交、建立和平、维持和平、冲突后缔造和平四个部分。在实践中，联合国在柬埔寨、东帝汶、莫桑比克等国开展了较为成功的维和行动，但也出现了索马里维和等失败的案例。总体上看，维和行动尽管面临着诸多挑战，但在联合国"二战"结束后处理国际冲突与争端问题方面，是一项重要的制度创新，在维护地区和平、解决国际争端方面发挥着积极的不可替代的作用。

2. 联合国体系外的干预

在联合国的框架外，也存在很多对国际冲突的干预行为，大国与地区性国际组织是国际干预的主要发起力量。

第一，大国干预。大国势力的介入仍然是影响诸多国际冲突走向的关键性因素，尽管大国因素的作用也有可能加剧冲突烈度或扩展冲突范围，某些大国在干预地区冲突时有自己的地缘政治经济利益考量，偏袒冲突中的某一方，致使冲突扩大且产生旷日持久的后果。但不可否认的是，大国干预一定程度上促进了很多冲突的有效控制和最终解决。

第二，地区性国际组织干预。地区性国际组织在解决地区冲突中的作用日益

---

① 参见王杰主编：《联合国遭逢挑战》，中央编译出版社 1994 年版，第 40—41 页。

上升，虽然在法律意义上维护地区和平与安全的区域办法是联合国框架的组成部分，但在程序以外的具体实践上，很多地区性国际组织的干预行为事实上更具独立性。地区性国际组织在维护地区安全上具备一些优势：一是更熟悉本区域的地理、文化特征；二是更易于实现与冲突主体的直接联系；三是对地区事务的重点关注便于集中有限资源从而提高干预能力。当然，各种地区性国际组织之间存在较大的能力差异，会显著地影响其干预冲突的效果。另外，如何处理与联合国的关系是地区性国际组织发挥安全职能时不可回避的问题，现实中也的确存在着一些地区性组织超越联合国授权范围的事例，比如2011年北约在利比亚战争中对联合国强制执行禁飞的授权的自行扩展。

值得注意的是，无论是联合国框架内的干预行动，还是大国或地区性国际组织主导的干预行动，在近年来都越来越突出了国家主权与人道主义干涉之间的深刻矛盾。在一些西方国家主导下的国际干预行为中，"人权高于主权"的观念尤为明显，这在一定程度上使国际干预的公正性与合法性备受质疑。20世纪90年代，西方国家以"人权高于主权"为依据塑造了"干涉的权利"，引发了科索沃战争；21世纪初，西方国家又以"责任主权"为由建构了"保护的责任"的概念，从而介入了利比亚危机。这表明，国际干预在实施过程中，有时会具有两面性，在维护地区和平的同时也一定程度上成为了某些国家或国家集团实现个体利益的工具。如何最大限度地控制国际干预的这种负面影响，值得国际社会认真思考。

四、建立和平

进入21世纪后，美国及其联盟发动的阿富汗战争和伊拉克战争，虽然迅速赢得了战争，但并没有赢得和平，美国长期陷入两场战争泥潭，给国际社会提出了一个严峻课题，即冲突后建立和平的重要性。建立和平是各行为体为了谋求和平稳定的环境，共同采取行动维护冲突之后的国内或地区秩序的行为。从时间角度看，建立和平是冲突解决后期为恢复冲突所在国家或地区的正常秩序而进行的努力，因此，通过协商谈判和国际干预从而达成某种形式的妥协是建立和平的前提条件，没有冲突各方的妥协，建立和平也无从谈起。解决冲突的最根本目标，就是恢复国内秩序或地区秩序，为发展和提高当地生活水平创造良好的前提条件，而在冲突应对过程中，实现这一目标的最后一步，就是建立和平。

从国家内部、地区和全球层面，可以将建立和平的途径分为以下三种：

1. 冲突双方协调下的建立和平途径

以协商谈判为代表的解决冲突的途径，就是冲突双方协调下建立和平的典型。

在这一路径中，双方一般会通过停战协定或和平协议等制度化框架约束彼此的未来行动空间，使战后的不确定性因素降到最低。同时，在理想条件下，双方可能会通过交换战俘、减少前线驻军等方式表示和解的诚意，从而最大限度地保证战后的和平与稳定。这种建立和平的途径成本较低，保证了冲突双方各自的主权完整，有效避免了外部干涉对国家自主性的可能侵蚀，但一旦双方不能通过协商谈判的方式解决争端，后期的操作难度会很大。

2. 大国主导下的建立和平路径

从当前实践来看，地区大国或域外大国主导下建立和平仍然是国际社会进行冲突后管理的最有效方法。冷战格局中，美苏通过沟通协调，以自己的实力和影响力为后盾，成功解决了一系列国际冲突。

这一路径的优势在于：首先，相比于冲突当事方，区域大国或域外大国居于冲突之外，更易于采取一种超脱的态度对冲突进行调和。当然，不能否认大国很难做到价值中立，且大国介入往往带有为自身利益服务的目的。其次，相比于联合国，大国行动更加迅速，易于采取实质性行动进行干预。一方面，联合国的大国一致原则，限制了联合国的快速反应能力，在许多问题上，联合国难以统一内部的声音，更不要说采取一致的行动了。另一方面，联合国维和部队的派出程序远比民族国家内部武装力量的动员和出动程序复杂，装备数量和质量较民族国家武装力量差距也很大。这使得大国主导下建立和平更加符合国际政治的现实。

这一路径的劣势在于：大国主导下建立和平的途径常常成为大国实现自身利益的借口，打着人道主义或居中调停等幌子，借此干涉他国内政。从效果看，大国并不一定能有效解决冲突问题。大国主导下建立和平的途径有其优势，但并不意味着一定能够成功。由于政治制度、文化背景、经济水平等的差异以及大国的意识形态偏好，大国主导的建立和平的努力可能并不适合冲突国家的实际状况，结果是适得其反。美国在伊拉克和阿富汗战争后对两国的重建，体现了美国扩大民主意识形态的冲动，但是，后者的经济发展水平以及其与美国完全不同的文化背景，导致美国主导下的建立和平的努力并没有取得良好效果，相反，还使得这些国家长期陷入动荡不安甚至内战的境地。

3. 联合国主导下的建立和平途径

联合国框架下维持和平的思想主要体现在集体安全、预防外交、建立和平与缔造和平等概念中。其中，前三种思想注重对可能的冲突或者已有冲突的消极应对，而缔造和平则是对建立和平途径的积极拓展，通过主动谋划，消除冲突与战争产生的土壤，试图从根本上解决冲突问题，实现和平的建立。但是，从根本上解决问题的方法在操作上难度更大，实现起来周期更长，在实践中取得的成效较少。

在处理具体国际冲突问题上，中国政府一贯主张协商谈判方法，强调联合国在解决国际冲突问题上的主导作用，特别是要遵守《联合国宪章》和国际法的基本原则。习近平在党的十九大报告中明确指出："要坚持以对话解决争端、以协商化解分歧。"① 鉴于当前多数国际冲突的根源在于不公平、不公正的国际秩序，在于西方主要大国依然奉行冷战思维和强权政治、干涉他国内政，因此要从根本上解决国际冲突问题，国际社会必须确立新型国际关系观，重新思考无政府体系下的战争与和平问题。在这方面，中国政府主张"推动建设相互尊重、公平正义、合作共赢的新型国际关系"②。"构建人类命运共同体，建设持久和平、普遍安全、共同繁荣、开放包容、清洁美丽的世界。要相互尊重、平等协商，坚决摒弃治战思维和强权政治，走对话而不对抗，结伴而不结盟的国与国交往新路"③，就成为中国为解决国际冲突、应对人类社会的战争与和平问题而贡献的中国方案。

思考题

1. 如何界定冲突与国际冲突？
2. 国际冲突的类型有哪些？
3. 极的数量与国际体系的稳定有何联系？
4. 相互依赖与国际冲突的关系是什么？
5. 国际冲突管理的途径有哪些？

---

① 习近平：《决胜全面建成小康社会　夺取新时代中国特色社会主义伟大胜利——在中国共产党第十九次全国代表大会上的报告》，人民出版社 2017 年版，第 59 页。
② 习近平：《决胜全面建成小康社会　夺取新时代中国特色社会主义伟大胜利——在中国共产党第十九次全国代表大会上的报告》，人民出版社 2017 年版，第 58 页。
③ 习近平：《决胜全面建成小康社会　夺取新时代中国特色社会主义伟大胜利——在中国共产党第十九次全国代表大会上的报告》，人民出版社 2017 年版，第 58—59 页。

第六章 国际合作

国际合作是国际关系发展到一定阶段的产物。恩格斯曾指出："欧洲各民族的真诚的国际合作，只有当每个民族自己完全当家作主的时候才能实现。"[①] 第二次世界大战后，随着主权国家体系在全球范围的扩展，国际合作比历史上任何时期都要广泛和深入。本章将辨析国际合作的含义、类型与基础，揭示国际合作中的障碍与挑战，并进而说明达成国际合作的路径。

第一节 国际合作的概念

冲突与合作是社会互动的两种最基本形式，国际关系领域当然也不例外。但是国际冲突研究与国际合作研究在国际政治学中并不是均衡发展的。在"二战"后主流的现实主义国际关系理论中，国际冲突被看作国际关系的常态，而国际合作即使出现，也是偶然的、暂时的、不稳定的。这种对国际合作的忽视一直持续到 20 世纪 80 年代，以至于罗伯特·基欧汉在写《霸权之后：世界政治经济中的合作与纷争》时坦言："在政治学研究中，也许没有什么比像写国际合作这样的主题让人感到沉闷的了。"[②] 幸运的是，基欧汉等学者卓越的学术努力使国际合作的研究不再令人感到"沉闷"了。他们不仅从概念上界定了国际合作的内涵与外延，也探讨了国际合作得以发生的基础。这些探讨为我们理解国际合作提供了必要的知识准备。本节将在这些探讨的基础上结合当代国际政治中的具体案例来阐述国际合作的含义、类型以及国际合作得以发生的基础。

一、国际合作的含义

什么是国际合作？普遍接受的定义是基欧汉在《霸权之后：世界政治经济中的合作与纷争》中所提出的："通过政策协调过程，当行为者将它们的行为调整到适应其他行为者现行的或可预料的偏好上时，合作就会出现……作为政策协调过程的结果，当一国政府遵从的政策被另外国家的政府视为能够促进它们自己目标

---

① 《马克思恩格斯文集》第 2 卷，人民出版社 2009 年版，第 24 页。

② ［美］罗伯特·基欧汉：《霸权之后：世界政治经济中的合作与纷争》，苏长和等译，上海人民出版社 2001 年版，第 3 页。

的相互认识时，政府间的合作就会发生。"① 这里的政策协调指的是国家间相互调整政策以降低本国政策选择对他国的负面影响或是提高本国政策选择对他国的正面影响。政策协调具有不同的类型和程度，包括国家交换信息、针对具体的政策进行谈判、制定进行政策选择的规则以及为组成更大的政策共同体而在一定程度上放弃国家政策工具等。

在基欧汉上述定义的基础上，海伦·米尔纳认为国家间合作是一种特定类型的交换。它涉及一国根据别国政策的调整而相应地调整政策或预期，从而使双方都获益。这里的交换是指相互适应对方的政策，而不是经济学家所关注的商品和服务。② 值得注意的是，如果一国的单边行为或政策并没有试图降低他国的利益，但同时也没有减少对他们的负面影响，这种方式也是非合作性的。换句话说，国际合作有两个条件：既要有目的导向的行为，也要通过政策调整来创造共同获益或减少共同受损的行为。

基于学界的共识，我们认为国际合作是国家为了适应其他国家的偏好而进行的政策调整。在此，我们需要进一步辨析合作与和谐、冲突等概念的区别和联系，以便更充分地理解国际合作的内涵。

首先，合作不同于和谐。在和谐这种状态中，行为者的政策（追求自身利益而不考虑其他人）能够自动地促进其他行为者目标的实现。例如古典经济学世界中所假设的竞争性市场就是和谐情境，在其中"看不见的手"使个体追求自身利益的行为自动有利于增加整体的利益。在该情势下合作是不必要的。和谐意味着在国际关系中不需要各方刻意调整自身的政策，顺应自然就能促进对方实现自身利益。因此，和谐是非政治的，在这种情况下，沟通是没有必要的，也不要施加影响能力。相反，合作是高度政治的，不管怎样，行为模式必须要作出改变，这种改变可能通过积极性的诱因和消极性的诱因而完成。在这个意义上，合作在没有和谐的状态下才有意义。由于世界政治经济中的和谐状态十分罕见，合作就成为国家追求互利共赢的主要手段。

其次，合作并不等于是没有冲突的状态，而应该视为对冲突或潜在冲突的反应。合作当然不同于冲突，后者是以一种对抗性或敌对性为特征的。但合作是在一种纷争或者潜在纷争的模式中出现的，从而需要积极的努力去调整政策，以满足其他行为体的需要。当利益不一致甚至冲突时，合作者需要寻求利益的共同点

---

① ［美］罗伯特·基欧汉：《霸权之后：世界政治经济中的合作与纷争》，苏长和等译，上海人民出版社 2001 年版，第 62 页。

② 参见 ［美］海伦·米尔纳：《利益、制度与信息：国内政治与国际关系》，曲博译，上海人民出版社 2010 年版，第 6 页。

或增加利益的一致性；而当存在共同利益时，合作者也需要通过协调行动以减少落实过程中的障碍和可能发生的冲突。总之，如果不存在冲突的倾向也就没有合作的必要，合作的目的就是通过谈判、协调来降低冲突发生的可能性以促成共同利益的实现。政策协调成功即达成合作，政策协调失败则容易使纷争演变成冲突。因此，合作和冲突是混合在一起的。

二、国际合作的类型

作为国家间互动的结果，国际合作具有不同的类型。特别是第二次世界大战之后，随着国际合作的广度和深度的增加，国际合作的形式日趋多样化。按照不同的分类方法，我们可以以将各种国际合作归于不同的类型。按照合作参与者的数目，国际合作可以分为双边合作和多边合作；按照合作的覆盖范围，多边的国际合作又可以分为区域性合作和全球性合作等；按照政策协调的基础，国际合作可以分为基于规则的合作和酌情展开的合作。

1. 双边合作与多边合作

双边合作是指两个国家之间的政策协调。国际合作的各个领域中都广泛存在着双边合作的形式。安全领域的双边合作由来已久。例如 1902 年英国和日本为对抗俄国在远东的扩张而结成了双边的军事同盟。冷战时期，美国在亚太地区同日本、韩国、菲律宾、澳大利亚等国分别签署了双边共同防务条约，寻求加强在该地区的安全合作。随着苏联解体、冷战结束，美国战略重心逐渐东移，美国进一步和这些国家加强了军事合作关系，通过签署《美日联合宣言——迈向二十一世纪的安全同盟》等双边条约，继续深化了相互的军事合作。"二战"结束以来，国际经济领域的双边合作也日益普遍，在贸易、货币金融、投资等议题上都存在着形式多样、数量庞大的双边合作。比如，自由贸易协定是两个国家间常见的贸易合作形式。目前中国已经和东南亚国家联盟（简称"东盟"）、智利、巴基斯坦、新西兰、新加坡、瑞士等国家签订了双边的自由贸易协定，相互之间取消了绝大部分货物的关税和非关税壁垒，取消了绝大多数服务部门的市场准入限制，以促进生产要素的自由流动。而在货币领域，2008 年金融危机爆发后，双边本币互换协定成为双边合作的新形式，以保持双方贸易正常发展、避免国际金融动荡带来的不利影响。20 世纪最后 20 年，双边投资协定签订数量迅猛增长。由 1979 年年末的 165 份到 1989 年年末的 385 份，增长了 133.3%；20 世纪 90 年代更是较 80 年代增长了 382.3%，于 1999 年年末达到 1857 份。① 此外，在

---

① *UNCTAD*, *Bilateral Investment Treaties 1959–1999*, United Nations, 2000.

环境污染、气候变化、恐怖主义、信息安全、传染病等非传统安全问题更加突出的今天，非传统安全合作也呈现增长态势。《中日两国政府关于进一步加强气候变化科学技术合作的联合声明》《中美能源和环境十年合作框架》及《中美能源环境十年合作框架下的绿色合作伙伴计划框架》等双边合作协定保障缔约双方在节能、提高能效、减排治污、保护森林湿地等自然资源方面展开合作。双边合作这一传统的合作方式在新的时代下得到了快速发展。

多边合作是指三个或三个以上国家之间的政策协调。"二战"之后，多边合作开始成为普遍的国际合作方式。联合国、国际货币基金组织、世界银行和关税及贸易总协定（之后发展成世界贸易组织）构建了多边合作的基本框架。在"二战"后初期的国际权力结构下，这些多边合作机制大都是根据美国的倡议建立和发展起来的。正如安-玛丽·伯利所指出的，"二战"后国际组织的多边主义特征是美国设计的，是美国将其国内政治和经济构架推向世界的产物。[①] 随着国际权力结构的分散化，今天的多边合作已经成为多数国家发展国际合作的重要方式，其成功的范例不胜枚举。在安全领域，由中国、俄罗斯和中亚四国（哈萨克斯坦、吉尔吉斯斯坦、塔吉克斯坦和乌兹别克斯坦）组成的上海合作组织不仅在传统安全上进行联合军事演习等多边合作，在非传统安全上也积极进行多边合作。比如为了打击恐怖主义、分裂主义和极端主义"三股势力"，上海合作组织成员国签署了《打击恐怖主义、分裂主义和极端主义上海公约》，为维持地区安全和稳定提供了法律基础。上海合作组织秘书处和上海合作组织塔什干地区反恐中心的成立则标志着上海合作组织的制度化水平进一步提升，在传统和非传统安全领域上的合作深度取得了较大的进展。2017 年 6 月，印度、巴基斯坦正式加入上合组织，开辟了"上合八国"的新篇章。在经济领域中，由巴西、俄罗斯、印度、中国和南非组成的"金砖国家"在稳定金融市场、构筑金融安全网方面进行了多边合作，通过建立应急储备基金形成一个共同资金池以便在币值波动时可以兑换部分外汇来应急，减少金融动荡的危害。2014 年 7 月 15 日，金砖国家峰会发表《福塔莱萨宣言》，宣布金砖国家新开发银行成立，初始资本为 1 000 亿美元，总部设在中国上海。2017 年 9 月 3 日至 5 日，金砖国家领导人第九次会晤在中国厦门举行，主题是"深化金砖伙伴关系，开辟更加光明未来"。金砖合作步入第二个"黄金十年"。

---

① 参见［美］安-玛丽·伯利：《对世界的管制：多边主义、国际法及新政管制国家的推广》，载［美］约翰·鲁杰：《多边主义》，苏长和等译，浙江人民出版社 2003 年版，第 143 页。

2. 区域性合作与全球性合作

区域性合作是某一地缘范围内的国家为谋求共同目标而形成的集体行动。在这种合作中，区域内国家就某种区域秩序的权威性及约束力达成共识，并在这些共识基础上调整本国行为，以适应区域内他国当前及未来的需求。作为当今一体化水平最高的合作机制，欧盟是区域性合作的成功例证。欧盟成员国在经济、政治、安全领域都形成了高水平的紧密合作。在经济领域，关税同盟和共同农业政策实现了区域内商品自由流通，推动了成员国经济发展；统一大市场的建立改善了贸易条件、推动了技术合作、扩大了经济规模；欧元的启动通过货币的一体化将欧盟的经济合作水平推到了新的高度。在政治方面，欧盟委员会、欧洲议会和欧洲法院组成的欧盟机构本身就是区域政治合作的产物；欧洲共同防务体系的建设是近些年来欧盟政治合作的突出亮点，不仅有利于保障成员国的安全利益，也使得欧盟在国际舞台上能够发挥更大影响力。在非传统安全领域，欧盟内部也存在着广泛的合作。恐怖主义在"9·11"事件后一直是非传统安全问题中的头号威胁。2005 年，欧盟发布了《欧盟反恐战略》，通过信息与情报共享增强国家反恐能力，通过立法、行政手段在警察、司法方面促进合作，最大限度发挥欧盟相关机构的功能，增进和联合国及其他国际组织之间的合作。此外，亚洲、中东非洲、美洲等区域也存在着诸多形式各异、水平高低不一的区域性合作。比如，巴西、阿根廷、巴拉圭和乌拉圭四国于 1991 年 3 月 26 日签订了《亚松森条约》，宣布南方共同市场成立。南方共同市场是世界上第一个完全由发展中国家组成的共同市场，也是目前拉美地区最大的区域经济一体化组织。由于区域内国家相对来说同质性较高，行为体数量也有限，国际合作相对容易达成，因此区域性合作在当下以及未来都是非常重要的合作方式。

全球性合作是全球范围内的国家为谋求共同目标而形成的集体行动。为了解决日益增多的全球性问题、提供全球公共物品，世界各国亟须在经济、安全、环境、人权等领域展开全球性合作。"二战"后全球性的国际合作空前扩展，出现了大量的综合性国际组织和专门性国际组织。前者中最具代表性的就是联合国。联合国兼有政治、安全、经济和社会发展、科技文化合作以及人权保护等广泛职能。例如，在环境和资源方面，《联合国海洋法公约》指导各国对于海洋资源进行合理使用。典型的专门性国际组织则有国际货币基金组织和世界卫生组织等。在经济领域，全球性合作最主要的平台是号称"三驾马车"的国际货币基金组织、世界银行和世界贸易组织。比如,世界贸易组织在提高各国贸易政策的透明度、制约成员国的保护主义行为以及解决贸易争端上都发挥了重要作用。在非传统安全领域中,世界卫生组织负责对全球卫生事务提供领导,制定出相关的规范与标准,检测、评估卫生情况并且向各国提供技术支持。在抗击"非典"和"埃博拉病毒"时,世界卫生组织在信息共享、救援技术培训和紧急应对疫情等方面都推动成员国展开了全球范围内的合作。

3. 基于规则的合作和酌情展开的合作

基于规则的合作是指由长期起作用的国际规则来决定政策协调的方式。这种政策协调依据规则自动进行,而不需要政府就是否与另一国家进行合作不断作出选择。也就是说,规则的存在就可以确保这些合作的进行。在当今的全球性合作中,世界贸易组织对规则的依赖程度最高。世界贸易组织争端解决机制中的司法程序,特别是专家组和上诉机构管辖权的"自动"性,使本来以无政府状态为特征的国际关系领域中出现了具有类似国内法院管辖权的争端解决机制。在这种争端解决机制下,国际贸易争端将更多地在规则基础上而非实力基础上解决。在当今的区域性合作中,欧盟对规则的依赖程度最高,这集中体现在欧洲法院所获得的授权上。欧盟成员国授权欧洲法院审理成员国与欧盟管理机构之间的争端和委员会针对成员国提出的诉讼,并审查对欧盟法律和委员会决定的异议和无效的欧盟规则等。欧洲法院在司法判例中明确宣布,共同体法能够为个人直接创设权利和义务,不需要各成员国进一步的立法即可在国内法中产生效力;在具有直接效力的条件下,共同体法优先于成员国法。随着国际关系法制化的发展,基于规则的合作越来越多。

酌情展开的合作则包括更具体地针对特定问题而进行的政策协调。一些国家主动做出政策协调或让步,以换取其他国家也这样做。最常见的此类政策协调机制包括七国集团、二十国集团、七十七国集团等。七国集团是由主要发达工业化国家在世界经济领域中建立的一种政策协调机制。七国集团中政策协调机制灵活多样,包括非正式磋商、发表联合声明、政府间磋商、"一揽子交易"等。"一揽子交易"是其中最为成熟的政策协调方式。在这种方式下,国家政策成为有条件的国际协定的一部分。一国政府只有在其他国家履行协定并做出相应政策变化后才会改变其政策。各国以此方式达成妥协,在其不愿或难以做出政策改变的领域中以让步换取相应的利益。2008年国际金融危机爆发后,二十国集团取代七国集团成为全球经济治理的主要平台。作为非正式论坛,二十国集团旨在促进工业化国家和新兴市场国家就国际经济、货币政策和金融体系的重要问题开展富有建设性和开放性的对话，并通过对话为有关实质问题的讨论和协商奠定广泛基础，为处于不同发展阶段的主要国家提供了一个共商当前国际经济问题的平台。2013 年 9 月和 10 月，中国国家主席习近平在出访中亚和东南亚国家期间先后提出了共建"丝绸之路经济带"和"21 世纪海上丝绸之路"的重大倡议。习近平在党的十九大报告中明确提出："积极促进'一带一路'国际合作，努力实现政策沟通、设施连通、贸易畅通、资金融通、民心相通、打造国际合作新平台。"① 鉴于"一带一路"沿线国家不是缺乏合作机制，而是合作机制过多的问题，"一带一路"倡议目前并没有转化为一个高制度化的合作框架。如何依托"一带一路"的构想，推进现有双边、多边以及次区域、次国家层次的众多机制实现互联互通，需要具体问题具体处理。

应该说，对国际合作进行不同标准的分类旨在更好地理解国际合作的含义和内容，其具体类型也不局限于上文提到的几种。国际合作还可以按照合作的目标分为战略性合作和一般性合作，按照合作的性质分为自愿合作和强制合作等。此外，按照合作的领域，国际合作还可以分为国际安全合作、国际经济合作、国际环境合作等。

三、国际合作的基础

随着全球化的发展，国家对外开放程度加深，国家间相互依赖的关系日益深化。早在一个多世纪以前，马克思和恩格斯在《德意志意识形态》第一卷第一章中就写道："各个相互影响的活动范围在这个发展进程中越是扩大，各民族的原始封闭状态由于日益完善的生产方式、交往以及因交往而自然形成的不同民族之间的分工消灭得越是彻底，历史也就越是成为世界历史。"② 相互依赖使得各国利益形成复杂的联结关系，利益的冲突性和一致性并存。为了尽可能多地扩大共同利益，各国只有通过相互的政策协调防止潜在的利益冲突转变成现实的国际冲突。同时，一国自身的政策和行为会给他国带来影响，也会受到其他国家政策选择的影响，这种"溢出"效应随着国家间相互依赖的加深而更加明显。随着"溢出"效应的增加，在其他条件相同的情况下，合作的收益和合作的激励也逐渐增加。因此，国家间相互依赖的存在及其深化是国际合作的基础。

根据罗伯特·基欧汉和约瑟夫·奈的界定，国际政治中的相互依赖是指国家

---

① 习近平：《决胜全面建成小康社会　夺取新时代中国特色社会主义伟大胜利——在中国共产党第十九次全国代表大会上的报告》，人民出版社 2017 年版，第 60 页。
② 《马克思恩格斯文集》第 1 卷，人民出版社 2009 年版，第 540—541 页。

之间或不同国家的行为体之间由于国际交往而以相互影响为特征的情形。[①] 在相互依赖的情形中，一方的政策或行动受到其他行为体有意或无意的影响，同时也对其他行为体产生类似的影响。这些影响来自于国际交往，但国际交往并不等同于相互依赖。国际交往是否具有相互依赖的属性取决于这些交往是否使有关各方付出了成本或代价。付出代价的结果有可能是另一行为体直接或有意强加所致，但也有可能是各方集体行动失败所致。无论何种原因，相互依赖使有关行为体付出了成本或代价。

为了减少相互依赖中的成本或代价，国家需要调整自己的政策或者需要其他国家调整其政策。因此，相互依赖产生了国家间政策协调的要求。在这个意义上，国家间相互依赖导致国家对国际合作的需求。特别是在"复合相互依赖"的条件下，国家对国际合作产生更大的需求。根据基欧汉和奈的表述，复合相互依赖具有如下三个特征：随着非国家行为体的地位和作用日益重要，社会之间的联系渠道越来越多元；高政治和低政治的界限日益模糊，问题之间没有等级之分；军事力量在国际政治中的重要性日益下降，武力不再是国际关系中最有力的工具。在这些条件下，国际合作日益成为理性的国家以最小代价获得国家利益的有效方式。

我们可以借用经济学中的外部性概念来进一步说明相互依赖的影响。当一国的政策选择给别国带来成本或收益，而这些成本或收益并没有成为别国的最优政策时，我们称之为外部性。[②] 外部性可以分为正外部性和负外部性。当一国政策或行为的收益外溢到其他国家或使他国受益，但该国并没有从他国得到补偿，则被称为正外部性；当一国政策或行为的成本外溢到其他国家或损害了他国利益，但该国没有为他国进行补偿，称为负外部性。

在全球化的时代，商品、资本、劳动、信息等要素大规模的跨国流动使各个国家以更紧密的方式联系在一起，因此一个国家单方面的政策和行为会对他国产生越来越多的"溢出"影响。面对这种"溢出"效应，受到影响的国家基于趋利避害的原则需要作出政策上的回应。在国际无政府状态下，这些"溢出"的影响是国家凭借一己之力难以消除的，也无法寻求超国家的"世界政府"来将这些影响内部化。因此，有关国家需要进行政策协调来阻止他国采取其试图采取的政策或者说服他国采取其本来不会采取的政策，以降低这些政策对本国所造成的负外

---

① 参见［美］罗伯特·基欧汉、约瑟夫·奈：《权力与相互依赖》（第 3 版），门洪华译，北京大学出版社 2002 年版，第 9 页。

② 参见［美］海伦·米尔纳：《利益、制度与信息：国内政治与国际关系》，曲博译，上海人民出版社 2010 年版，第 42 页。

部性或增加这些政策对本国所造成的正外部性。海伦·米尔纳认为，开放性和外部性的存在可能促进政治行为体之间的国际合作需求。如果贸易和资本流动使国家间经济更为紧密地联系在一起的话，那么它们要实现自己的经济目标就可能需要别国的帮助。如果一国的增长率、就业率和通胀率依赖于别国的政策选择，那么政治家连任的希望就与这些国家的行动连在一起。要求外国政府改变其政策以降低它们对本国所造成的负外部性或增加正外部性，就需要政策制定的协调。① 简言之，外部性的存在产生了对于国际合作的需求。

一方面，在等级制的国内政治体系中，政府可以通过征税或界定产权等方式直接或间接干预国内行为体，最大限度地避免和减少负外部性，但是在无政府状态下的国际体系中，缺少一个世界政府扮演类似的职能。因此，国家需要通过国际合作以消除负外部性的消极影响。例如在环境领域，温室气体的排放对周边国家甚至全球的气候环境产生了负外部性，这种"溢出"效应不是单个国家能够应付的，需要该区域甚至是全球范围内的共同治理。中国和东盟严峻的生态环境形势对双方在预警救援、资源管理、科学研究等方面的合作提出迫切需求。通过签署《中国-东盟全面经济合作框架协议》等一系列协议，中国和东盟将气候环境合作纳入双方战略伙伴关系的框架内。中美在气候合作方面也形成了多项协定，在清洁能源开发、减少温室气体排放、自然灾害预警和防治、跨国救援等方面开展合作，以减少环境恶化给各国带来的负外部性。经济领域的负外部性也相当明显。就货币政策而言，在浮动汇率制和资本流动程度高的情况下，一国汇率的改变会给他国带来影响，本国汇率的贬值意味着他国货币的升值，造成他国进口的增多和出口的降低，在短期内对他国的经济增长和就业造成消极影响。亚洲金融危机时期日元的贬值就是这样的"以邻为壑"的政策。为了降低开放经济中货币政策的负外部性，国家间开展包括相互协调目标区域、可调固定汇率、固定汇率或者单一货币联盟等形式的国际货币合作。亚洲金融危机爆发后，东亚国家认识到仅仅依靠单个国家或自身的力量难以抵御危机，因此东盟与中、日、韩签署了建立区域性货币互换网络的《清迈协议》，扩大了东盟互换协议的数量与金额，并建立了中、日、韩与东盟国家的双边互换协议，在经济监督、数据公开和建立危机预警系统方面展开合作，减少币值波动和金融风险。

另一方面，国家在国际体系中追求着和平与安全、流行病防御体系、全球金

---

① 参见［美］海伦·米尔纳：《利益、制度与信息：国内政治与国际关系》，曲博译，上海人民出版社 2010 年版，第 42 页。

融稳定、自由贸易等国际公共物品。由于公共物品的非排他性，一旦存在就会给国际体系中每个国家带来益处，但并非所有国家都参与到国际公共物品的供给中。"搭便车"行为导致国家没有付出成本却获得了额外的益处，也就是获得了正外部性。而当"搭便车"行为蔓延时，国际公共物品的供给国出于自身成本-利益的衡量，其为公共物品付费的动机减弱，减少或放弃提供公共物品，导致全球公共物品供应不足。因此，为了提供足够多的国际公共物品，需要通过国家间的政策协调来约束国家"搭便车"的行为，通过合作扩大国家共同受益。冷战时期，美、苏两国在世界范围内争夺霸权地位，具有足够的激励在各自阵营内提供公共物品，阵营里其他国家获得了霸权国带来的安全利益却没有承担相应成本。而随着冷战落幕，美国霸权地位有所下降，"搭便车"国家数目上升，美国缺乏足够激励和实力继续在全球范围内维持对国际安全、自由贸易等公共物品的供应。因此，通过国家间的协商与谈判，全球性的国际组织如国际货币基金组织和世界银行以及区域性的国际组织如欧盟和东盟在国际公共物品的提供上发挥了主要作用。这些国际组织界定成员国的权利和义务，监督国家行为并进行争端解决，通过国际合作维持国际经济、安全、环境等方面的秩序，从而共同承担供应国际公共物品的职能。

总的来说，国际交往中产生的相互依赖和外部性效应催生了对国际合作的需求，而国际合作使国家间减少了冲突的可能性，推动了共同利益的实现，维持了国际体系的稳定与发展。

第二节　国际合作的影响因素

国家存在于无政府状态的国际体系中，在这个体系中缺少一个具有集中权威的超国家机构即"世界政府"来限制国家的行为。正如肯尼思·华尔兹认为：国际体系的组成部分之间是同等的关系。在形式上，每一个国家与其他所有国家都是平等的。谁也无权指挥，谁也不用服从谁。国际体系是分散的和无政府主义的。[①] 在这样一种国际体系中，集中权威的缺乏有时会阻碍国家之间的相互合作。因为没有一个超国家的世界政府来行使对国家的权威，即使国家间拥有共同的目标也不能保证它们将会遵守其诺言。但在另外一些情况下，国家在无政府状态下

---

①　参见［美］肯尼思·华尔兹：《国际政治理论》，信强译，上海人民出版社2003年版。

通过彼此合作实现了共同的目标。即使没有任何最高的国际权威，国家也经常约束自身的行为以促进相互受益的实现。那么为什么国际合作在一些情况下会达成，而在另外一些情况下不会达成？为了回答这一问题，我们需要分析国际合作中的信息结构、收益分配以及认知和观念因素。

一、信息结构

在国际合作的过程中，国家要尽可能地降低成本，提高收益。但能否达到这一目标，不仅依赖于国家的决策过程，还取决于国家所掌握的相关信息。在国际合作的过程中，合作的一方不可能知道另一方的所有必要信息，它们所拥有的信息之间的差值构成双方各自的私有信息。社会科学家用"信息不对称"（asymmetric information）刻画了这一信息分配状况。

信息不对称是指这样一种状况：缔约当事人一方知道而另一方不知道某一信息，甚至第三方也无法验证，即使能够验证，也需要耗费大量资源，在经济上是不划算的。在这种情况下，"局外人"由于担心"局内人"会利用信息的优势对其进行欺诈，往往不情愿达成协议。信息经济学所讨论的"柠檬市场"（market for lemons）生动地揭示了这一原理：某些汽车比另一些汽车差，但这些缺陷直到车主使用它们一段时间以后才会显露出来。这些有缺陷的汽车被称为次品。……次品的主人知道他们是不幸的。他们希望将次品推给别人。在一辆旧车的任意价格上，那些最差的次品车的主人最急于将他们的车脱手。当车的价格下降时，那些持有最轻度缺陷次车的人会认为还是将车留着自己用更为合算。这意味着，那些还留在市场上出售的汽车的平均质量降低了。

在上述案例中，旧车的卖主比买主具有更多关于旧车性能的信息，在卖主中间必然有一些想把最差的次品车脱手的人，而买主无法区分出好车与次品，在这种情况下，他们宁可不买也不愿冒风险。这一案例说明信息不对称阻碍了合作的实现。正如"柠檬市场"中的旧车卖主与潜在买主一样，由于知悉潜在合作伙伴比自己拥有更多的信息，并且因此可能操纵双方的关系乃至进行成功地欺骗，国家就有可能放弃改善双方福利的合作。在可能的合作收益足够大时，国家为了获取合作收益，也有可能投入大量成本来获取相关信息以尽量减少双方的信息不对称，只要这些成本低于合作的收益。因此，即使信息不对称没有消除国家间合作的动机，国家也不得不因之投入大量成本。

一般说来，当行为体面临更多的潜在合作伙伴时，往往需要投入更多的成本以搜寻有关信息。与完全竞争市场体系中不计其数的经济行为体相比，构成现代国际体系的民族国家在数目上要少得多，但是这种相对较少的数目并没有使信息成本问题在国际关系中显得无足轻重。在一个以自助为基本特征的国际体系中，国家为了实现尽可能多的安全和福利，在交易的过程中具有强烈的动机来隐瞒关于其能力和战略的信息。正如詹姆士·费伦所指出的："一方面，国家时而有动机夸大其能力以便在讨价还价时具有更有利的地位。另一方面，国家也有众所周知的动机去隐匿关于其能力和战略的信息。"① 鉴于国家具有隐匿信息或误传信息的强烈动机，信息不对称成为国际关系中各个行为体进行政策协调时普遍面临的问题。

值得指出的是，只有当欺骗行为成为可能时，信息不对称才会使国家在合作过程中付出显著的成本。在一个道德完善的社会中，没有人利用私有信息的优势来谋求自己的特殊利益。而在一个道德不完善的社会中，信息不对称的问题不能仅仅依靠沟通来矫正。实际上，由于沟通中可能发生欺骗行为，沟通可以导致不对称或不公平的交易结果。如同有效的沟通不能根据旧车卖主与潜在买主会谈的次数来判断一样，我们也不能根据国际谈判中政府官员相互接触的次数来衡量国际沟通是否有效。

在缺乏有效约束的情况下，国家在对外关系的各个领域中都有可能采取机会主义行为。比如，国家在国际安全合作中经常面临其伙伴的两种机会主义行为：抛弃（abandonment）和陷入（entrapment）。第一，抛弃。相互结盟的国家被自己盟国抛弃的恐惧是永远存在的。一般来说，抛弃就是欺骗，但是它采取了各种具体形式：盟国可能和对手联合起来；盟国可能仅仅拒绝联合行动，取消联盟契约；盟国可能没有完全遵守公开承诺；或者当期待盟国提供支持的偶然事件发生时，盟国却没有提供支持。② 尽管相互结盟的国家普遍担心自己会被盟国"抛弃"，但是在期待盟国给予支持的具体事件发生之前，由于国家间信息不对称，国家难以事先确定其盟国是否欺骗了自己。第二，陷入。陷入是指被拖进一场和盟国并不具有共同利益或仅具有部分共同利益的冲突。盟国之间的利益一般是不完全一致的。即使他们在某种程度上分享共同利益，他们对这些利益的评估也可能存在程度上的差异。在保存联盟的价值比为盟国利益而战斗的成本更高的时候，陷入就可能发生。如果在与对手的争端中，盟国由于相信能够得到支持而采取非妥协的态度，那么陷入就更可能发生。因此，对联盟的依赖程度越大，对盟国所作的承

① James D. Fearon, "Rationalist Explanations for War", *International Organization*, vol. 49, no. 3 (Summer 1995), p. 398.
② Glenn H. Snyder, "The Security Dilemma in Alliance Politics", *World Politics*, vol. 36, no. 4 (July 1984), p. 466.

诺越强，陷入的风险就越高。此外，陷入的风险也会随着盟国内在的鲁莽或侵略程度而变化。在冷战时期，美国的欧洲盟国就既担心美国在苏联入侵时对其撒手不管，也担心美国将它们拖入与其利益无涉的国际冲突之中。

我们可以用博弈论中的"囚徒困境"来进一步说明信息不对称对国际合作的影响。假设两个囚犯具有犯罪嫌疑。当局只持有少量指控所需要的证据。如果两个囚徒都不坦白，两人都会因仅获少量指控而被轻判。如果一个囚徒坦白，而另一囚徒抵赖，坦白者将被释放，而抵赖者将被判重罪。如果两人都坦白，两人均获中等处罚。如果囚徒预期仅仅博弈一次，每个囚徒都将选择坦白而非抵赖，不管其他的伙伴选择做什么。坦白者报偿的诱惑和抵赖者报偿的恐惧将使两个囚徒走向相互背叛。不幸的是，如果两个囚徒都按这一推理行事，他们将会遭受主要的指控而获致中等处罚。而合作却可以使其仅因次要的指控而获致轻判。这样，在囚徒困境中，个体的理性行动产生了集体的次优结果。在国际关系中，处于信息不对称的国家就类似于"囚徒困境"中的囚徒，往往难以实现可以相互受益的国际合作。

二、收益分配

在决定是否进行国际合作时，国家不仅考虑自己能否从合作中获得收益，而且在许多情况下需要考虑合作给其他国家带来的收益是否超过以及在多大程度上超过合作给自己带来的收益。如果一个国家能够确定自己会从国际合作中得到好处，但是该国认为这种合作给其他国家带来更多的收益时，它就可能放弃与其他国家的合作。如果该国不仅能够从合作中获得收益，而且自己能够得到比合作伙伴更多的收益时，它就会具有更强的动机去推进合作。

一个国家从合作中获得的收益超出合作伙伴收益的部分，称为相对收益（relative gains）。这个国家从合作中获得的收益本身，称为绝对收益（absolute gains）。肯尼思·华尔兹生动地描述了国家在国际合作中对相对收益的关切："当面对为共同获益而开展合作的机会时，感到不安全的国家必须要询问将如何对收益进行分配。它们必须要问的并非'我们双方都能获益吗?'而是'谁将获益更多?'。例如，如果某一收益被按照 2 比 1 的比例加以分配，一国就可能利用不均衡的所得，来实行一项意图伤害或毁灭他国的政策。只要每一方都担心对方会利用其增加的能力，那么即便在双方都能获得丰厚的绝对收益时，这一前景也不能促使它们进行合作。"① 那么，国家为什么如此关注相对收益问题呢?

---

① ［美］肯尼思·华尔兹：《国际政治理论》，信强译，上海人民出版社 2003 年版，第 139 页。

新现实主义者约瑟夫·格里科最为系统地阐述了相对收益问题的来源。在一个以自助为特征的国际体系中，国家不能完全依靠其他国家的承诺来维护自己的安全。国家维护其安全的最终保证是自己的实力。由于实力是相对的，国家会极其关注本国实力与他国实力的比较，即本国在国际权力结构中的位置。国家行为的这种特点会限制国家合作的意愿。国家担心它们的伙伴会通过合作得到更多的收益，从而使伙伴的实力超过自己，因为实力日益增长的伙伴在未来的某个时刻可能成为自己的劲敌。这样，国家对自身地位的关切产生了合作的相对收益问题。① 当国家过于关注相对收益问题时，国际合作即使不是不可能的也是非常困难的。例如中美高科技合作困难重重，其主要原因在于美国即使从合作中获益很大，也担心中国会从中获得更大的收益。

新自由制度主义者更加关注国际合作中的绝对收益，但也没有完全排斥相对收益的作用。例如，在冷战早期，美国故意加强它在欧洲与东亚的盟国的经济力量，即使这些国家在未来可能形成对自己的经济挑战，与之相对照，它却极力限制中国与苏联的技术竞争力，即使它可以从与这些国家的技术贸易中得到利益。基欧汉以此为例说明国家对相对获益的敏感度并不总是正的。② 面对来自新自由制度主义的批评，新现实主义虽然坚持认为国家对相对收益的关切构成国际合作的主要障碍，但也承认国家并非总是追求相对收益。约瑟夫·格里科就指出，国家对相对收益的敏感度是一个变量而非常量，在"多元安全共同体"中，国家可能并不关切相对收益。③ 这样，新自由制度主义和新现实主义在相对收益-绝对收益的问题上找到了汇合点。

因此，新自由制度主义和新现实主义关于绝对收益和相对收益的争论并非是不可弥合的分歧。国家在国际合作中更为关心绝对收益，还是更为关心相对收益，取决于国家所处的环境与条件。比如，国家如果认为军事对抗是遥不可及的事情，基于绝对收益算计的合作报偿将更具有更大的吸引力。再如，如果国际合作发生

---

① Joseph Grieco, "Anarchy and the Limits of Cooperation: A Realist Critique of the Newest Liberal Institutionalism", in David A. Baldwin, ed., *Neorealism and Neoliberalism: The Contemporary Debate*, New York: Columbia University Press, 1993, pp. 127-128.

② Robert Keohane, "Institutional Theory and the Realist Challenge after the Cold War", in David A. Baldwin, ed., *Neorealism and Neoliberalism: The Contemporary Debate*, New York: Columbia University Press, 1993, p. 279.

③ Joseph Grieco, "Understanding the Problem of International Cooperation", in David A. Baldwin, ed., *Neorealism and Neoliberalism: The Contemporary Debate*, New York: Columbia University Press, 1993, p. 323.

在经济领域而非军事领域，国家更有可能遵循绝对收益的逻辑。又如，如果参与合作的国家数量越多，国家越难以确定收益分配的后果，越难以按照相对收益的逻辑行事。再如，如果国家的国际地位下降得比较快，就会对其他国家的获益更为敏感，从而更可能遵循相对收益的行为逻辑。

三、认知与观念因素

心理学的实验结果已经表明，认知在决策中具有重要的作用。由于国际政治的特殊性，认知因素对结果的影响很可能大于实验室中的相应影响。一个国家的领导人生活在远离其他国家领导人的环境中。他们不仅在空间上距离遥远，而且在他们的认知框架上也如此：他们在关于什么是重要的，什么需要做和谁应当承担变革的责任这些方面都有不同的习惯性假定。简单地说，这些领导人代表其国家而进行的行动往往不能正确评估自身的行动如何影响其他行为体，以及这些行动如何被其他行为体解读。这些领导人之所以不能正确地评估其他国家的行为，是因为错误知觉（misperception）的阻碍作用。

在心理学中，知觉是指人在受到刺激后进行选择、组织和判断自己接受的信息的过程。如果人的知觉是错误的，他对客观因素的理解就会是错误的，他采取的反应也会是错误的。罗伯特·杰维斯讨论了错误知觉阻碍国际合作的几种机制。比如"统一性知觉"，即将别人的行为视为集中统一、事先谋划、协调一致的，但实际上人们的行为达不到这样的程度。在这种错误知觉下，一些偶然事件和协调失误就会阻碍合作的实现。又如"过高估计自己的重要性"，无论行为体采用的是威胁还是奖励的做法，将任何有利的结果归功于自己的努力的认识取向都会妨碍合作。对此，杰维斯指出："要使奖励政策行之有效，投入是很大的，因为行为体要为对方的服从付出代价。因此，行为体就会尽可能少地提供奖励。如果一开始的政策能够奏效，他就会认为他的影响力很大，因此也就会降低奖励的力度。如果他过高地估计了自己的影响力，单凭这些奖励就无法充分满足对方的要求，结果也就达不成协议。于是，合作受到了限制。"①

在第一次世界大战之前，以下的错误知觉在欧洲就流传甚广：（1）"进攻崇拜"，即对进攻性军事战略功效的信心被高度夸大；（2）普遍高估了邻国的敌意；（3）错误地想象了一个"追随"的世界，好战的姿态在这个世界中可以用来威吓

---

① ［美］罗伯特·杰维斯：《国际政治中的知觉与错误知觉》，秦亚青译，世界知识出版社2003年版，第364页。

对手并破坏对手的联盟； （4）夸大了领土扩张可以带来的经济和社会回报；
(5）相信国际冲突可以促进国内稳定；（6）向人民灌输虚构的民族主义历史，并
将自己描述成以前冲突的无辜受害者。这些知觉都是错误的，无论是其前提还是
其结果都与我们现在所了解的历史事实相悖。这些错误知觉增加了对合作行为的
惩罚和对不合作行为的奖励，从而扭曲了真实的报偿结构。（1）进攻崇拜导致的
领土扩张和先发制人的攻击显得是可行的、必要的，从而产生了使合作更加困难
的秘密行事政策。（2）夸大他国的敌意导致了对侵略的恐惧，为阻止侵略便制定
了侵略性的计划。（3）通过强调掌握和炫耀力量优势的价值，追随思维的观念推
动了扩张主义的政策和好战的战术。（4）对帝国扩张的经济回报的高估进一步支
持了扩张主义者的观念。（5）对战争的优点和它带来的国内政治效用的信心，使
人民认为的全面和平和全面战争的后果差距缩小，从而鼓励了尚武的政策。
(6）民族主义历史的神话使人民相信，让步将可能受到伤害，而强硬的政策更可
能导致成功。① 在每一种情形中，这些错误的观念导致采取不合作政策的奖励看上
去更多，而采取不合作政策的惩罚看上去更少。如果驱散了这些错误直觉，第一
次世界大战本可以避免。

这样，政治心理学家通过对认知因素的强调说明国家采用非合作政策并不一
定是因为利益上的对立。正如"一战"前的欧洲国家间流传的错误知觉那样，在
文化背景相似的国家之间也会产生错误知觉，从而阻碍了国际合作的实现。那么，
在不同文化背景的国家之间，身份认同上的对立将更有可能阻碍国家之间的相互
合作。基于对观念结构的强调，建构主义者讨论了国家身份对国际合作的影响。

作为主流建构主义的奠基人，亚历山大·温特提出了国际体系中的三种无政
府文化，即霍布斯无政府文化、洛克无政府文化、康德无政府文化。这些文化是
基于不同的角色关系而形成的观念结构。在霍布斯文化中，国家的彼此定位是
"敌人"；在洛克文化中，国家的彼此定位是"竞争对手"；在康德文化中，国家的
彼此定位是"朋友"。不同的无政府文化对于国际合作具有不同的含义。在"每一
个人反对每一个人"的霍布斯文化中，国家之间没有合作。而洛克文化的角色结
构是竞争。竞争对手不是敌人，在承认主权的基础上产生了相互行为的期望；但
竞争对手也不是朋友，在发生争执的时候也可能使用暴力。② 因此，国家在洛克文

---

① 参见［美］肯尼斯·奥耶编：《无政府状态下的合作》，田野等译，上海人民出版社 2010 年
版，第 83—91 页。

② 参见［美］亚历山大·温特：《国际政治的社会理论》，秦亚青译，上海人民出版社 2000 年
版，第 350—351 页。

化中会酌情展开一定程度上的合作。在康德文化中，国家作为朋友相互遵守两条基本规则：（1）非暴力规则，即不使用战争和战争威胁的方式来解决争端；（2）互助规则，即如果任何一方的安全受到第三方威胁，双方将共同作战。这两条规则就会推动国家形成"多元安全共同体"和集体安全体系。在这些安排下，国家形成了集体身份，相互视为同类，因此更容易采取相互合作的行为。在"二战"后的北大西洋地区，即美欧之间就出现了从洛克无政府文化向康德无政府文化的转变。基于这种无政府文化的转变，北大西洋地区出现高密度、高水平的国际合作。

这样，政治心理学和建构主义者分别从微观决策和宏观结构的层次考察了认知和观念因素对国际合作的影响。但从根本上说，物质决定意识，这些认知和观念的形成都依赖于一定的物质基础。国家间交往中产生的相互依赖和外部性效应仍会在更长的时间范围内决定国际合作的基本方向。20世纪70年代中美两国意识形态迥然不同，但基于对抗苏联的地缘政治需要仍携手合作就是一个典型的例子。

第三节 国际合作的达成

国家间相互依赖和国家政策外部性是国际合作的基础，但相互依赖本身并不自动导致国际合作的达成。由于完全对称的相互依赖是相当罕见的，当国家利益存在不一致时，不对称的相互依赖所具有的敏感性和脆弱性容易被有关国家利用来增强自己的权力并损害对方的利益。此外，即使存在共同利益或共同受损，由于前面所讨论的信息因素、利益分配因素和观念与认知因素，国家间合作也并不一定会达成。面对国际合作中的上述问题，国家可以采用互惠、议题联系和社会习得的方法来推动彼此采取合作的行为。无论采取哪一种路径，如果国家间合作的模式实现了制度化，也就是说建立和发展了国际制度，国家就可以在相互利益的基础上更有效地实现国际合作的目标。

一、达成国际合作的路径

为了促进国际合作的实现，国家可以采用互惠和议题联系的路径来制约其他国家的机会主义行为或者调整国家间的利益分配，也可以采用社会习得的路径来推动国家认知和观念结构的转变。

1. 互惠

作为一种国际战略，互惠（reciprocity）可以有效地促进国际合作。实际上，互惠作为一种政治准则在国际关系中受到了政治家们的普遍青睐，而不管他们是否能够真正地做到这一点。也正是由于这个词汇在国际协议文本中的过度使用，互惠在国际关系中的含义经常是含混不清的。罗伯特·基欧汉指出了这一弊病，并尝试为互惠给出一个具有学术分析价值的定义："互惠是大致相等价值的交换，每一方根据他方先前的行动来确定自己采取何种行动，通过这种方式来以德报德、以怨报怨。"① 基欧汉认为，互惠经常是（但并不必然是）相互受益的，既可以建立在自我利益上，亦可建立在权利与义务的共有观念上。冷战期间美国和苏联在军备控制领域中的相互合作、中美建交后相互给予对方的最惠国待遇，都可视为互惠的实际例证。

互惠之所以能够促进国际合作的实现，是因为互惠可以把单轮博弈转化为多轮博弈，从而延长了国家间互动的时间范围。在没有一个集中权威的单轮博弈情况下，遵守协议往往是非理性的。考虑一下前面介绍过的"囚徒困境"：每一个囚徒都可以通过坦白来改善自己的处境，无论其伙伴是否决定坦白。在单轮的"囚徒困境"中，由于囚徒间没有持续的互动，背叛将成为占优策略。也就是说，根据"囚徒困境"的报偿结构，合作在单轮博弈情况下不可能出现。

实验证据表明，在重复的"囚徒困境"博弈下，合作的概率显著提高。作为以德报德、以怨报怨的"一报还一报"（Tit-for-Tat），互惠战略将使行为体之间的博弈成为重复博弈。通过计算机模拟与关于"囚徒困境"的理论分析，罗伯特·阿克塞尔罗德认为，互惠战略通过在行为体当下行为和预期未来收益之间建立直接联系的方式产生了促进合作的效应。② 互惠可以通过塑造当下合作或者背叛的未来结果来增加合作的可能性。在重复的"囚徒困境"下，潜在的背叛者将在来自告发的瞬时收益和由于告发所导致的未来收益的可能损失之间进行比较。如果囚徒期望置于未来的相似情势下，合作的前景将得到改善。在这一研究结论的支持下，基欧汉认为互惠作为国际关系的一项行动原则非常有益于国际合作：它使合作能够在无政府状态下出现，往往能够威慑背叛，并且为官僚和政治家提供了一种容易理解和解释的标准。在这个意义上，互惠战略促进了国际合作的实现。

① Robert O. Keohane，"Reciprocity in International Relations"，*International Organization*，vol. 40，no. 1（Winter 1986），p. 8.
② 参见［美］罗伯特·阿克塞尔罗德：《合作的进化》（修订版），吴坚忠译，上海人民出版社2007 年版。

2. 议题联系

在现代国际关系中，议题联系作为双边（或多边）交易的重要手段促进国家间的合作。议题联系，即通过政策手段将不同的议题联系起来。例如发达国家在向一些发展中国家提供财政和技术援助时，有时会要求这些国家签署和履行环境保护的国际公约，从而将发展援助问题和环境保护议题联系起来。又如"杰克逊-瓦尼克修正案"，把美国和苏联的贸易关系与苏联在人权问题上的表现，特别是与苏联犹太人移居国外的自由联系起来。

议题联系在国际合作中具有重要的作用。在某种意义上，期望政治行为体既能够巩固可持续的合作、又同意将其行动严格限制于单一问题中，是天真幼稚的。亨利·基辛格在其回忆录中曾道出了这一被尼克松政府奉为圭臬的外交原则："我们坚持，超级大国的关系要真正取得进展的话，就必须在广泛的问题上取得。我们认为，世界各地的事态发展都是相互关联的；由于苏联在世界各地活动，情况更加是这样。我们的前提是：如果把问题分隔开来，那就会使苏联领导人认为，他们能够利用一个方面的合作当作安全阀而在别的地方谋求单方面的利益。这是不能接受的。"①

实际上，"世界各地的事态发展"相互关联的根源并不完全在于这些问题之间具有因果联系，不能分开进行处理。在很多情况下，外交家人为地在谈判中把两个分立的对象硬联系在一起，利用一个对象作为影响另一个对象的平衡手段。这种议题联系策略可称为"战术性联系"，即国家引入议题联系策略是为了获得额外的筹码或杠杆，以此来获得限于单个议题的谈判所无法获得的收益。② 这种"战术性联系"不仅会改变谈判中的收益分配，而且在实施协议时也会改变有关各方的成本-收益预期。当缔约方为了保证合作协议的实施而运用议题联系策略时，违反协议给违约方带来的成本就会增加，因为其违约行为不仅使其在协议自身所调整的议题中遭受损失，而且使其在相联系的其他议题上也会遭受损失。

议题联系策略可以分为消极联系和积极联系两类。所谓消极联系，是一方威胁另一方，"如果你做 X，我就不会做 S，但是如果你不做 X，我就会做 S。"这里的 S 就是在另一方不做 X 时所采取的制裁。实际上，消极联系就是让另一方在做 X 的成本和遭受制裁的成本之间进行权衡。所谓积极联系，就是一方许诺另一方，

① ［美］亨利·基辛格：《白宫岁月——基辛格回忆录》（第一册），陈瑶华等译，世界知识出版社 1980 年版，第 171 页。
② Ernst B. Haas, "Why Collaborate?: Issue-linkage and International Regimes", *World Politics*, vol. 32, no. 3（April 1980），p. 372.

"如果你做 X，我就会做 R，但是如果你不做 X，我就不会做 R。"① 换言之，积极联系就是一方给予另一方以"补偿性支付"（side payment）以鼓励其延续当前的政策。因此，议题联系既可以用于惩罚，也可以用于奖励。

3. 社会习得

一般而言，习得是指对新证据、新理论或者新的行为技能的接触导致信念的变化或者对既有信念的信任程度的变化。习得可以分为只涉及手段变化的"简单习得"和既包括手段也包括目标变化的"复杂习得"。其中，涉及因果关系信念的"复杂习得"超出了个体层次，是在社会规范结构下的社会互动过程，可以称为社会习得。根据建构主义的观点，身份及其相应的利益是习得而来的，然后行为体根据有意义的他者对待自己的方式作出相应的反应，这种反应又加强了习得的身份和利益。也就是说，在社会习得过程中，行为体的身份和利益得以塑造或重塑。

当行为体重新定义其身份和利益时，如果行为体确立了集体身份，它们就会具有护持自身文化的利益。正如亚历山大·温特所指出的："集体利益意味着行为体把群体的幸福本身作为目的，这样就帮助行为体克服困惑利己主义者的集体行动难题。当他们的文化受到威胁的时候，社会化程度很高的行为体往往会本能地保护他们的文化。行为体仍然是理性的，但是他们衡量效用和理性行动的单位基础是群体。"② 随着这种"群体内身份"（in-group identity）的建构，行为体就会相互视为"朋友"，彼此采取亲社会的合作行为。在无政府状态的国际体系中，国家通过社会习得所确立的"群体内身份"也会使其定位向康德无政府文化中的"朋友"角色转变，从而巩固了国际合作的基础。

在欧盟东扩进程中，原属苏联阵营的中东欧国家就经过社会习得逐渐形成了"欧洲认同"，从而获得了新的集体身份。欧盟理事会在 1993 年 6 月的哥本哈根会议上为众多中东欧国家加入欧盟开列了一系列条件，也即"哥本哈根标准"（Copenhagen criteria），包括稳定的民主、法治、尊重人权和保护少数；运转正常的市场经济和应对市场竞争的能力；承担政治、经济和货币联盟成员国义务的能力。在中东欧国家"重返欧洲大家庭"的强烈愿望下，这些国家中的大多数认为这些标准符合自身转型的需求，经过努力很快达到了哥本哈根标准并成为欧盟的新成

① Ronald B. Mitchell and Patricia M. Keilbach, "Situation Structure and Institutional Design: Reciprocity, Coercion and Exchange", *International Organization*, vol. 55, no. 4 (Autumn 2001), pp. 898–899.

② ［美］亚历山大·温特：《国际政治的社会理论》，秦亚青译，上海人民出版社 2000 年版，第 423 页。

员。经过十几年的融合，欧盟新成员和老成员之间的分野也日趋淡化。

二、国际制度与国际合作

在国家主权地位的基础上，国际体系确立和发展了调整国家间关系的各种正式或非正式的规则和机构。随着国家间相互依赖的加深，这些规则和机构在"二战"后不断扩展和强化。作为学术上的回应，国际关系学者首先提出了"国际机制"（international regimes）的概念。根据斯蒂芬·克拉斯纳的标准定义，国际机制是"隐含的或明确的原则、规范、规则和决策程序，行为体对某个特定国际关系领域的预期围绕着它们而聚合起来"。[①] 随着新自由制度主义的兴起，"国际机制"一词逐渐为"国际制度"（international institutions）一词所取代。作为新自由制度主义的奠基人，罗伯特·基欧汉率先明确指出了国际制度的含义，即国际制度是"规定行为角色、限制行动并塑造预期的持久的、相互联系的正式和非正式规则"[②]。在对国际制度的经验含义大抵取得共识的基础上，国际关系学者对国际制度如何促进国际合作的问题上形成了两种不同的解释：一种是主要借鉴新制度经济学理论而形成的理性制度主义，另一种是主要借鉴组织社会学理论而发展起来的社会学制度主义。

1. 理性制度主义的视角

在《霸权之后：世界政治经济中的合作与纷争》中，基欧汉在"科斯定理"的基础上，发展出了一套国际制度的功能理论，为国际制度与国际合作的关系提供了一种理性主义的分析视角。科斯定理是由诺贝尔经济学奖得主、新制度经济学的创始人罗纳德·科斯在 1960 年发表的《社会成本问题》中提出的。在这篇经典论文中，科斯以假设"交易成本为零"作为分析的第一步，然后再加入"交易成本为正"这个更符合现实世界的条件。

科斯首先表述了"交易成本为零"时制度安排与经济绩效的关系，即"科斯第一定理"："如果定价制度的运行毫无成本，最终的结果（产值最大化）是不受法律状况影响的。"[③] 这一定理的含义是，在交易成本为零的场合，无论产权的初

---

① Stephen D. Krasner, "Structural Causes and Regime Consequences: Regimes as Intervening Variables", in Stephen D. Krasner, ed.: *International Regimes*, Ithaca: Cornell University Press, 1983, p. 2.

② Robert Keohane, *International Institutions and State Power: Essays in International Relations Theory*, Boulder: Westview Press, 1989, p. 3.

③ ［美］R. H. 科斯：《社会成本问题》，载［美］R. 科斯、A. 阿尔钦、D. 诺斯等：《财产权利与制度变迁——产权学派与新制度学派译文集》，上海三联书店、上海人民出版社 1994 年版，第 11 页。

始安排如何，当事人之间通过谈判实现的市场交易总能使资源配置最优。

我们用"走失的牛损坏临近土地的谷物"作为案例来说明这一定理。假定农夫和养牛者在毗邻的土地上经营，土地之间没有任何栅栏，这样牛群的漫游就会造成农夫的谷物损失。我们假定造成的谷物损失为2万元，将牛群用栅栏围起来的成本为1万元。第一种情况，产权界定给农夫，即养牛者对牛给农夫造成的损失承担责任。在这种情况下，养牛者显然会主动为牛群建设栅栏，以避免向农夫赔偿2万元的谷物损失。第二种情况，产权界定给养牛者，即养牛者对牛给农夫造成的损失不承担责任。在这种情况下，农夫为了避免2万元的谷物损失，会向养牛者支付1万元以建设围牛群的栅栏。这样，无论产权界定给农夫还是养牛者，当事方都可以通过谈判达成对彼此都有利的合作。

科斯第一定理不过是对"交易成本大于零"的经济进行分析的道路上的基石。科斯指出，"一旦考虑到进行市场交易的成本，那么显然只有这种调整后的产值增长多于它所带来的成本时，权利的调整才能进行。……在这种情况下，合法权利的初始界定会对经济制度的运行效率产生影响。"[①] 这就是"科斯第二定理"。仍以"走失的牛损坏临近土地的谷物"的案例来说明。如果产权界定给农夫，养牛者只要自己建设围牛群的栅栏即可避免赔偿。但如果产权界定给养牛者，对农夫来说，向养牛者支付大于等于1万元而少于2万元的钱都是划算的，但如前文所言，建设栅栏的生产成本只有1万元。这样，作为追求成本最小化的理性行为体，当事人就会在建设栅栏所需要支付的资金数额上进行激烈的讨价还价，从而带来了明显大于第一种情况的权利调整成本。正是在这个意义上，权利安排决定了交易成本的大小和经济效率的高低。

科斯对制度重要性的揭示，对于理解通过谈判而达成的国际合作具有重要的启发意义。基欧汉认为，对国际制度的分析在很大程度上就是对国际政治经济中产权、不确定性和交易成本等问题的反应。他指出："没有有意识地设计出来的制度，这类问题将会使世界政治中合作的努力受到挫折，即使在行为者的利益是相互补充的情况下也如此。从自助体系的缺陷来讲（即使是从完全自私自利的国家行为体来讲），我们需要国际机制。在这个范围内，当它们满足了这些需要后，国际机制就扮演着建立法律责任模式的功能，提供相对对称的信息，以及解决谈判

---

① ［美］R. H. 科斯：《社会成本问题》，载［美］R. 科斯、A. 阿尔钦、D. 诺斯等：《财产权利与制度变迁——产权学派与新制度学派译文集》，上海三联书店、上海人民出版社1994年版，第20页。

的成本以使特定协议能够容易作出。"①

基于科斯定理，基欧汉将国际制度对国家的效用归到产权、交易成本和不确定性的问题下。第一，产权（法律责任）问题。由于国际体系的无政府状态，国际制度不可能构造出如同国内社会中那样稳固的法律责任模式。但国际制度有助于国家以相互获益的方式来组织它们之间的关系。国际制度被设计出来不是为了执行对协议的集中化实施，而是建立关于其他国家行为模式稳定的相互预期，从而形成共同知识的惯例。此外，国际制度也的确发展出了零星的法律来，尽管国际法与国内法在效力上大相径庭。

第二，交易成本。通过将禁止性的内容提高到原则和规则的层次，国际制度降低了合法谈判的交易成本并增加了非法谈判的交易成本。国际制度的原则和规则可以被运用到广泛的问题领域中，每次出现新的特定问题时，先前确立的原则和规则使各方没有必要再去围绕它们进行重复的谈判。因此，国际制度使各国政府可以利用潜在的规模经济优势，使它们一起谈判拟订协议的成本更加低廉。一旦一个机制建立起来以后，处理每一个追加议题的边际成本将比没有机制要更低。关税及贸易总协定在促使各国实行贸易自由化和在与贸易政策有关的事务上进行合作方面就非常成功，在其努力下一共进行了 8 轮多边贸易自由化谈判。在这种多边谈判模式下，不仅先前谈判的成果得到不断巩固，而且谈判的议题也不断扩展，比如从货物贸易向服务贸易扩展。

第三，不确定性和信息问题。在国际关系中，由于信息不对称、道德风险和逆向选择等因素，相互有利的合作协议往往无法达成。国际制度有助于国家解决这些问题。通过提供行为标准，提供公开讨论的论坛，或者借助国际组织，国际制度可以提高可获取信息的总体质量水平。国际制度内部为管制行为体而作出的各种安排也缓解了道德风险的问题。在国际制度的背景下，各种议题之间的联系则加大了欺骗和不负责任行为的成本。这样，国际制度可以降低不确定性从而有助于合作。比如，关税及贸易总协定中的贸易自由化谈判使缔约方在不同的议题之间建立了广泛的联系，不仅更易于实现补偿性支付，而且减少了基于"短视自我利益"的机会主义行为。

2. 社会学制度主义的视角

社会学制度主义是从社会学的组织理论或组织社会学中发展起来的。在组织

---

① ［美］罗伯特·基欧汉：《霸权之后：世界政治经济中的合作与纷争》，苏长和等译，上海人民出版社 2001 年版，第 107—108 页。

社会学家看来，西方的世界文化强调韦伯的理性观念，即将理性看作实现正义和进步的手段。这种世界文化规则构成了包括国家、组织和个人在内的行为体，并为其确定了合法的或可欲的追求目标。世界文化规范也使全球范围内的组织和行为变得越来越相似。由于这些社会学家将这些文化规范和规则称为"制度"，他们的研究路径被命名为"社会学制度主义"。

与理性制度主义对成本-收益的强调不同，社会学制度主义在"适当性逻辑"的传统内主张行动是以规则为基础的，行动关涉身份或角色的进化，并与在特定情势下身份或角色的义务相匹配。在这种逻辑下，行为体对目标的追求更多地反映了身份而非利益，更多地反映了对于规则的选择而非个体的理性预期。因此，现在的国际社会结构并不是国家进行选择的结果，而是由正在扩张和深化的世界文化所构成的。现代国际体系为一套强有力的、世界范围的文化规则所主导，这套规则的核心部分是韦伯的理性观念。这些西方的、理性化的规则创造了现代国家，即以法理型权威而非以早期的传统型权威和卡里斯马（Charisma）型权威为基础的政治实体。在当今的国际体系中，这些规则仍通过两种方式将国家塑造为体系下的单位：一种方式是为国家确定"理性的"目标，如追求"现代性"和"进步"；另一种方式则是确定"理性的"制度以实现这些目标，如市场和官僚制。

政治学家玛莎·芬尼莫尔（又译"玛莎·费丽莫"）进一步将社会学制度主义引入国际关系理论中，并以此论证了国际制度的作用。首先，国际制度会增强，不仅是因为它便于达到帕雷托最优结果，有助于国家以节约成本的方式得到它所想要的东西，而且有文化方面的原因，即参与日益增长的国际组织网络在文化上是必要的和适当的。正如芬尼莫尔所指出的："即使多边主义和国家利益相矛盾，多边主义的影响也将是持续的甚至强化的，因为它体现了更大的世界文化中的一系列中心价值。"① 因此，和理性制度主义相比，社会学制度主义通过强调多边主义本身的合法性，为国际合作的制度基础提供了更强有力的论证。

其次，国际制度不仅具有规定性作用，即用来约束人们的行为，还具有构成性作用，即塑造新的行为体、形成新的利益、创建新的行动类别。在世界政治中，国家"嵌入"在一定的社会结构和制度环境之中，并通过其他国家、国际组织、非政府组织之间的互动来理解其利益，所以国家利益不是先验给定的而是通过社会互动建构的。因此，国际制度可以对国家利益进行重新定义："国家利益是根据

---

① Martha Finnemore, "Norms, Culture, and World Politics: Insights from Sociology's Institutionalism", *International Organization*, vol. 50, no. 2 (Spring 1996), pp. 338-339.

国际上公认的规范（norm）和理解（understandings）——什么是善的和合适的——来定义。……当国际上公认的规范和价值变化时，它们就引起体系层面上的国际利益和行为的相应转变。"① 芬尼莫尔分析了国际红十字会与《日内瓦公约》对战争行为的影响。战争包含了一系列的战争规则，随着战争规则的变化，战争本身也在变化。《日内瓦公约》将保护平民和伤兵的内容加以制度化，而亨利·杜南特等个人和国际红十字协会为促成、宣传和贯彻此项制度作出了重要贡献。《日内瓦公约》改变了战争规则，也改变了各国归于国家利益的界定，使它们认识到遵守新的战争规则符合一个现代国家的利益，是适当和应当的行为，而此前很少有国家能这么做。

三、国际制度的形式与设计

制度形式的多样性是政治制度的基本特点。作为国家间关系中的政治制度，国际制度也具有多样的形式。我们可以从正式性、集中性、授权程度、灵活性、控制权等不同方面来考察国际制度在形式上的差异与变化。最一般地说，国际制度可以分为非正式的国际协议、国际条约、正式国际组织等不同形式。

非正式的国际协议包括默契、口头协议、行政协议、非约束性条约、联合声明、最后公报、商定记录、谅解备忘录和准立法协议等具体形式。国家在非正式协议中所作的承诺不具备正式的国际法效力，在外交上的地位不是一目了然的；在国内这些协议也并不要求复杂的批准程序，不需国内立法机构批准即可生效。因此，和正式的国际条约相比，非正式协议具有更大的灵活性、机动性、便捷性和隐秘性的优点。比如冷战期间美国和苏联在犹太人移民问题上的合作就是以默契的方式实现的。当时尼克松政府透过总统的幕后管道向苏联提出了犹太人移民的问题，苏联给予了政策上的回应，每年犹太移民的数量都有所增加。又如亚太经合组织领导人非正式会议发表的联合声明也是非正式协议，对各成员国的政策和行为不具有约束力。

国际条约是指国家间所缔结的以国际法为准则的国际书面协议，其名称包括条约、公约、协定、协定书、宪章、签约和宣言等。国际条约具有正式的国际法地位，在缔约国之间发生争端时援引条约可以证明或强化己方行为的正当性和对方行为的非法性。条约也必须经过复杂的国内批准程序才能生效，因而一旦获得

① ［美］玛莎·费丽莫：《国际社会中的国家利益》，袁正清译，浙江人民出版社 2001 年版，第 3 页。

批准就会得到国内制度和法律体系的强有力支持。此外，条约一般比非正式协议更公开，国内政治主体更加知晓协议内容，使得违约行为的成本预期更可能在多元的决策主体之间共享。《北大西洋公约》《里斯本条约》和《全面禁止核试验条约》等都是正式的国际条约。

正式国际组织是以国际条约为基础的政府间国际组织。在无政府状态的国际体系下，成员国将权力授予正式的国际组织，可以有效约束国家出于自利而采取的机会主义行为。与一般的国际协议相比，正式的国际组织具备五个优势：在搜集信息上具备中立性、集中性和专业性的特点；有利于成员国共同分担公共物品的供给成本，从而提高国际公共物品的实际供给水平；有利于成员国在联合生产中监察彼此的行为，并实现规模经济；为国家间的争端提供了第三方的争端解决机制；制定和实施国际规则以便为国家行为的协调提供焦点。20世纪被一些学者称为"国际组织的世纪"。在涌现了一批"国际行政联盟"后，人类历史上的第一个普遍性国际组织——国际联盟，在第一次世界大战后诞生。在联合国成立以后，正式国际组织的数量更是呈现爆炸性的增长趋势。国际货币基金组织、世界银行和东南亚国家联盟都是典型的正式国际组织。

那么，国家如何在这些不同的制度形式之间进行选择呢？如前所述，国际制度的建立是为了解决国际合作中的问题。面对不同类型的问题，国家会设计不同类型的制度形式。正如利莎·马丁所言："在不同类型的合作问题上，国家在考虑合作时会面对不同的挑战。因此，这些不同类型的合作问题也导致了关于规范和组织作用的不同预期。"① 一般而言，国际合作中的博弈可以分为四种类型，即协作型（collaboration）博弈、协调型（coordination）博弈、劝说型（suasion）博弈和保证型（assurance）博弈。这些不同的博弈类型要求设计不同形式的国际制度。

1. 协作型博弈

前面所介绍的"囚徒困境"就是典型的协作型博弈。假设两个博弈方A和B各有两种战略选择（0为合作，1为背叛），根据其报酬结构（如图6-1），每个博弈方的优势战略都是背叛。但当每个博弈方都采取背叛战略时，均衡结果（用*表示）对双方和整个社会来说都不是最优的。这就产生了"个体理性与集体理性的冲突"。

① Lisa Martin, "The Rational State Choice of Multilateralism", in John Ruggie ed., *Multilateralism Matters: The Theory and Praxis of an Institutional Form*, New York: Columbia University Press, 1993, p. 94.

$$
\begin{array}{c}
 & & B \\
 & & 0 \quad\quad 1 \\
A & \begin{array}{c} 0 \\ 1 \end{array} &
\begin{array}{|c|c|}
\hline
3,\ 3 & 1,\ 4 \\
\hline
4,\ 1 & 2,\ 2* \\
\hline
\end{array}
\end{array}
$$

图 6-1 协作型博弈

在协作型博弈中，既然背叛会带来即时的报酬，国家具有强烈的动机去背叛而非合作。为了促进合作的实现，需要建立正式的国际组织以发挥监督或实施协议的功能。比如在国际贸易领域中，自由贸易固然可以使合作双方都获益，但当其中一方采用保护贸易政策时，如果另一方仍采用自由贸易政策，前者将会得到最好的报偿，而后者将会得到最差的报偿。面对国家强烈的贸易保护主义动机，国际贸易制度必须建立强有力的监督和惩罚机制，否则贸易自由化的目标难以顺利实现。这也就是为什么关税及贸易总协定本来是一个国际协定，却随着国际贸易的发展逐渐成为一个"事实上的国际组织"，并最终成为具有正式法律地位的世界贸易组织。

2. 协调型博弈

协调型博弈的原型是"情侣战"。其故事情节大致如下：即使是热恋中的情侣，双方的爱好还是不相同的。男方为超级球迷，女方最喜欢看芭蕾。周末男方最希望两人一起看球，而女方最希望两人一起看芭蕾，但是分开各自度过这难得的周末时光才是最不乐意的事情。我们用 A 表示男方，B 表示女方，0 表示看球，1 表示看芭蕾。

如图 6-2，协调型博弈有两个均衡结果，每一个都是其中一方最希望出现的。主要困境在于哪一种均衡结果能胜出。如果博弈方都坚持自己所偏好的结果，双方就达不成协议，讨价还价异常激烈。但有协议总比没有协议好，一旦谈判崩溃了，后果对任何一方都不利。

$$
\begin{array}{c}
 & & B \\
 & & 0 \quad\quad 1 \\
A & \begin{array}{c} 0 \\ 1 \end{array} &
\begin{array}{|c|c|}
\hline
4,\ 3* & 2,\ 2 \\
\hline
1,\ 1 & 3,\ 4* \\
\hline
\end{array}
\end{array}
$$

图 6-2 协调型博弈

协调型博弈具有重要的分配性意义，有时会使合作性的解决方案很难达成。但一旦一种均衡结果确立了，任何一方都没有动机去背叛。在这种情况下，国家没有必要将本来稀缺的资源用于发展正式的国际组织上。比如在全球气候变化问题上，发达国家和发展中国家的偏好迥然不同。针对发达国家提出的高减排目标，中国、印度等发展中国家坚持"共同但有区别的责任"原则，主张只承担与其发展阶段、所负责任和实际能力相称的国际义务。即使建立一个正式的国际组织也无力解决这种分配性冲突。

3. 劝说型博弈

无论协调型博弈还是协作型博弈都体现了国家间利益的对称性。但在劝说型博弈中（如图6-3），博弈方 A（霸权国）比另一博弈方 B（非霸权国）拥有更大的权力。我们仍用 0 表示合作，1 表示背叛。霸权国不满意自己单边行动带来的报酬，而偏好他者的合作。背叛可以使非霸权国获得即时的最大报酬，但如果霸权国也转而背叛，非霸权国只能得到最少的报酬。

		B	
		0	1
A	0	4, 3 *	3, 4
	1	2, 2	1, 1 *

图6-3　劝说型博弈

在这种情况下，能否合作将取决于霸权国的威胁或者承诺。如果在霸权国的主导下建立国际组织，可能便于霸权国采取议题联系战略，从而增加威胁或者承诺的可信性。冷战时期建立的巴黎统筹委员会就是这样一个组织。作为美国推行冷战战略的工具，巴黎统筹委员会制定了"国际安全清单"以限制成员国向社会主义国家出口战略物资和高技术限制。对美国而言，巴黎统筹委员会可以避免其他发达资本主义国家为了自身经济利益而破坏美国的战略禁运效果。

4. 保证型博弈

"猎鹿"寓言反映了保证型博弈的报酬结构。法国启蒙思想家卢梭在《论人类不平等的起源和基础》中描绘了这样的故事。古代的一个村庄有两个猎人。当地的猎物主要有两种：鹿和兔子。如果一个猎人单兵作战，一天最多只能打到4只兔子。只有两个猎人一起去才能猎获1只鹿。从填饱肚子的角度来说，4只兔子能保证一个人4天不挨饿，而1只鹿却能使两个人吃上10天。这样，两个人的行为决策就可以形成两个博弈结局：分别打兔子，每人得4；两个人合作猎鹿，每人得10。在这个故事中，丰美的鹿肉相对于其他所有结果而言是最好的，因此可以鼓励大家合作猎鹿。但因为到手的兔子胜于逃跑了的鹿给自己带来的报酬，只有在每个猎人相信所有猎人会合作的情况下，合作才能确保。

　　根据上述的"猎鹿"寓言，博弈方相互合作对双方都是最优的（如图 6-4），0 表示猎鹿，1 表示打兔子。只要对方合作，背叛并不能够带来收益。但如果一方采取合作战略而另一方采取背叛战略，采取合作战略的一方会得到最差的收益。在这种情势下，只要增信释疑，双方都可以通过合作来实现福利的帕累托改进。因此，有效促进合作的解决方案在于增加决策的透明度，而没有必要建立复杂的国际制度安排。比如，随着资本跨国流动的增强，国际金融市场为相关国家提供了越来越多的融资机会。如果某些国家的货币政策使国际金融市场产生了不稳定，那么其他国家由于担心这种不稳定性所带来的负面影响而限制资本自由流动，这种选择虽然降低了自身在国际金融市场上的风险但也同时降低了本国投资收益的机会。在这种报偿结构下，国际货币基金组织为各国货币政策的相互沟通提供了一个平台，其主要目的不是制裁不负责任的货币政策，而是让各成员国增信释疑。

		B	
		0	1
A	0	4, 4*	1, 3
	1	3, 1	2, 2*

图 6-4　保证型博弈

　　总而言之，通过对博弈模型的运用，我们可以解释国际制度形式的多样性问题。根据国际合作中的国家面对的不同问题，我们还可以设计与之相适应的国际制度形式。

思考题

　　1. 国家之间为什么会合作？

　　2. 信息不对称如何影响国际合作？

　　3. 简述国际关系理论中关于绝对收益和相对收益的争论。

　　4. 国际制度为什么会促进国际合作？

　　5. 根据博弈的不同类型分析国际制度形式多样性的原因。

第七章　区域化与区域主义

区域化是经济发展到一定程度，对市场、技术、自然禀赋、社会劳动分工提出比国家更大范围的配置组合要求的必然产物。作为当代国际政治的重要组成部分，它主要是第二次世界大战结束后出现的，发轫于战后重建中的欧洲，并在五六十年代以及冷战结束后掀起过两轮发展高潮。区域已成为当今国际政治中的重要分析单位，区域的影响在世界政治中的重要性不断增长，不少人认为世界将会由区域构成。区域将可能成为组成未来多边世界秩序的基本单位。从战后以来实际的发展情况看，区域化一定程度上能满足区域内国家合作的需要，但把它看成取代民族国家作为国际政治的组成单位就显得言过其实。事实证明，当区域化发展到妨碍国家发展与世界关系时，它就会遇到挫折，甚至可能倒退。本章将从区域化的形成和发展入手，进一步分析区域化对民族国家和国际政治的影响。

第一节　区域化的形成与发展

国际关系中的区域化主要是在"二战"后发展起来的，之前的世界历史是资本主义全球扩张的历史。"资产阶级，由于开拓了世界市场，使一切国家的生产和消费都成为世界性的了。"① 两次世界大战几乎葬送了资本主义，标志着老的资本主义走到了它的尽头，"二战"后的资本主义在组织方式和运作方式上都发生了很大的变化，区域一体化在老资本主义中心的欧洲率先产生，很大程度上可以作为这种变化重要的一部分来理解，也是其产生的一个重要背景。

一、区域与区域一体化

1. 区域的内涵

区域（region）是历史形成的，由地理上相邻的一些国家组成，这些国家有着共同或相近的历史和文化背景，它们也因此被外界视为同一个群体，或者有着割舍不断的相互联系。因此，与区域化不同，区域本身并非"二战"后的新事物，而是在客观条件和历史发展的共同作用下形成的。

---

① 《马克思恩格斯文集》第 2 卷，人民出版社 2009 年版，第 35 页。

　　抽象的区域概念很难界定，经验的辨认却很容易，如欧洲、亚洲、美洲，或者范围更小一点的西欧、东亚、北美等，都是我们这里讲的区域。国际关系中区域认定的经验方便性来自于时空两个方面：区域首先是一种地理形式的存在，世界地图上可以明确标记，有的也有其明显的地理分界，如山脉把南亚次大陆和亚洲大陆的主体部分天然地分隔开来。其次，由于历史在区域上的延展，使区域获得了其丰富的内涵和特性，并以文明的形式展现出来，包括种族、习俗、生活和生产方式、政治和社会制度、宗教、建筑、饮食等诸多方面，这些方面在区域内部表现出很大的一致或相似性，而不同区域之间则存在明显差异性。当然，这种差异性也不能被过分夸大，尤其对于处在文明或文化过渡带的人来说，对这种差异性的感知并不会很强烈。

　　因此，区域是一种多层、多种形式和内涵的存在。层次上可以有大洲大陆级的区域，如美洲国家联盟所在的美洲，非洲联盟（其前身为非洲统一组织）所在的非洲等，或者文明级的区域。塞缪尔·亨廷顿指出，冷战后的世界被区分成了无论在地理上还是以宗教为核心的文明上都可以标识出来的七大板块，它们是中华文明、日本文明、印度文明、伊斯兰文明、西方文明、拉丁美洲文明、非洲文明（可能存在的）。① 小一点范围的层次上可以有次大陆级的区域，如南亚、东非、北欧等，也可以有由若干国家构成的次区域，如东北亚、东南亚等。形式和内涵上也可以多种多样，如经济联系所形成的区域，或政治文化联系而形成的区域，安全纽带构建起来的区域，它们之间会有重叠的部分，也有不一致的地方。譬如，北美自由贸易区在经济上把美国、加拿大、墨西哥联系在了一个区域，但从文化上看墨西哥又是拉丁美洲这个区域的一部分。区域还会因某个问题的存在和突出而被构建起来，如北极区域因对北极环境保护的重视，全球气候变暖而导致北冰洋夏季通航的可能性的出现以及北极地区的资源开发的前景吸引，使得北极国家觉得有必要组织在一起而产生。区域也会因某一种功能的联系而形成，如河流流域或湖海沿岸。所有这些说明，区域有其客观性基础，同时它又可以因问题的不同和认知的需要而被构建。

　　需要指出的是，区域内的联系并不一定总是正向强化的，有的区域内联系不是国家间合作的深化，而表现为国家间冲突的持续，如南亚的巴基斯坦和印度之间，中东内部阿拉伯国家和以色列之间的冲突。不过，这种区域内冲突性联系的

---

① 参见［美］塞缪尔·亨廷顿：《文明的冲突与世界秩序的重建》，周琪等译，新华出版社1998 年版，第 29—33 页。

存在并不影响我们仍把这些国家视为同属一个区域。

2. 区域一体化

区域内国家间联系不断加强，合作日益增多的国际关系现象叫区域一体化（regional integration）。一体化可以指曾经互相独立的两个国家间的合并，如历史上英格兰和苏格兰的统一，也可以指国家间的界线变得越来越不重要，人员、物品和文化的跨界流动变得越来越没有障碍的发展进程，尽管国家间的合并和统一并没有实际发生。相对而言，一体化更容易发生在同一个区域内的国家之间，因此两个词会经常放在一起使用，称为区域一体化。

由于欧洲被认为是区域一体化最发达的地区，这里简单地回顾一下欧洲一体化的发展历程。欧洲一体化起始于 1952 年欧洲煤钢共同体的建立，当时法国、联邦德国、意大利、比利时、荷兰、卢森堡六个创始国决定把煤和钢的生产与销售置于一个共同机构（被称为高级机构，High Authority）的管理之下，并成立议会、法院和审计机构对这个高级机构进行监督。1958 年成立了欧洲经济共同体和欧洲原子能共同体，欧洲经济共同体开启了欧洲全面的经济一体化道路，其管理机构被称为欧洲委员会，由成员国派代表组成。1965 年，欧洲煤钢共同体、经济共同体和原子能共同体三个共同体的机构合并，统称为欧洲共同体（European Community，简称 EC）。1973 年，欧洲共同体迎来了第一次扩大，英国、丹麦和爱尔兰加入。同时，欧洲共同体成员国之间开始政治合作，形成欧洲政治合作机制（European Political Cooperation，简称 EPC），主要协调对外政策，机制独立于欧洲共同体运行。1979 年建立欧洲货币体系，采用欧洲货币单位埃居（European Currency Unit，简称 ECU）作为相互间结算和外汇储备的计算单位，相互间实行固定汇率，埃居成为成员国货币间固定比价和波动幅度的标准。1981 年希腊加入欧洲共同体。1985 年欧洲共同体颁布单一市场法令，着力内部统一市场建设。1986 年西班牙和葡萄牙加入，1990 年东西德合并，东德部分加入欧洲共同体。1993 年欧洲联盟（European Union，简称 EU）成立，在欧洲共同体外新成立共同外交与安全政策（代替之前的欧洲政治合作）、司法和民政事务合作，三大支柱共同构成欧洲联盟大厦。1995 年，奥地利、瑞典、芬兰加入欧洲联盟。1999 年欧洲统一货币欧元诞生，2002 年成为市场上正式流通的货币。不过，由于货币属于国家主权高度敏感的象征，加入欧元区又有严格的经济标准，因此欧盟成员国没有全部加入，现有成员国 19 个。2004 年欧洲实现了历史上规模最大的一次扩大，马耳他、塞浦路斯、波兰、匈牙利、捷克、斯洛伐克、斯洛文尼亚、爱沙尼亚、拉脱维亚、立陶宛 10 个中东欧国家一次性加入。2007 年罗马尼亚和保加利亚加入，2013 年克罗地亚成为欧盟的第 28 个成员国。2009 年《里斯本条约》生效，欧洲联盟三大支柱的大厦结构结束，新的欧洲联盟成为单一的国际法人。发展至今，欧洲联盟已成为欧洲区域一体化最复杂最深入的决策和管理系统，各国事务中几乎有 90% 以上的决策和管理都与欧洲联盟有着不同程度的联系。值得注意的是，2016 年 6 月 23 日英国举行脱离欧盟的公民投票，51.93% 的民众选择脱离欧盟。2017 年 3 月 29 日，英国首相特雷莎·梅致函欧盟，正式启动英国"脱欧"程序，成为欧洲一体化启动以来第一个加入后再脱离的国家。

从欧洲一体化的发展来看，区域一体化包含几个层面的内容：一是作为区域一体化的象征和代表，会有区域合作组织的产生与发展；二是国家间会把一部分事务拿出来互相合作，互相开放，统一行动，如取消相互间的贸易关税，制定统一的商品标准等，从经济到政治，甚至外交与防务；三是会有发展与扩大，合作的事务会增多，参与合作的国家也会增加。

尽管区域取代民族国家成为国际政治主要单位在可预见的将来还不可能成为现实，但区域一体化发展对整个国际关系的影响值得人们思考，因为对这种关系性质认识本身可以反过来影响人们对区域一体化的态度，从而决定区域在国际政治中的命运。这方面相反的两种观点明显地同时存在。区域一体化的支持者认为，它因为消解了民族国家间的界线，使得国家间冲突失去了大爆发的理由，国际关系会变得更趋向和平与合作；而怀疑论者担心，在一个区域内的国家相互间因一体化而越来越统一成一个国家后，新的区域间竞争和对抗只会因单位规模的扩大而上升到更高的层次。从欧盟与外部世界的实际关系来看，怀疑论者的担忧是有一定道理的，只要区域一体化被资本主义当作联合逐利的工具，那么它与外部世界的利益竞争就不可能消除。

二、区域化的形成

1. 区域化的发端

区域化（regionalization）是"二战"后发展起来的国际关系现象，它指的是区域在国际关系中的存在表现得越来越明显，区域内国家间的联系不断得到加强，合作日益增多，以区域为单位观察国际关系的意义日益增强。区域化表现为区域内部人员、物品、文化流动的增强，互相认同的意识的发展，以及对外的某些共同特性的不断显现。北极地区国家建立的北极理事会成员国之间因大陆架领土争端而分歧很深，但它们在面对域外国家时又展现出了一种共同性，这就是区域化发展所带来的结果。

区域化作为一种国际关系现象，是因为第二次世界大战结束后欧洲开启了一体化道路而引起人们重视的，但这一进程的开始则在之前就已经发生。爱德华·曼斯菲尔德和海伦·米尔纳认为，区域化的发端可以依据贸易特惠制度的产生来判定，关税同盟、最惠国待遇等做法在 19 世纪后半期的欧洲就已很普遍。[①] 这些做法在欧洲内部促成了一些民族国家的统一和诞生，如今天的德国、意大利、瑞士、丹麦、瑞典、挪威等，对外欧洲各国纷纷走向一种帝国性质的区域主义（imperial regionalism），英、法、德等从 1870 年之后进入新一轮的殖民地抢夺浪潮，把殖民地视为本土的海外延伸，纷纷建立以各宗主国为中心的经济体系。据统计，到第一次世界大战前夕，英国已与 46 个国家签订双边协定，德国签订了 30 个，法国 20 多个。当世界被瓜分殆尽时，冲突就必然发生。列宁在《帝国主义是资本主义的最高阶段》里指出，第一次世界大战的本质就是帝国主义瓜分世界的战争。

"一战"结束非但没有打断这种帝国性质的区域主义进程，反而因为凡尔赛会议的分赃性质使得其变本加厉了。如果说"一战"之前的区域主义主要在于一种领土和资源的掠夺，那么"一战"之后则开始走向一种恶意的经济政策。这种区域主义主要是为了巩固主要大国的帝国势力，是一种恶意竞争的区域主义（malevolent regionalism），以邻为壑，信奉零和理论。法国在 1928 年形成了它的关税同盟，英国在 1932 年建立了英联邦，其他一些谈判则在主权国家间进行，如 1934 年意大利、奥地利、匈牙利签订了贸易优惠区协议，比利时、丹麦、芬兰、卢森堡、荷兰、挪威、瑞典也在 20 世纪 30 年代签订了一系列经济协定。德国也如此，还有美国也在 30 年代中期签订了 20 多个双边贸易协定，其中许多协定是与拉美国家签订的。这种以帝国为核心的区域竞争，再次成了第二次世界大战爆发的主要原因。

2. "二战"后的区域化

"二战"结束后的最初一年多，世界曾弥漫着一种普世主义的乐观精神，但 1947 年冷战的爆发把这种普世主义的热情打消得一干二净，世界被一分为二，老的殖民帝国衰落了，取而代之的美国和苏联两个超级大国都实施全球性的战略，两极对峙的格局取代了"二战"前多强争雄的模式。在冷战的大背景和超级大国全球争霸的大战略下，区域没能进入战略思考的范畴。不过，区域的一些新的表现方式开始出现，如《联合国宪章》认为区域性机构的存在对解决和平与安全问题是有益的，像美洲国家组织、英联邦、阿拉伯国家联盟这样的组织可以成为解

① Edward D. Mansfield and Helen V. Milner, "The New Wave of Regionalism", *International Organization*, vol. 53, no. 3（Summer 1999）, p. 576.

决争端的第一手段，联合国的组织体系也包括了各机构在世界各个区域的分支机构。不过与冷战时期两个超级大国的争霸相比，这种区域性的组织机构所能起的作用太小了。

另一种区域性的机制在冷战时期纷纷建立，它们就是各种区域性安全组织，像北约、华约、西欧联盟、中央条约组织、美日安保同盟、东南亚条约组织、澳新美条约组织等。这些组织主要仍是以超级大国为核心，服从于超级大国的全球争霸战略，但也促使一些学者开始考虑，这种区域性的政治安全机构的存在能否加强区域内的融合，区域的安全共同体能否向真正的区域共同体发展。

真正引起国际关系学者对区域化重视的是欧洲一体化的启动及其初步成功。欧洲一体化到 20 世纪 60 年代已在经济上取得了很大成功。仿效西欧的成功，其他地区的经济一体化计划也被纷纷提了出来，人们当时的讨论充满了北美自由贸易区（NAFTA）、太平洋自由贸易区（PAFTA）、拉丁美洲自由贸易区（LAFTA）等词汇。一体化理论也在这个时期发展起来，他们相信，随着经济一体化的成功推进，民族国家间的政治一体化也指日可待，一体化从经济领域向政治领域的外溢是必然的进程，最后人们的效忠也会从各自的民族国家转向一个一体化了的超国家实体。

除此之外，还有一种现象也构成了区域化发展的一部分，那就是发展中国家之间的一些政治经济组织也在这一时期纷纷建立，像非洲统一组织、东南亚国家联盟、不结盟运动、七十七国集团等。这反映了第三世界国家摆脱超级大国两极冷战格局、联合自强的努力，也鼓舞了人们对这些地区独立自主发展的希望。

因此，"二战"后区域化的形成是由几个不同性质的区域主义共同构成的：一是由超级大国争霸带动的区域性安全机制，它因被超级大国的霸权所笼罩，区域的性质表现得不是很明显；二是由欧洲一体化所带动的以经济合作为主要纽带的区域，尽管有的成功，有的不太成功，但它对世界经济版图的影响是重大的；三是发展中国家间的政治经济合作，这方面因许多发展中国家自己也刚取得民族独立，相互间的合作协调要形成实质性的效果，还需一段时间探索。最后还有一种联合国框架下的区域化，理论上它应该很强，但实际上却很弱。

三、区域化的发展及其影响

1. 区域化的挫折

"二战"后区域化的形成历程内，几种不同类型的区域中主要还是经济合作的模式比较成功。在 20 世纪五六十年代世界经济高速增长的大背景下，欧洲一体化所取得的成绩引人瞩目，发展中国家合作发展经济，联合改善自己在世界经济中的地位也取得了一些成绩。因此，当 20 世纪 70 年代世界经济衰退后，区域化发展就相对停顿了下来。一方面，被认为区域一体化发展程度最高的欧洲经济共同体成立后，新的进展非常有限；另一方面，与 20 世纪 60 年代相比，发展中国家在 20 世纪 70 年代的经济形势也不容乐观，发展中国家的区域一体化实践也收效甚微，其中有多种原因，包括内向的经济政策、薄弱的制度安排、殖民主义的后遗症以及其他种种不发达的因素所带来的不利影响。从国际关系大环境来看，20 世纪 70 年代末东西方冷战重趋紧张，美苏两个超级大国加剧了新一轮的竞争，区域发展的国际政治空间再次受到挤压。

不过，在这一区域化发展的低潮阶段，区域性组织的创建一直未曾中断，例如，东南亚国家联盟（Association of South East Asian Nations，ASEAN）1967 年成立，加勒比共同体和共同市场（Caribbean Community and Common Market，CARI-COM）1973 年成立，西非国家经济共同体（Economic Community of West African States，ECOWAS）成立于 1975 年，南部非洲发展协调会议（the South African Development Coordination Conference，SADCC）1980 年启动，海湾合作委员会（the Gulf Cooperation Council，GCC）1981 年成立，南亚区域合作联盟（the South Asian Association for Regional Cooperation，SAARC）1985 年建立。

事物的发展往往是辩证的，经济衰退打击了区域化发展的动力，但经济衰退又使得在过了一段时间后，区域化作为解决经济问题的方案再次引起人们重视，特别是到 20 世纪 80 年代，美、苏关系又一次缓和的情况下表现得尤为明显。欧洲统一大市场建设在 20 世纪 80 年代中期开始启动，世界其他区域雄心勃勃的一体化计划也再次被提了出来，如东盟在八九十年代从创始五国发展到了现在的十国。不过这一轮的发展并没有按其自身的逻辑走完，1989 年到 1991 年间国际政治的一系列剧变，从东欧国家的转变，到德国的统一、苏联的解体、冷战的结束，打断了它发展的原有轨迹，一下子被赋予更高的一种形式和意义。

2. 新区域主义

更高的形式和意义在于，当冷战结束、两极格局瓦解后，区域主义突然成为一种冷战后世界秩序模式的选择方向。在之前，区域主义的力量再强大，也总被笼罩在两极模式之下。冷战后世界政治现实所出现的一些新的趋势，说明区域主义似乎在世界各地都在展开。这是一种霸权后的区域主义，曾任伦敦皇家国际事务研究所主任的乔治·霍华德·乔菲认为，"二战"后已经出现了超国家机制（supra-state institution）不断发展的趋势，但大部分被超级大国的势力均衡所阻止，只有欧洲由于种种特殊的原因发展到了今天这样的程度。不过也只有到了 20 世纪 90 年代，欧洲的政治家们在过去三四十年所做的事情的广泛的理论意义才显示出来，因为只有到了此时美国的角色和霸权稳定的理论才真正成了国际关系学者考虑的核心问题，而区域主义作为一种与霸权稳定理论平衡的观点也就具有了新的意义。这种区域主义被称为"新区域主义"（New Regionalism），与冷战时期的区域主义不同的是，它是作为一种霸权稳定的替代方案出现的。①

冷战后的区域化发展中，经济被提到了更高的地位。这一方面是因为冷战结束后国际关系从"高级政治"（安全、政治）转向了"低级政治"（经济、社会），经济发展取代和平安全成为国际社会的核心主题，世界围绕经济发展、科技创新的竞争加剧；另一方面是因为东西方的隔离墙被推倒后，经济全球化大大扩大了经济活动的空间，经济发展获得了更大的舞台。这一趋势在欧洲表现为经济一体化从贸易自由和市场统一进一步发展到了统一货币的高级阶段，东盟在 1992 年的第四届首脑会议上签订了加强经济合作的框架协定，而在世界范围内则表现为新一轮自由贸易协定谈判和建立自由贸易区的热潮，并进一步从贸易自由化向资本的自由流动发展。

冷战后的区域化进一步从经济扩展到了政治甚至安全领域。这方面欧洲又再一次走在了世界前面，1993 年欧洲联盟（简称"欧盟"）成立时，它采取了经济共同体、共同外交与安全、司法与民政事务合作三大支柱并立的结构。而在 2009 年年底生效的《里斯本条约》中，欧盟又被赋予国际法人资格，三大支柱的结构被统一的欧盟取代，并获得了更加统一的整体形象，有了"欧洲总统"（正式名称为欧洲理事会常任主席）和"欧洲外长"（正式名称为欧盟共同外交与安全政策高级代表），欧盟还在联合国大会获得了与主权国家一样的发言机会。欧洲的这种发展也带动了其他区域向更高级合作的努力，如东盟 1998 年第六届首脑会议通过了一系列加强经济、政治与安全合作的文件，2004 年第十届首脑会议通过了《东盟社会文化共同体行动纲领》和《东盟安全共同体行动纲领》，非洲统一组织在 2002 年改组为非洲联盟。

冷战后区域化发展的再一个重要表现是区域的扩大，这也证明了区域的影响力和吸引力。欧盟在 1995 年、2004 年、2007 年、2013 年先后四次扩大，从 1952 年成立之初的 6 个成员国发展到了现今 28 个成员国。东盟也在冷战结束后的第一

---

① George Howard Joffé, "Preface：Regionalism——A New Paradigm？", in Mario Telò ed, *European Union and New Regionalism*，*Regional Actors and Global Governance in a Post-hegemonic Era*，Aldershot：Ashgate，2001.

个十年成员国翻倍，发展为 10 个成员国。而且，东盟还与东亚其他三个主要国家（中国、日本、韩国）发展了"10+1""10+3"机制以及范围更大的东亚峰会、东盟地区论坛等机制。美国作为头号大国，除了北美自由贸易区，对参与别的区域化非常谨慎。但即使如此，在北极理事会的组建上，美国还是参与进来。可以不夸张地讲，除了极少数国家外，当今世界没有哪个国家不加入到至少一个的区域建设中。

区域间主义（inter-regionalism）在冷战后区域化发展中构成了一种新的国际关系现象，其标志是 1996 年亚欧首脑会议的首次召开，在欧洲和东亚之间搭起了一座区域间对话的桥梁。亚太经合组织在 1989 年到 1993 年形成，它也把东亚和美洲、大洋洲国家带到了一起，此外还有欧洲与非洲、拉丁美洲等的对话。这种对话从产生具体的项目来衡量，可以说其成效有限，但对于增进互相了解来说，其意义不容小视。区域间机制的形成，反过来也说明了区域在冷战后获得了更大的重要性。

不过，从作为一种霸权秩序的替代方案来看，区域主义的世界秩序意义显然被拔高了。区域能够被看作国际政治的单位，主要是因为内部实行了更加紧密的政治经济合作，走向了一体化，对外则越来越协调行动，谋求统一政策。在区域一体化发展程度最高的欧洲，乐观的支持者认为统一的欧洲可能取代现有的民族国家。但实际上，2005 年欧洲制订宪法的努力失败，2016 年英国公民投票决定要脱离欧盟，证明过于激进的一体化并不是多数人想要的，国际关系并不会立即被区域关系所取代，而依然是由国家与国家之间的关系构成。冷战结束后 30 多年的国际关系表明，大国仍是关键。英国"脱欧"的发生，也说明区域一体化不可能持续不断地深化，当一体化触及成员国核心利益，或者成员国认为其付出开始大于收益、行动过于被束缚时，就会有国家开始选择离开。

第二节　区域化与民族国家

不管有没有做到，区域化的出现至少使人们开始思考一个问题，即民族国家（nation-state）是否是世界政治最佳组织单位，尤其是当经济生产越来越超越国界，变得全球化之后。这样的问题对疆域和规模足够大的国家来说体会并不深刻，而对于中小国家来说，这样的问题却是实实在在必须去面对的。在区域化的发展浪潮中，对民族国家命运的认识有起有落，不过至少到目前为止，还没有哪个国家完全被区域化所淹没。

一、区域经济一体化

1. 从自由贸易到共同市场

区域经济一体化（regional economic integration）就是区域国家经济合作不断加深，相互逐步融合为与一个国家相差无几的程度的过程。区域一体化的压力许多时候主要来自于经济，经济学家比国际关系学者更系统地思考了经济一体化的理论问题，提出了自由贸易区、关税同盟、共同市场、统一货币、经济货币联盟五个阶段的发展路径，每一个阶段都是对前一阶段的合作升级，经济变得相互间更为一体。

自由贸易区（free trade area）是国家间经济一体化的起步阶段，其目标是在自由贸易区成员国间消除关税，促使商品可以在成员国之间自由流通，以更大的市场换取更高的生产力。事实证明，自由贸易确实能对经济发展起刺激作用，不过在技术上它隐含着一个问题，即怎么面对来自第三方的商品。第三方的商品通过选择关税水平较低的国家上岸，就可以在自由贸易区内自由流通，这容易造成自由贸易区成员国间的关税竞争。虽然在自由贸易区建设的实践中，人们想出了原产地证明的办法，但这个办法本身在谈判和执行上比较耗时费力。因此，区域经济一体化就提出了第二阶段的需求，即关税同盟。

关税同盟（custom union）意即成员国内部实行自由贸易，免除关税，对外则实行统一的关税税率。关税同盟使得成员国相互间在执行自由贸易上免除了原产地证明的麻烦，不过，这也意味着成员国让渡了部分的国家主权，因为传统理解中国家主权的表现形式包括国防、关税、货币等。当大家对外执行相同的关税税率后，意味着关税不再是国家对第三方可以使用的一种关系调整的手段，能否给第三方关税优惠，得和关税同盟内的其他国家一起商量决定。正因为如此，许多区域一体化安排至今仍停留在自由贸易的阶段，而当时欧洲在设计经济一体化时，则跳过了自由贸易阶段，直接进入了关税同盟阶段。

从经济更加自由无障碍流动的角度看，关税同盟虽然在内部消除了关税，但商品进出还存在非关税壁垒。非关税壁垒可以有无数种，这里以食品安全为例，由于不同国家执行不同的食品安全标准，如果一个国家不想让另一个国家的商品进入自己的市场，即使在自由贸易的情况下，它仍可以以对方生产的这种食品不符合自己的安全标准为由而将其拒之门外。因此，经济一体化就需要进入发展的第三阶段，即共同市场。

共同市场（common market）或单一市场（single market）意即统一成员国对商品

的各种要求和标准，成员国间所有商品享有国民待遇，市场真正实现了统一。在货物完全无障碍流通的基础上，共同市场还进一步要求人员、资本、服务等其他生产要素也实现完全自由地流动，使其自由统一程度达到一个国家内部市场同样的水平。当然，货物之外其他生产要素完全自由地流动并不容易，如人员的自由流动就会面临语言的障碍，但它至少作为一种衡量的标准被提了出来，成为问题审议的依据，这本身就是一体化的一个巨大发展。所以，虽然很难说有哪个区域已经建成了完全的共同市场，但实行共同市场的区域的经济一体化程度已比其他区域高出了许多。

2. 经济一体化的高级阶段

从更高水平的经济合作来看，共同市场还存在一个问题，即货币不统一。在各成员国还使用各自货币的情况下，相互间贸易和投资很容易受汇率波动的影响。哪怕是实行固定汇率或者固定区间的有限浮动汇率，货币兑换本身还是一个方面的成本。因此，区域经济一体化就提出了更高一级的要求，即建立货币联盟（monetary union），在成员国之间采用统一货币。统一货币，意味着大家接受共同的中央银行，意味着共同的金融市场。欧洲的经济一体化已走到这个阶段，欧元目前已在 19 个成员国取代了它们原先的货币。

不过，统一货币并不意味着经济一体化走到了顶端，由于国家干预已成为现代经济的重要部分，而货币统一意味着国家两大经济干预的政策工具只统一了一项，即货币政策，另一项财政政策还掌握在国家手里，从而为统一货币区的经济埋下了隐患。2009 年开始爆发的欧洲债务危机反映了这一点，由于货币统一后国家失去了货币政策这一经济干预工具，它们比以前任何时候都更依赖财政政策的使用，国家财政赤字长期居高不下，积累到一定程度后，借新债还旧债的方法难以维系，陷入了危机的总爆发。因此，最高级的经济一体化是经济货币联盟，相关国家间不仅采用共同货币，还把政府财政也统一起来。

由于经济货币联盟把财政也统一了起来，已获得了统一国家的多数特征和功能，包括统一的管理协调和决策机构、中央银行以及相应的代议机构，甚至一整套为保证一体化经济正常运转所必要的政治机制，使参加的成员国实际上削弱或丧失了作为主权国家的经济决策自由，把经济决策权转移给同盟的中央机构。在这个意义上，发展到经济货币联盟阶段的区域经济一体化基本上已形成了经济统一的国家。

二、区域政治一体化

1. 共同体方法与超国家治理

区域政治一体化不同于经济一体化，经济一体化是拆除国家边界，上交决策权力，构建共同机构的过程，而政治一体化敏感度要比经济一体化高得多，它很难在形式上表现出与经济一体化同样的发展进程。以欧洲一体化为例，经济因为一体化而可以把国家间的海关、中央银行之类的机构撤除，但主要的政治机构并未因区域政治一体化的发展而发生显著变化。从欧洲一体化发展的经验来看，区域政治一体化（regional political integration）主要表现为为管理经济一体化而设立机构的活动，以及在这些机构上开展决策，围绕机构权力配置而进行的活动，这些活动被统称为超国家治理（supranational governance）。所以，区域政治一体化虽然和经济一体化并列来讲，但它不是要统一成员国的政治活动，而是围绕着对一体化的经济进行管理展开的决策活动和机制建设。由于这些活动是在国家层面之上进行的，因此被称为超国家治理。

就欧洲一体化来讲，超国家治理的内容就是建立共同体，并把相关事务的决策权转移到共同机构，成员国政府及相关利益主体围绕共同机构的决策展开活动，包括推荐并争取共同机构领导人位置，游说、表达意见和施加压力以及组织政党并推荐代表参加议会机构立法代表选举等。

欧洲的超国家治理采取共同体方法进行，它与一般的国际组织采取的政府间方法不同。政府间方法是国际组织的成员国集体商量、一致决定的方法，通过这种方法产生的结果和决定一般不存在强迫、违背某个成员国意愿的情况，这也是这种方法的优势所在。但政府间方法的根本缺陷也在于此，这种一致决定的方法，由于使每个成员国都被赋予了实际上的否决权，因而只要有一个国家反对，政府间僵局就难以突破。共同体方法则被认为弥补了政府间方法的这个不足，尤利·德沃伊斯特和门镜对欧盟的共同体方法进行了归纳，① 简要地说包括多数表决、超国家法律优先和独立司法解释、专有的超国家立法动议以及欧盟治理的直接面向民众性。

在欧盟的实践中，多数表决有简单多数和特定或有效多数两种方法。后者一般有非常复杂的投票权计算方法，即根据人口或其他因素的综合考虑确定一个成员国可以在该表决程序中拥有多少投票权。这种表决规则的目的一是为了保证决策效率，防止因一两个国家的反对而使整个共同体无法前行；二是要保证大小国之间的某种平衡，否则共同体政治就会变成大国政治，被大国操纵，小国的意见和利益无法得到重视和保障。

① 参见［比利时］尤利·德沃伊斯特、门镜：《欧洲一体化进程——欧盟的决策与对外关系》，门镜译，中国人民大学出版社 2007 年版，第 2—3 页。

　　超国家法律优先主要是为了保证共同体通过的立法得到执行，当成员国国内法与欧盟法相抵触时，前者必须进行修订以保证其与欧盟法的一致。在这当中，共同体独立的司法机构的立法解释和司法判决就成了一个重要的环节，它必须起到维护共同体法律尊严和解释及执行的一致的作用。而且，为了保证共同体不至于因为扩大而导致其超国家性受到稀释，欧盟法律还规定新成员国必须接受所有已有的共同体法律。考虑到实际国情差异，新成员国可以要求有一个过渡期，但最终的目标仍必须和其他成员国一样。

　　专有的超国家立法动议是共同体委员会最主要的权力之一，其目的是为了保证立法真正是出于共同体的整体利益，而不是个别成员国的利益。在《里斯本条约》通过后，欧盟的超国家立法动议还可来自一定数量的成员国公民签名。

　　欧盟治理的直接面向民众性是其合法性的重要来源之一，没有这一条，欧盟治理的超国家机构在与成员国政府的抗衡中就会永远处于弱势地位。依据这一条，成员国内部的个人和各种法人可以向欧洲法院起诉他们国家政府在执行共同体立法上的不作为和错误作为。相比之下，一般的国际法律或协议的执行都有一个国内法律的转化过程，或者反之，国际上某个问题的决策在国内的落实已有相应的法律依据。

　　2. 欧盟治理的制度结构

　　欧盟的超国家治理的核心制度架构包括欧盟委员会（简称"委员会"）、欧洲议会和欧洲法院，其设计的理念体现了国家权力组成中行政、立法和司法三分法。欧盟委员会被认为是欧盟的执行机构，代表欧盟的整体利益。其基本的职权有四部分：立法动议、法律执行、执法监督和对外代表权。在法律执行方面，实际上大量的工作主要由成员国政府来落实，因此在四部分权力中相对不是很重要。执法监督方面欧盟委员会大量依靠的也是各成员国的相互监督以及成员国内部的监督力量。对外代表权主要集中在对外经济关系上，外交及其他事务方面只享有和成员国一起的部分代表权。因此四部分职权中最重要的就是其立法动议权，而且欧盟的条约规定这方面的权力是委员会专有的。

　　欧洲议会与一般议会不同，并没有真正的立法权，立法权力实际上在欧盟委员会和理事会，欧洲议会起初只有对欧盟委员会的监督权，包括对欧盟委员会人员组成的批准以及预算的控制，后来逐步扩大到立法的咨询和合作方面，即欧盟正式通过决定前要征求它的意见。欧洲议会议员不按国籍划分就座，而是按议会里的不同党团进行区分，欧洲人民党和欧洲社会党是两个最大的党团。表面上和国家议会形式一样，但实际上这些跨国党团并没有严格的政党纪律，议员的选举也没有在欧洲范围内进行，而是由各国国内政党组织在各国分别进行，选上后再根据大家政治倾向的相似性在欧洲议会组成党团，因此议员实际上更多地受其国内政治的影响。

欧洲法院和一般法院一样，主要任务是对条约进行解释，并负责争端诉讼的裁决，自然人、公司法人和成员国政府都可以向其提起诉讼。它还可以废除部长理事会的结论，如由于部长理事会未能在 2003 年 11 月 25 日采纳委员会依据《稳定与增长公约》提出的建议，对财政赤字过高的法国和德国采取行动，2004 年 7 月 13 日欧洲法院决定废止部长理事会已通过的结论。

此外，欧盟有两个层面的理事会：一是成员国首脑层面的欧洲理事会（European Council），二是部长层面的欧盟理事会。欧洲理事会最主要的任务是把握欧洲一体化发展的方向，讨论欧洲一体化重大问题并形成共识，主导重大的条约修订谈判和一体化的扩大，推荐任命欧盟各机构主要负责人及管理人员。欧洲理事会设常任主席一人，负责平时代表理事会。欧盟理事会由来自各个成员国政府部门的部长组成，主要任务有立法、预算和政策协调，拥有制定外交政策、宏观经济政策和社会政策等职能。

欧盟还有一个像国家外交部的机构，称为欧洲对外行动署，主要负责处理欧盟对外关系，管理欧盟驻外使团，收集和处理对外关系信息。对外行动署的工作由共同外交与安全政策高级代表主持，他同时担任欧盟委员会副主席，并负责外交部长理事会的协调工作。有的时候，欧洲理事会主席、欧盟外交与安全政策高级代表和欧盟委员会主席组成对外代表欧盟的"三驾马车"，促进欧盟各国外交行动的统一。

欧洲政治一体化究其实质，是各成员国统治阶级的权力联盟，因此被批评存在严重的民主赤字。由于大量的公共事务决策都从成员国转移到了欧盟的层面，而欧洲议会权力很弱，无法真正制约欧盟委员会和欧洲理事会或欧盟理事会的行动，一般意义上立法对行政的制衡在欧盟层面失衡严重。同时，对于成员国国内来讲，决策转移到欧盟层面后逃避了成员国议会的决策监督，从而使得民主赤字进一步扩大。因此，尽管表面上欧盟层面的制度设计很完善，但实际上只是属于统治阶级的联合，一体化使得权力的天平更朝着统治集团倾斜。

从世界其他区域看，政治一体化的发展实际上非常有限，因为对于大多数区域来说，一体化仍停留在自由贸易的层面上，没有建立共同机构的迫切需要，因而也就不存在围绕共同机构活动而形成的一体化政治。有限的共同机构主要是为了维持区域合作组织自身的日常运转，并为定期召开的各个层面的领导人和官员会议作准备以及执行为数不多的一些具体项目。因此，相比之下，其他区域政治一体化的水平远远没有达到欧盟的程度。

不过，区域主义的形成与发展也可以被看作是区域政治一体化的一种表现和结果，在这个意义上，不少区域还是获得了一定的发展。对区域主义的讨论将在本章第三节进行。

三、区域一体化与民族国家

1. 民族国家的最终控制权

在政治学的讨论里，区域一体化引发的基本理论问题是国家主权问题：在区域一体化深入发展，区域治理机制分享了国家部分权力的情况下，没有完整主权的国家是否还是真正意义上的国家？区域一体化的发展是否意味着民族国家会衰退甚至最终灭亡？作为国际关系基本行为体的民族国家的命运，成了区域一体化研究无法回避的一个问题。

国家主权是一国在国际社会的基本身份，是处理国家间关系时应该享有的平等和独立权以及处理国内事务时应该拥有的自主权。主权是有边界的，一国的治理和司法管辖理论上说止步于其国家合法的领土边界。另外，它并不仅仅是将一个主权国家与另一个主权国家分开的物质边界，也是将"同类"与"其他"分开的文化边界，是区别国内与国际、共同体与无政府的边界。因此，对边界内的事务，无论经济还是文化，国家都拥有充分的自主权，作为同一枚硬币的另一面，对边界外其他国家的事务，应予以充分的尊重。但在国家间联系日益增多和紧密的今天，主权边界的存在并不意味着政治、经济和文化没有互动交流，相反地，大量跨界联系的存在使得主权边界变得日益模糊，边界管理面临越来越大的压力，要求边界内外有更多的协调。于是，主权过时论在区域化和全球化日益发展的情况下赢得了一定的舆论市场。

在进入国家主权是否过时，民族国家是否会因区域一体化而消亡这个问题之前，仍可以先观察当今被认为区域一体化程度最高的欧洲究竟是一种什么情况。在最为根本的层面上，应该说权力还是控制在国家手里，区域一体化是国家主动选择和推动的结果。这一点在欧盟对权力来源问题的界定上可以得到体现，归结起来有四条基本原则。

一是授权原则，也是权力划分（主要按事务领域进行的）或权力归属原则。

欧洲一体化的每一次权力关系的重大调整都需要经过成员国重新谈判订立条约，这一点已非常清楚地说明权力最终仍归属成员国。条约中没有授予的权力保留在成员国手中，共同体只能在被授予的权力范围内行事。而为了实现条约所规定的"更紧密的联盟"的目标，《欧洲经济共同体条约》第235条规定，如果条约没有提供必要的权力，而又有必要在共同体内采取行动来实现联盟目标，那么理事会有权通过一致表决采取适当措施。也就是说，超国家权力的获得可以不经过条约谈判和修订，但必须得到所有成员国的同意。

二是辅助原则。该原则限定超国家权力只应该存在于那些只有共同体采取行动才能做好的领域，凡是在地方或国家层面采取行动可以做好的事务上，超国家权力就被认为不是必需的。

三是适当原则。共同体行动的内容和形式不能超过条约规定。超过了必要性的界限，超国家的权力和行动就被认为是不适当的。

四是权力的双向流动原则。一体化不只是单向的从国家向超国家机构的权力流动，逆向流动也是合理合法的。

上述四条原则实际上都在限定一体化机构可能出现的权力扩张，保护民族国家掌握最终决定权。而在欧盟组织架构的具体设计中，成员国政府首脑参加的欧洲理事会也掌握着一体化发展的最高权力，从新的条约的谈判，到联盟的扩大，甚至重要机构负责人和管理人的任命，都属于其权力范围。

2. 共同应对跨国联系增多的挑战

区域化的发展和区域一体化的深入改变了民族国家的存在方式和权力运作方式。作为国际政治的基本单位，民族国家的存在方式表现出了越来越多的社会性，这种社会性的价值取向体现为和平共处五项原则——互相尊重主权和领土完整、互不侵犯、互不干涉内政、平等互利、和平共处。民族国家的权力运作方式表现出了更多的协调性，尤其在区域的层面上，因为区域内国家间的各种流动相对更为密集，程度更高，需要在政策和规则上有更多的协调。而对区域外，区域内的国家间也会采取更多的政策协调，谋求更大的一致性，以获取更多的共同利益。这种趋势也使得国家在区域和全球层面都有了更大的政策协调的需要，在冷战结束后表现得更加明显，全球化的发展使民族国家面临更大的外部压力，这种情况在欧洲就表现为，成员国通过一体化获得了主权实现一种新的方式——主权二次行使，无论是大国还是小国，大家都通过第一次的主权行使，把某些主权所包含的具体职权的行使委托给一个共同的机构，或通过一个共同机构来汇集行使。而在获得了成员国授权的领域，共同体就像是作为一个国家在行动，就像是具有一些主权特征，而事实上这是一种虚假的主权行为，至多只能算是二次行使的主权。一般认为，在主权的汇集行使中，力量相对弱小的国家会面临结构性劣势，但从欧洲一体化的制度设计来看，它们并非完全处于被动地位，拥有一半表决权票数使得小国仍能通过集体的力量阻止大国提出的任何有损于其关键利益的方案的通过。《里斯本条约》就赋予了小国这种防卫性的权力。威廉·华莱士认为，主权原则在欧洲一体化中并没有被废除，主权只是越来越多地以共同的形式出现。①

从全球范围看，由于全球体系的发展，边界无论是在物质意义上还是文化意义上都受到了冲击，基于主权原则的国际体系看上去已无法满足全球体系的治理需要，跨边界的安排需求日益强烈。俞可平列举了全球化时代国家主权面临八方面的挑战：超国家组织对国内政治生活的影响日益增大；跨国公司不仅操纵着经济全球化的进程，也在相当程度上左右着民族国家的国内政治；国家权力开始分层化和中空化，国家在权力体系中的核心地位受到一定程度的动摇；国家的传统职能受到了严重的限制和削弱；国际因素已经成为制约国内政治发展的基本变量；全球问题的增加使得国家权力的边限在一定程度上开始变得模糊；民族国家的认同遇到了危机；全球化正在重塑国家的自主性。② 每一个挑战无不与国际国内的区分有关，主权则是这种区分的合法界线。不过我们不能因此就认为主权要被否定，事实是主权在全球层面也表现出了其适应性。如何在不否定主权原则的情况下发展跨越主权边界的安排，建立国际制度就成了一种选择方案。"国家经常创立一个国际组织，并且使之具有相当大的自主权，正是由于它们既不能够也不愿意自己执行国际组织的使命。国际组织一旦创立，它们的工作人员就会严肃地对待其使命，并且经常发展出自己的观点和组织文化，来推动他们认为是'良好政策'的东西，或者保护这些组织免于利益互相竞争的国家的侵害。"③

阮宗泽指出，全球化导致跨国性联系增强，迫使民族国家不得不越来越多地协调它们的政策。"全球化推动了跨国联系的迅速扩展，使国内和国际政策的交互渗透日益加强，并产生了制定集体性政策和全球治理的一致愿望。新型的多边格

---

① William Wallace, "The Sharing of Sovereignty: the European Paradox", *Political Studies*, vol. 47, issue 3 (August 1999), pp. 503–521.

② 参见俞可平等：《全球化与国家主权》，社会科学文献出版社 2004 年版，第 38—44 页。

③ [美] 迈克尔·巴尼特、玛莎·芬尼莫尔：《为世界定规则——全球政治中的国际组织》，薄燕译，上海人民出版社 2009 年版，第 7 页。

局和新型的集体决策方式涉及政府、政府间组织、非政府组织、跨国利益集团等行为体。这种分离趋势使得国内政治决策越来越具有全球性特征。这就意味着，民族国家共同体不再能完全孤立地设计其政府的行动、决定和政策。所有这些变革预兆，是全球政治纪元到来的标志。"①

因此，民族国家实际上在区域和全球两个层面上都面临跨国联系增强而带来的管理挑战，区域一体化可以看作是国家在区域层面对这种挑战所作出的回应。区域一体化一定程度上增强了成员国应对挑战的能力，而非是对民族国家的替代或超越。各种国际组织和制度的建立，在全球范围内，使民族国家能够合作应对跨国联系增多增强带来的挑战，而非要包围、超越民族国家。

第三节　区域主义与国际政治

区域化的发展很大程度上改变了国际关系形态，它使得民族国家仍是国际关系基本组成单位的同时，国际关系多了另一种组成单位——区域。相应地，国际政治也就多了一种组成部分，即区域主义。

一、区域主义的界定

1. 区域主义的内涵

区域主义（regionalism）一词在前面就已出现，但放在最后一节进行讨论，原因主要有两方面：一是区域主义是个综合性的概念，它需要对世界区域化和区域一体化等国际关系现象有较为全面的了解后才能把握；二是区域主义也是个多义的概念，实际上它经常被放在不同意义上使用。例如，安德鲁·赫里尔同时在三个层次上对区域主义进行过解读。第一个层次上，区域主义可以被认为是国家和其他团体用来管理它们对国际事务的介入的机制，在这方面，区域主义表达和疏导这些行为体需要的程度，可以成为衡量其有效性的标志。第二个层次上，区域主义可被视为把国家和其他团体的权威转移到区域机构，以更好地对付它们面临的问题的手段，对这方面的有效性的衡量标准，是通过区域集体行动能够实现安全和繁荣的程度。第三个层次上，区域主义既像走向世界秩序的障碍，又像是对

---

① 阮宗泽：《从国际秩序转型看中国的和平发展》，《国际问题研究》2005 年第 3 期，第 11—12 页。

变化中的国际事务的管理，即所谓封闭的区域主义（closed regionalism）和开放的区域主义（open regionalism）。①

综合地看，可以对区域主义作三方面的归纳。首先，区域主义是一种国际关系理论，这种理论认为区域已成为继民族国家后国际政治的又一个重要单位，世界是由国家构成的，世界也越来越可以看作是由一个个区域构成的。区域主义鼓励区域内国家间加强合作。区域主义也鼓励区域间主义的发展，推动区域间开展广泛的对话。区域主义强调区域作为一个单位的重要性，其活动范围从经济活动的组织，到解决问题的手段，乃至全球范围的对话，非常广泛。区域一体化是区域历史、文明和经济社会交往发展的结果，而世界区域化是区域一体化发展的结果，或者说共生进程，是区域一体化的外向现象。如果世界每个区域都完成了它的一体化，那么世界将由若干数目的国家组成的若干区域构成，而不只是一个个单独的主权国家。国际关系向这一远景迸发的进程，就是世界的区域化，或者说走向这一进程的世界，就是一种区域化的世界，而不完全是民族国家的世界。

其次，区域主义被作为一种对区域的情感和归属感来理解，把它与民族主义、世界主义等概念放在一起来讨论。它首先是基于区域一体化发展所取得的成绩，获得各国民众和社会一定的认可后对民族主义进行一定程度的分享，最终可能因区域变成一个比民族国家更具优势的框架而获得对民族主义的优势，成为人们主要的归属依靠和效忠对象。其实严格说来，民族主义和区域主义是属于两个范畴的东西，民族主义是历史、文化、传统的积淀，具有很大的感性成分，而区域主义更多的是一种利益平衡考量的结果，是可以理性计算的。因此，区域主义是可以妥协、交换的，而民族主义却不行。

最后，区域主义被作为一项推进区域一体化和世界区域化的事业、工程来理解。在这个进程中，区域作为最主要的单位在不同场合都得到优先的考虑，如一个国家在选择自由贸易谈判对象时，在选择经济合作伙伴时，在需要获得资金甚至军事力量帮助时，在国际舞台上需要合纵连横时，在考虑全球秩序设计时，在思考自己民族的文化圈属时，它们都会首先想到自己所属的区域。在这样的思想指导下，一个国家在进行国内外规划时，自觉推动这些想法的具体落实，将之变成经济、社会、文化等发展规划的一部分，这就是区域主义。

简单地说，区域主义是高度重视区域作为国际政治单位的理论主张、情感表

① Andrew Hurrell, "Explaining the Resurgence of Regionalism in World Politics", *Review of International Studies*, vol. 21, no. 4（October 1995）, pp. 86-87.

达和政策规划。三种区域主义的含义在现实中经常是交织在一起的，没有其他两种，第三种也就不会产生和存在，上面的分析只是为了厘清这个概念而对它作的一番解剖。在实际使用时，就难以明确所讲的区域主义究竟属于哪个方面的意义了。

2. 区域主义的衡量

作为一种对区域和区域化认同、支持、推进的体现，区域主义就存在多少大小的问题。在这方面，有三个指标可以对区域作为一个单位的条件和发展程度进行衡量：区域性（regionness）、区域觉悟或意识（regional awareness or consciousness）、区域特性或认同（regional identity）。

赫特和索德伯姆认为区域性可以被理解为类似于"国家性"（stateness）和"民族性"（nationness）的特性。"新地区主义理论试图按照'地区性'的水平来描述地区化的过程，即一个地理上的地区从被动的客体向主动的主体借以转变的过程。这一主体能明确地表达正在出现的地区的利益。"这样，区域性就像国家性、民族性一样，是对其个体属性的某种声张，也是使其区别于其他区域的个体特性。区域对其利益表达的功能越强，主体性越强，其区域性也就越明显。从范围更大一点讲，区域性是区域"作为一个行为主体所具有的明显的特性（identity）、行为体能力、合法性以及决策结构"①。为了突出特性，行为体能力和合法性、决策结构在这里构成了区域性的一个重要内容。

区域觉悟或意识是一个区域共同体对内部因素的共同认知，这些内部因素包括共同的宗教、历史或文化传统。它也可被界定为一种对外部因素的反应，例如对外部的威胁的共同感知，就像冷战时期欧洲对苏联威胁的感知，或者拉丁美洲国家对美国霸权的感知。这种外部感知也可以是经济或文化上的，经济上如欧洲在20世纪80年代对美、日经济竞争的感知，文化上如欧洲对伊斯兰文化的感知，或者近来随着东亚的发展，欧洲对不断增强的亚洲意识的感知等。

区域特性或认同首先在于区域的身份构建。亚历山大·温特指出，身份是有意图行为体的属性，它可以产生动机和行为特征。将它用到区域分析中，我们也许会发现一个客观存在的区域，但如果区域本身没有某种意图，那么也就不具备我们这里所要讨论的区域特性。在身份建构中，两种观念可以进入身份，一种是自我持有的观念，一种是他者持有的观念。身份是由内在和外在结构建构而成的。

---

① ［瑞典］赫特、索德伯姆：《地区主义崛起的理论阐释》，袁正清译，《世界经济与政治》2000年第1期，第66页。地区和区域只是称呼习惯的不同，其实际意义完全相同——编者注。

这对于区域的身份构建来说尤其如此，区域化总是出于某种内外因素的共同考虑，如果外界不把其当作一个区域来看待，那么这个区域的区域化努力就是不成功的。身份构建的过程也是区域特性得到界定和呈现的过程。区域认同就是对区域特性的认可、支持和效忠，以及把自己融合进区域的身份中。身份可以分为个体或团体、类属、角色、集体四种，区域认同属于最后一种。"集体身份是角色身份和类属身份的独特结合，它具有因果力量，诱使行为体把他者的利益定义为自我利益的一部分，亦即具有'利他性'。"① 这种区域范围内的利他性转换，就是区域认同的形成和发展。

二、区域主义与国际合作

在对区域主义概念作完整的分析后，我们就需要进一步考虑其和国际政治的总体关系，区域主义是有利于国际合作的，还是不利的？区域主义和整个世界的关系是什么？这些问题对于区域主义者来说，答案无疑是正面的，但在区域主义批判者看来，其负面性同样不容忽视。

1. 区域主义与区域内国际合作

区域主义有促进国际合作的一面，在最基本的层面上，区域主义本身就是国际合作，或者是国际合作的产物，只是它是在区域的范围内进行的。从简单的自由贸易安排，到其他公共事务的决策，都需要成员国之间的合作，或者像欧洲那样直接把相关权力移交给共同机构来行使。人们常说，欧洲历史上充满了战争，而现今，一体化的成员国之间发生战争变得难以想象，这是欧洲一体化的最大成就。这也是区域主义自认为其最具合理性的一面，因为它本质上是和平、合作取向的。

在自身区域实现合作的基础上，多层治理（multi-level governance）理论认为区域不是世界政治演变进程的终点，区域只是通向全球治理的一级台阶。在民族国家已成为世界政治的普遍形式和基本单位的基础上，将国家的政治整合成区域政治，并进而整合出全球政治，国内的地区、国家、区域、全球都是治理体系的一个组成层次，它们共同组成了一种全球的多层次的治理体系。

进一步讲，区域主义有五个方面能为特定区域的秩序和安全提供积极的贡

① ［美］亚历山大·温特：《国际政治的社会理论》，秦亚青译，上海人民出版社 2000 年版，第287—288 页。

献：第一，国际体系的变化把区域秩序的责任从体系大国转给了区域中的国家。在以往，大国被迫发展其全球角色，并利用区域冲突来为其权力争夺服务，而这些随着冷战后国际社会的区域化而消失了。大国利益和野心的转移也使得国际安全非中心化了，动荡不完全和外部力量有关，很多时候也是区域内或国内原因造成的，这又使得它们在理解和讨论安全问题时更关注自身。对这些威胁，区域内国家感知最深，因而也迫使区域内国家更积极地去寻找解决方法。一些乐观主义者甚至从中看到了安全困境被克服的希望。第二，区域组织是国际合法性的提供者，可以证明国家采取相关政策的必要性。第三，区域主义者认为在区域内谈判和达成协定会更有效，因为与全球层面谈判相比，区域谈判的参与国家少，且有更多的相互理解和共同利益。第四，区域经济一体化减少了冲突，或者即使有冲突也更容易被管理。第五，区域主义有助于缓解种族、民族和社会冲突。

五个方面的论断在理论上并不完善，不过，从区域一体化的实践经验来看，区域主义强的区域，区域内的国际冲突确实相对较少。同时，区域主义本身也在发展成为冲突干预的力量和手段，如非洲联盟的维和力量，对非洲国家间冲突干预与和平维护起了重要作用。

2. 区域主义与整体国际合作

区域主义也在一定程度上推进了整体的国际合作。区域间主义所发展的区域间对话，有利于增进区域间的相互理解。尽管这一进程是缓慢的，但成果也是明显的，从欧洲、亚洲、拉丁美洲、非洲等区域间发展起来的各种经济联系和具体安排上就能得到体现。同时，在全球层面的国际谈判中，区域首先实现了内部的立场协调，从而使得全球层面的谈判主体数量得到较大幅度的下降，这使得谈判也更容易聚焦和协调，更具有可操作性。谈判主体数量的减少对于谈判结果的达成是提高了难度，还是降低了难度，这无法给出简单的答案，但至少使得谈判变得更为有序。

理想化的区域主义者认为世界秩序应该以区域为单位来构建，这样的话世界事务处理就不是分为190多个国家，而是由十几、二十个区域主导，区域内的事务由区域负责，全世界的事务由区域协商治理，全球性的国际合作体系得以建立，世界变得高度秩序化。区域主义范式反映了人们对国际秩序认识的一个根本性转变，传统的国际秩序观念建立在欧洲古典的国家体系基础上，只考虑国家间共存的一些非常有限的基本规则，主权的互相承认是秩序赖以建立的核心。而在世纪交替之际，理想区域主义者相信，人们对秩序的理解应更加深化，应建立更广泛的合作框架以巩固和平和安全，促进经济发展，解决共同问题，保护共同价值。冷战结束促进了人们对国际社会规范化发展的信心，秩序就是要创建各种影响结构和组织的规则，规定个人和团体的权利与责任，并发展一些公共物品，区域主义能够为特定区域的稳定和秩序提供有效的框架。

三、区域主义与国际冲突

1. 区域主义引发新的区域冲突

区域主义被认为天生具有国际合作的属性，这一假设具有逻辑上的欺骗性，因为它把区域内的国际合作直接说成了一般意义的国际合作。实际上，区域主义自身存在根本缺陷，这种缺陷管理不好的话，很可能导致国际冲突。

区域主义首先面临的挑战是对区域范围的界定存在困难，区域主义有空间上的量度，但区域覆盖范围究竟多大？根据哪些因素确定区域范围？随着情况的改变，区域怎样又能重新界定？以北大西洋公约组织为例，如何界定北大西洋的范围？如果只是限于北大西洋东西沿岸，希腊和土耳其显然不在北大西洋区域范围内，但冷战的爆发促使美国迅速决定接纳两国，其意义不再局限于地理范围，而是更多地出于对苏联实行前沿遏制的需要。冷战结束后政治形势发生了翻天覆地的变化，苏联解体了，冷战意义上的东西方对峙结束了，北约理应失去了继续存在的意义，但北约很快走上所谓的功能再界定，并据此继续向前推移，实行东扩，逼近俄罗斯家门口。功能和意义的再界定为范围的改变提供了解释的理由，北约从一开始是军事和防务的组织，到 20 世纪 90 年代再定义为应对全球性安全威胁的工具，不再仅指向俄罗斯，在行动范围上也可以超越成员国的地理范围，从而为其参与 2001 年美国发动的阿富汗战争清除了障碍。欧洲一体化一开始是经济组织，但到现在欧盟也包含了政治和安全功能。随着区域的地理边界发生变化，功能的边界也会转移、重叠或合并。在这里，我们看到的区域主义的发展结果是带来了新的国际冲突因素。

2013 年底爆发的乌克兰危机是另一个典型的例子。区域主义假设区域间存在分明的界线，但在现实中，经济、文化、种族等各方面变化呈现的是连续的线性，是逐渐完成从一个概念中的区域到另一个概念中的区域转变的。乌克兰本身就同时具有东西方文化的双重属性，西部更接近欧洲，而东部更接近俄罗斯。但是，乌克兰内部的这种差异属性被国内的政治斗争和外部力量的争夺扭曲夸大了，国内一方政治力量的胜利变成了整个国家对区域归属的选择，从而造成了激烈的国内冲突，并被国际力量所利用。这意味着，区域主义所要求的非此即彼的选择，本身又成了国际冲突的根源。今天的欧洲面临一个重大的安全挑战，它的边上形成了一条从北非到中东、东欧的动荡冲突地带，这不仅影响了地区秩序，对欧洲国家内部的社会安全也构成了威胁。

2. 区域主义的全球安全隐患

区域主义有利于国际安全的假设存在另一个重大缺陷，即它必须建立在全球性大国自愿退出其他区域事务的假设基础上。如果全球性大国不愿意退出，不愿意给区域以自主发展的机会和空间，那么新的安全隐患不但不会因区域主义的发展而减少，反而会逐步激化。美国和欧洲是北约内的盟友，但冷战后它们在安全关系问题上的争吵却典型地说明了这一点。冷战结束后欧洲巴尔干地区爆发了严重的武装冲突，而美国在巴尔干问题上的单边主义行为刺激了欧洲努力发展自己的共同防务。美国显然只愿接受一个在北约框架内的欧洲支柱，而不愿意看到北约之外的欧盟共同防务的发展。因此，美国的应对战略是国务卿奥尔布赖特对欧洲提出了共同防务建设上三个"D"的警告，即不能分离（No Decoupling），不能重复（No Duplication），不能歧视（No Discrimination），这等于是大大缩小了欧洲自主安全防务建设的范围。冷战后美国和欧洲的安全关系说明，安全上的区域主义发展很可能不是增进安全，而是相反。

放到全球的层面，区域主义与国际安全之间也很难说存在简单的正相关性。传统的均势理论认为，均势是世界政治的常态，区域化的结果是以区域代替国家，国家间的均势被区域间的均势所替代，国际安全从而在全球层面得到维护。这里，且不说均势本身是否对安全有利，单说区域取代国家，只会使竞争在更大规模的力量间展开，一旦失控其破坏性只会更大。以区域间均势来构建世界安全的设想，只能说属于一种简单的算术思维，其现实可操作性基本不存在。主要理由同样在于内外两个方面，内部是否能真正实现区域的安全统一还很难说，即便在区域一体化程度最高的欧洲，其共同防务发展之所以困难重重，固然有美国梗阻的因素，实际上欧洲内部不少国家也对其共同防务并不乐观，认为最终能保障他们安全的仍然只有北约，而不可能寄希望于欧盟。外部当然还是区域外大国对区域安全的介入，区域的势力范围或安全的分界线很难在互相的承认中顺利地构建起来。

不仅安全上的区域主义不容易构建，经济区域主义也隐藏着诱发国际冲突的因素。经济学认为区域主义的消极因素是它阻碍了多边贸易的自由化。基本的经济区域主义建立在内部贸易的特惠安排上，这种特惠安排会同时产生贸易创造和贸易转移的影响，前者不会带来经济冲突，因为它实现的是增量，而后者却容易引起其他国家的反制，因为它把经济福利从这对经济关系转移到了别的经济关系上。这也说明为什么冷战结束后国际上会掀起新的一轮区域主义发展高潮，因为一个区域的一体化发展刺激了其他区域采取相似的措施。

冷战后还出现了另一种带有更大危害性的区域主义，它和国家分离主义联系在一起，我们在独联体国家、巴尔干地区、印度尼西亚、俄罗斯的车臣等地区都能看到这种现象的存在，而稍微轻度的分离主义现象就更多，譬如英国的北爱尔兰、西班牙的加泰罗尼亚地区、法国的科西嘉岛、西亚的库尔德人地区、加拿大的魁北克等。这种区域主义一方面表现为一些极端或激进思想的跨国性传播，另一方面和国家内的民族、宗教因素结合，制造地方上的民族矛盾，甚至暴力恐怖事件。

最后，区域主义发展对区域内国家也构成了压力，引起一些国家不满甚至反弹。阿米塔夫·阿齐亚指出了冷战后区域主义明显的干预性特征，"过去，地区主义是国家主权的维护者，特别是在第三世界。今天，全球化和变化着的涉及人道主义干预的国际规范，正把地区主义从主权的保护者变成干预性世界秩序的建构者。"① 他把区域主义的这种新形式称为"介入性地区主义"，它在全球很多地方都存在。

区域主义的这种干预性，如果是建立在被干预者自愿接受和非强制基础上，干预的力量来自区域内部而非外部，那么它在一定程度上有利于区域化的发展，对区域内部保持稳定是有益的。但是，如果这种干预不是建立在充分对话和自愿的基础上，那么它其实并不符合区域主义本身的需要。例如，欧盟对巴尔干的干预很难说是成功的，波黑问题、科索沃问题最后都有区域外的力量美国介入，但这样的干预不是建立在全面对话、充分照顾有关各方利益的基础上，因而问题的解决就依赖一种强力的压制。而对于区域外力量来说，特别是对于希望世界单极化的霸权国来说，这也提供了一种干扰区域化、增强自己对区域主义竞争性影响的机会。

因此，区域主义与国际合作之间并没有必然的正相关性，国际合作与冲突不取决于区域主义本身，而在于相关国家或国际社会整体是否奉行以合作共赢为核心的新型国际关系，是否能树立你中有我、我中有你的命运共同体意识。以新型国际关系和人类命运共同体理念为指导，区域主义就会成为国际合作与安全的正

---

① ［加拿大］阿米塔夫·阿齐亚：《地区主义和即将出现的世界秩序：主权、自治权、地区特性》，肖欢容译，《世界经济与政治》2000 年第 2 期，第 69 页。

能量。否则，区域主义也会成为新的国际冲突因素。

四、区域化与全球化

1. 开放区域主义

冷战结束后，区域化和全球化都得到了发展。区域化所注重的是，与区域外国家相比，区域内国家之间的关系应该被更优先地考虑，而全球化所要求的则是以全世界而非某个特定的区域，作为资源分配、市场运作、生产分工和人员交流的主要平台，这就使得区域化在冷战后的发展面临着全球化发展的压力。全球化对区域化的压力表现为，区域不能以对外歧视为手段来增强内部的凝聚力，人们如果允许区域主义向前发展的话，那么这种区域主义应该是开放的区域主义。开放的区域主义理论强调，区域在增强内部融合的同时，不应提高区域外国家进入其区域的门槛。全球化与区域化的这种结构性张力在理论上并不容易化解，在现实中两者还能一定程度上平行发展，因为一些对全球化的理解其实主要是在区域范围内进行的。全球化并不是真正意义上信息、商品、人员和服务等在全球范围内同等程度地流动，这些流动实际上大多只局限在区域内以及少数区域之间，如北美、东亚和欧洲。全球化的概念掩盖了跨国流动分布极不均衡的现实，如根据世界贸易组织的统计，2017 年出口到非洲的商品只占全世界的 3%，中东占 4.1%中南美洲和加勒比地区占 3.34%，而欧洲则高达 37.1%，亚洲占 31.5%，北美占18.7%。这说明大部分的商品贸易，主要在欧洲、亚洲和北美三大地区内部和相互之间进行。

2. 互联互通的全球化

怎么让全球化变得更均衡、更普惠，真正达到全球的范围，区域主义并非解决这个问题的最佳方案。中国在 2013 年提出"一带一路"倡议，在很大程度上将改变过去的全球化相对主要集中在欧洲、东亚、北美三大区域的状态，使全球化的发展变得更全面、包容、均衡，开启新的全球化时代。丝绸之路经济带和21 世纪海上丝绸之路贯穿欧亚大陆，东边连接亚太经济圈，西边进入欧洲经济圈，中间经过的许多国家，经济上还相对比较落后，而通过基础设施的互联互通以及国际产业合作，经济园区、经济走廊的建设能够带动这些国家的经济发展，推动工业化，促使这些国家更好地参与世界市场，融入全球化。"一带一路"倡议是对古丝绸之路的传承和提升，顺应了时代要求和沿线各国加快发展的愿望，为大家共同发展提供了一个包容开放的合作大平台。"'一带一路'倡议是发展的倡议、合作的倡议、开放的倡议，强调的是共商、共建、共享的平等互利方式，追求的是沿线各国政策沟通、设施联通、贸易畅通、资金融通、民心相通。加快'一带一路'建设，有助于加强不同文明交流互鉴，促进世界和平发展。"①

思考题

1. 什么是区域？区域怎么界定？

2. 什么是区域化？

3. 区域经济一体化由浅入深可以区分为哪几个阶段？

4. 什么是区域主义？

5. 区域主义对促进国际合作有利还是有弊？

---

① 中共中央宣传部：《习近平总书记系列重要讲话读本（2016 年版）》，学习出版社、人民出版社 2016 年版，第 267 页。

第八章　全球化与全球治理

随着第三世界反帝反殖运动取得胜利，一大批新兴发展中国家进入国际体系，国家间的经济互动与合作逐步成为国际政治的主要话题之一。一方面，发展中国家在政治上赢得独立，但在经济上依然维持与前殖民地宗主势力之间的"依附关系"；另一方面，西方发达国家在政治上被迫退出前殖民地之后，仍想方设法继续延续其传统的经济主导地位，试图借助其资本和技术优势，继续染指和控制发展中国家的经济事务。与此同时，东西方冷战的逐步缓和，也极大地改变了欧洲乃至世界的地缘经济结构，东西欧国家间逐步展开经济领域的交流、互动与合作。至20世纪80年代，南南合作与南北对话日趋活跃，在经济区域化、全球化的基础上，在世界范围内逐步发展出一种日趋紧密的相互依存与互动合作，和平与发展成为时代主题。全球化正是这一历史发展进程的产物，不管人们喜欢还是厌恶，它都在进一步发展，在带来新挑战与新问题的同时，不断推动国际社会向前发展。本章主要从经济全球化的产生与发展入手，分析经济全球化对国际政治的影响和作用，以及全球性问题与全球治理的关系，论述中国的和平发展与积极参与全球治理的理念和实践。

第一节　经济全球化的产生与发展

一般认为，全球化缘起于世界各国在物质层面的交流与互动，最初指的是货物与资本的越境流动，在经历跨国发展、特定地区的多边互动后，进入全球领域的过程。在此过程中，参与全球互动、合作与竞争的国家和地区，在经济、社会与文化各领域逐步发展出相应的地区性或全球性国际组织、互动规则及跨国联合实体，同时也逐渐在社会文化、生活方式、价值观等精神领域出现跨国互动、碰撞，乃至冲突与融合。与全球化密切相关的是经济全球化这一概念，它更多用来指代各国经济借助国际贸易、对外直接投资、短期资本流动、跨国移民以及技术扩张等途径而融入世界经济。

一、全球化与全球性问题

15世纪末16世纪初，美洲新大陆的发现和经由好望角到达东印度航线的开辟，开创了西欧资本主义向外扩张的历史年代。世界范围的贸易线路与商业活动日趋繁密、活跃，由此扩大了世界各国、各地间的交流与互动，全球化的经济、商业、人员流动由此诞生。汤因比曾经说过："大约从 1500 年之后，人类各种族汇合到了一个屋顶之下。"① 在他看来，航海技术和地理大发现使得西方"获得了比其他文明更为优先的发展，并迫使其他文明统一于真正单一的世界范围的社会中"，从而实现"以海洋代替草原作为世界交往的基本媒介"这一革命性变革。② 因此，全球化是一个历史发展的过程。

不过，哥伦布发现新大陆，充其量只是将世界上不同地理范围内的人们连接到一起，真正使得各个文明不再孤立发展，并促使这种地理相连持续发展并深化的关键还在于资本对利润的追逐。西欧资本主义对外部世界的殖民与征服，开启了早期历史上的全球化进程。虽然古代历史上也曾存在过区域性、跨民族的帝国统治，如罗马帝国、汉朝、唐朝时代，也曾出现过试图超越特定地理和政治边界的精神渗透与领土兼并，如基督教、伊斯兰教及其影响下的十字军东征和阿拉伯帝国的建立与扩张，但都没能像过去 500 年来那样通过各国和地区经济贸易联系而深入持久地影响到世界各地。因此，全球化的发展主要体现在经济领域。

全球化虽然发轫于西方，起源于欧洲资本对世界其余地区的逐利，如马克思所言，"不断扩大产品销路的需要，驱使资产阶级奔走于全球各地。它必须到处落户，到处开发，到处建立联系。"③ 但越是发展到近代，便越是体现出与外界的互动性，全球化进程的领域、范围、程度都在不断加深，非西方世界参与的力度也日渐增强。特别是第二次世界大战结束以来，世界各国和地区的经济合作不断加强，彼此相互依存关系不断加深，由此带来整个世界的联系日益紧密。因此，当代世界的全球化不是简单的西方化、资本主义化，而是真正意义上全球各国、各地区彼此互动互联的新发展。

当然，随着全球化程度的加深，各国、各地区在经济、文化、科技、生活方式，乃至政治、军事、安全、意识形态、价值观等诸多领域相互联系、相互影响、彼此竞争甚至爆发冲突。人们眼前是一个更加复杂多变、日益充满各种不确定因素的普遍联系的世界新图景。全球化在给人类社会带来进步和繁荣的同时，也给许多发展中国家和地区带来贫困、动乱、冲突乃至战争，在国际政治的许多领域

---

① ［英］A. J. 汤因比：《文明经受着考验》，沈辉等译，浙江人民出版社 1988 年版，第 55 页。
② 参见［英］A. J. 汤因比：《文明经受着考验》，沈辉等译，浙江人民出版社 1988 年版，第 60 页。
③ 《马克思恩格斯文集》第 2 卷，人民出版社 2009 年版，第 35 页。

出现全球性的问题。正如习近平主席 2017 年 1 月 17 日在瑞士达沃斯世界经济论坛发表的主旨演讲指出的那样："今天，我们也生活在一个矛盾的世界之中。一方面，物质财富不断积累，科技进步日新月异，人类文明发展到历史最高水平。另一方面，地区冲突频繁发生，恐怖主义、难民潮等全球性挑战此起彼伏，贫困、失业、收入差距拉大，世界面临的不确定性上升。"[①] 解决这些问题显然不能仅仅依靠一个或少数几个国家来完成，必须在全球相互合作、包容的基础上共同加以解决。这一新的态势，一方面加强了全球化的发展趋势，另一方面也在特定领域、针对全球性问题而催生出全球治理的新进程。上述发展都无一例外地将基于民族国家形成的传统国际政治，带入多个领域交织、多边场合互动、多数角色参与的全球化发展的新阶段。

二、经济全球化产生的条件

全球化首先表现为经济领域的全面互动发展，但经济生产、生活和国际贸易的全面开展，也在社会、文化等领域产生辐射，改变既往国际社会的发展模式，也改变了社会大众的日常生活方式与思维方式，从而对各个不同民族与国家产生影响。全球化的经济和文化维度在其发展的不同阶段紧密联系在一起。如果我们不首先意识到全球化是一种经济现象，就无法理解其快速发展。这尤其是在 20 世纪，随着通信技术现代化的不断加快，跨国贸易和资本流通急剧扩张。无论如何，经济领域的全球化发展最为迅猛，其结果也最为引人瞩目。

作为全球化的主要表现，尽管经济全球化同样是一个历史演变的过程，但人们关注得更多的还是当代全球化的发展进程，它是人类革新与技术进步的最新结果。国际货币基金组织给出的定义认为，经济全球化指的是"世界各地经济不断累积的一体化，特别是通过贸易和金融流通。该词有时也指人员（劳力）和知识（技术）的跨国运动。"[②] 正如该组织的相关研究报告指出的那样，经济全球化反映了技术进步使得贸易和金融领域的国际交易变得越来越便捷与迅速，从而使得数个世纪以来运作人类各个级别经济活动——乡村市场、城市工业或金融中心——的相同的市场力量开始超越国家边界而得到进一步拓展。这种发展态势在"二战"后得以进一步延伸，其产生的原因是多方面的。

首先，无论是早期西欧各国开始对外经济扩张，还是当代世界各国相互依存

① 《习近平谈治国理政》（第二卷），外文出版社 2017 年版，第 476 页。
② IMF，*Globalization：Threat or Opportunity?*

下的新阶段，经济全球化的产生，首先是生产力发展的内在要求。科技革命和各国、各地区经济发展日益超出原有边界，均对国际经济分工的进一步细化和世界市场的全面扩大提出了客观上的要求。马克思和恩格斯在《共产党宣言》中早就作出过预言："旧的、靠本国产品来满足的需要，被新的、要靠极其遥远的国家和地带的产品来满足的需要所代替了。过去那种地方的和民族的自给自足和闭关自守状态，被各民族的各方面的互相往来和各方面的互相依赖所代替了。物质的生产是如此，精神的生产也是如此。各民族的精神产品成了公共的财产。民族的片面性和局限性日益成为不可能。"① 正是来自生产力发展的要求，使得生产分工、产品销售、各生产要素配置等从国内向国际发展，跨国公司在追逐利润、规模、效益的驱动下，借助技术革命带来的现代交通、运输、通信等手段，通过跨国交换和投资形成了在世界范围内配备资源、劳动力以及跨国管理经营其生产销售活动的模式，进而带动全球经济活动的跨国运转和发展。

其次，"二战"后国际经济的发展进程中，经济因素逐步成为影响国际政治的重要变量之一。在东西方两大阵营加紧扩军备战、政治对峙的情况下，双方也都加紧了内部各国间的经济合作与互动，如何更加有效地调动和配置各国资源，成为有关国家经济合作的主要目标。欧洲经济共同体与经互会的建立，正是这一进程的突出表现。依据历史唯物主义的一般认识，经济基础决定上层建筑，上层建筑反作用于经济基础。相应地，经济是政治的基础，政治则对经济具有反作用。"二战"后国际经济的发展及其对国际政治的影响，正是这一原理的基本体现。无论是发达国家，还是新独立的发展中国家，都将发展经济作为增强综合国力，提升自身国际竞争力和影响力的重要基础。国际贸易和资本输出急剧增加，国际分工进一步发展，世界经济体系的规模不断扩大，不同经济类型、发展阶段的国家都被卷入市场经济的全球化发展大潮中。

最后，和平与发展成为时代主题，给各国和地区的经济交往提供了政治保障。"二战"后的和平局面，特别是美、苏自 20 世纪 70 年代以来的缓和态势，推动了东西方国家更加全面积极地致力于国际经济的交流、互动与合作。和平是发展的前提和基础。尽管"二战"后的世界并不太平，地区冲突乃至局部战争仍有发生，但制止战争的因素也在逐步增长，发展经济成为维护世界和平的有力保障。1985年 3 月 4 日，邓小平在会见日本商工会议所访华团时，从政治角度和经济角度对当时国际形势作了分析，他指出："现在世界上真正大的问题，带全球性的战略问

---

① 《马克思恩格斯文集》第 2 卷，人民出版社 2009 年版，第 35 页。

题，一个是和平问题，一个是经济问题或者说发展问题。和平问题是东西问题，发展问题是南北问题。概括起来，就是东西南北四个字。"①

总之，各国和地区生产的不断发展有力推动了全球市场经济规模的不断扩大，全球化程度持续加深，使生产要素得以在世界范围内自由流动和高效配置，大规模、超国家的货物、资本、技术、服务、人员、生产、经营等经济活动不断展开，地区乃至全球范围的经济合作体遍地开花，最终形成当前的经济全球化发展态势。

三、经济全球化的发展历程

关于经济全球化的发展历程，学界有不同看法。世界银行在题为《2007 年全球经济展望：驾驭新一轮全球化的浪潮》的研究报告中的看法最为宽泛，它认为自从五万年前现代人类出现之际全球化就已经展现在世人面前。该报告强调，两千年前罗马帝国的版图从大不列颠延伸到中东，五百年前的地理大发现时代则导致欧洲向外扩张至西半球和东亚，这些都是早年全球化发展的证据。第一次世界大战前的二三十年间以及"二战"结束以来这两段更接近现代的独特时期，更是常被人们认为是全球化得以增强的阶段。伴随第一阶段电力、火车、汽轮机等技术的革新以及飞机、集装箱、电信技术在第二阶段取得的成就，全球化见证了贸易、国际移民和金融流动的急剧发展。

不过，也有观点将经济全球化限定在第二次世界大战后这一特定历史阶段，认为经济全球化只是指"二战"后由全球物资、劳务和资本构成的国际市场的融合。经济学学者袁志刚的看法有一定代表性，他认为，"全球化特征日益明显，应该是自 20 世纪 70 年代后全球通信系统的建立，它标志着人类社会开始进入了相互联系、共同生存的全球化时代。而在此之前，尽管存在着大量跨越国界的经济活动，但是人类经济社会相互依存、共担风险的特征并不明显。随后的信息技术发展、互联网普及，使得经济全球化更成为一种常态化的经济特征，并对经济主体的决策过程产生重要影响。因此，确切地说，经济全球化只是近几十年才出现的新现象、新事物。"② 国际货币基金组织也持有类似看法，其发表的研究报告认为，不应将今天的全球化追溯到 100 年前。它认为，今天的商业和金融服务远比 100 年前更为发达，一体化程度也更深。如果没有现代电子通信，就不可能有金融市场

① 《邓小平文选》第 3 卷，人民出版社 1993 年版，第 105 页。
② 《全球化新趋势与上海自贸区建设：袁志刚教授在复旦大学的演讲》，《解放日报》2013 年 10 月 19 日。

的一体化这一最为激动人心的发展态势。①

无疑，全球化是一个历史过程，它是早年世界经济发展至今的结果。强调经济全球化在当代的发展，不能忽视在此之前曾有过的历史铺垫，也不能任意扩大历史联系而将经济全球化的起源定到更久远的古代社会。学界多数的看法是，近代经济全球化的发展大致存在三个递进发展阶段：（1）15世纪的"地理大发现"后，一个全球互通互联的普遍联系逐步建立；（2）18—19世纪欧洲的工业革命和对外扩张，造就了日益扩大的世界市场；（3）20世纪后半段的信息技术革命，将经济全球化进程推到新高度。

第一阶段，16世纪初伴随西方资本主义国家的殖民扩张，世界经济开始突破地域限制而向全球扩张。这一时期，资本主义国家实施炮舰政策，通过新航路和新大陆的开辟，借口自由贸易来突破国家地理和政治边界的束缚，国际贸易规模迅速扩大，世界市场初具雏形，世界经济也在西方列强的主导下由各自封闭走向多边互动，世界各地区间的经济联系大大增强。马克思和恩格斯指出："美洲的发现、绕过非洲的航行，给新兴的资产阶级开辟了新天地。东印度和中国的市场、美洲的殖民化、对殖民地的贸易、交换手段和一般商品的增加，使商业、航海业和工业空前高涨，因而使正在崩溃的封建社会内部的革命因素迅速发展。"②"世界市场使商业、航海业和陆路交通得到了巨大的发展。这种发展又反过来促进了工业的扩展。"③ 不过，这一时期全球生产、销售、投资等经济行为并不完善，资源配置也不均衡和公平，更多是以西方国家为主而展开的资源掠夺和市场拓展。广大殖民地成为西方商品倾销的对象，也是廉价资源和劳动力的提供者，整个世界经济的发展充斥着西方国家对殖民地的剥削与奴役。正如马克思和恩格斯所言，西欧资本主义在世界各地的扩张，"把一切民族甚至最野蛮的民族都卷到文明中来了。它的商品的低廉价格，是它用来摧毁一切万里长城、征服野蛮人最顽强的仇外心理的重炮。它迫使一切民族——如果它们不想灭亡的话——采用资产阶级的生产方式；它迫使它们在自己那里推行所谓的文明，即变成资产者。"④

第二阶段，从第一次工业革命到第二次世界大战结束。这一时期，西欧资本主义工业的发展，特别是第二次工业革命，形成了大工业生产的产业优势和技术优势，一系列技术先进、资本密集的新兴工业如钢铁、化学、机械、造船工业等

---

① IMF, *Globalization：Threat or Opportunity?*
② 《马克思恩格斯文集》第2卷，人民出版社2009年版，第32页。
③ 《马克思恩格斯文集》第2卷，人民出版社2009年版，第32页。
④ 《马克思恩格斯文集》第2卷，人民出版社2009年版，第35—36页。

应运而生。大工业带动了生产规模全面提升，对劳动力的需要也急剧增加，同时大量工业产品需要进一步开拓海外市场来消化和吸纳。新技术革命引发的运输、通信方式的改变促进了全球各地间的互通互联更加快捷高效，不仅使国际移民更易开展，也使得工业制成品远销海外成为可能。恩格斯指出，"单是大工业建立了世界市场这一点，就把全球各国人民，尤其是各文明国家的人民，彼此紧紧地联系起来，以致每一国家的人民都受到另一国家发生的事情的影响。"① 全球各地经济联系不断扩大，国际分工得到全面发展，经济全球化进程得以加快。随着垄断资本的急剧膨胀，西欧列强在全球范围建立起它们的生产与交换网络，同时迫使国际劳动分工服从它们的需要，从而形成西欧资本主义国家生产工业制成品、而占多数的殖民地半殖民地国家只能输出农矿产品的全球性分工格局。恩格斯还说过，工业革命和社会划分"把世界各国人民互相联系起来，把所有地方性的小市场联合成为一个世界市场，到处为文明和进步做好了准备，使各文明国家里发生的一切必然影响到其余各国"②。到19世纪末20世纪初，跨国企业的兼并达到高潮，为争夺原料产地，西方列强加紧了瓜分殖民地的进程，资本主义的全球经济开始进入列宁称为帝国主义的发展阶段，全球化的深度和广度都得到进一步发展。

第三阶段，主要是"二战"结束后，特别是20世纪80年代以来。这一时期科技革命的发展，使世界迎来又一波经济高速增长期，为经济全球化的进一步发展提供了有力的物质基础和制度保障。进入90年代以来，随着冷战的终结，国际政治进入新阶段。区域经济一体化趋势增强，全球信息网络化日趋完善，第三次技术革命使生产要素在世界范围内的有效配置更加容易和高效；与此同时，冷战的结束极大地推动了政治转型国家以市场为导向展开经济体制改革，社会主义市场经济也在中国等国取得发展，为经济全球化的发展提供了体制上的保障。

这一时期，伴随着国际产业分工深化和技术扩散，发展中国家与发达国家之间的对比关系也发生了变化。发展中国家在输出初级产品的同时，也逐渐为世界市场提供劳动密集型商品，甚至在资本输出方面有的国家还从输入国蜕变为净输出国，在全球经济体系中的地位与影响逐步提升。为追求自身利益，很多发展中国家积极落实贸易投资自由化政策，为商品、服务、劳动力等的跨国流动创造了更加广阔的空间。知识经济的发展也改变了人们的生产和生活方式，金融资本的

---

① 《马克思恩格斯文集》第1卷，人民出版社2009年版，第687页。
② 《马克思恩格斯文集》第1卷，人民出版社2009年版，第680页。

扩展和全球流动，对发展中国家的工业化而言，既带来外国直接投资，促进产业升级，也带来金融风险。总体来看，当前经济全球化主要包括生产要素流动的全球化、市场规则的全球化、金融运作的全球化以及科技开发利用的全球化。

不过，自从 2008 年国际金融危机爆发后，全球经济陷入持续的结构性低迷、不确定性因素上升，西方国家出现了一股逆全球化的发展趋势，主要表现为自由贸易理念被边缘化，贸易保护主义不断升级。特别是近年来，随着民粹主义的兴起，经济全球化过程中产生的负面效应进一步凸显，逆全球化趋势显示经济全球化的演进面临新的挑战。

总之，经济全球化发展的历程显示，全球经济的发展是一个综合、漫长、不断发展的历史过程。生产力的发展推动世界经济的密切互动，经济全球化的过程因此由低到高向前发展。在生产规模不断扩大的基础上，经济全球化的深度和广度也随之而发展，任何国家和地区都不能置身其外。

第二节　经济全球化与国际政治

进入 20 世纪 90 年代，经济全球化的加速发展为学界和社会大众所公认，它也因此成为影响和改变当代国际政治的重要因素。

经济是政治的基础，政治是经济的集中反映。最新一轮经济全球化的发展，不仅加快了资本的跨国流动、拓宽了国际资源的全球配置，使得各个国家和地区的经济联系日益紧密，而且也对国际政治产生了巨大影响。国家间相互依存得到进一步发展，传统的国家主权、国家安全等观念受到冲击，南北关系变得更加错综复杂。经济与政治的相互联系和互动在当前的国际政治中显得更加突出。全球化是把双刃剑，随着一些负面效应的显现，反全球化运动逐渐抬头，贸易保护主义、国家间贸易摩擦有所增加，发达国家与发展中国家间的矛盾有增无减，经济全球化对当代国际政治提出了严峻挑战。

一、经济全球化与国家间相互依存

历史唯物主义告诉我们，在资本主义产生之前，世界各地的发展是地域性、分散性，而非世界性的。马克思说过："只有随着生产力的这种普遍发展，人们的普遍交往才能建立起来；普遍交往，一方面，可以产生一切民族中同时都存在着'没有财产的'群众这一现象（普遍竞争），使每一民族都依赖于其他民族的变革；

最后，地域性的个人为世界历史性的、经验上普遍的个人所代替。"① 显然，世界体系的建立和发展，与资本主义的发展和对外扩张是分不开的。从经济全球化的不同发展阶段可以看出，随着 15 世纪前后资本主义在西欧的兴起，经济因素逐步突破地域藩篱而向外渗透，在资本主义向全世界不断寻求劳动力、资源和市场扩张的过程中，客观上推动了世界历史的发展，促进了国际体系的建立，强化了国家间的相互依存。

美国经济学家理查德·库珀在其出版于 1968 年的《相互依存的经济学》一书中最早提出"相互依存"这一概念。他认为，相互依存是"二战"后国际政治的发展趋势，国际贸易和国际投资的飞速发展塑造着一个日益一体化和高度相互依存的全球经济。各国经济变得你中有我、我中有你。库珀认为，相互依存是 20 世纪 60 年代以来世界各国，特别是工业化国家中出现的一个强劲趋势。贸易是使各国走到一起来的和平力量，如果两国间建立较高的相互依存关系，两国间的贸易摩擦会减少，经贸关系也将更稳定。② 1977 年，美国政治学家罗伯特·基欧汉和约瑟夫·奈在《权力与相互依赖》一书中提出"复合相互依存"的概念，强调相互依存中各国利益分配的不对称性，并指出复合相互依存的三个基本特征：（1）多渠道的国际联系；（2）对外事务的议事日程日益庞大和多样化；（3）军事力量的作用逐渐下降，经济力量的作用日益上升。基欧汉和奈认为，一国对他国或世界在许多方面的依赖或相互依存的程度会不同，因此在相互依存中各国不仅有合作，而且有竞争。③

随着经济全球化的深入发展，这种相互依存日益影响到各国的国家利益和政策选择以至当代国际政治的发展演变。相互依存的国际格局对国际政治的影响是全方位的。从范围上讲，它不仅包括发达国家之间，而且也包括发达国家与发展中国家之间、发展中国家之间以及非国家行为体之间的关系。国际社会越来越清醒地认识到相互依存带来的影响。一方面，各国和地区通过接触、交换和分工，能够带来福利的倍增；但另一方面，这也加大依存各方的不对称关联，给相对弱势的发展中社会带来更多的风险。美国政治学家卡尔·多伊奇说过，"'相互依存'这个词提出了一个双向的进程。在国家或其他国际行为者之中，它提醒我们这种关系是相互的……，除此之外，'相互依存'这个词似乎还表示这两种影响是平等

---

① 《马克思恩格斯文集》第 1 卷，人民出版社 2009 年版，第 538 页。
② Richard N. Cooper, *The Economics of Interdependence*, New York: McGraw-Hill, 1968.
③ 参见［美］罗伯特·基欧汉、约瑟夫·奈：《权力与相互依赖》（第 3 版），门洪华译，北京大学出版社 2002 年版。

的，其实并非必然如此。"① 这种不对称的相互关系，在第三世界的一些经济学家们眼里，则表现为"中心-外围"的依附关系。阿根廷的劳尔·普雷维什、埃及的萨米尔·阿明等人认为，世界被分为中心国家（发达国家）和外围国家（发展中国家），前者在世界经济中居支配地位，后者受前者的剥削和控制，从而依附于前者。由于中心与外围之间国际地位的不平等，导致中心与外围之间的贫富分化越来越严重。因此，必须努力创造更加公平合理的国际经济新秩序，让每一个国家都能够从经济全球化中受益。

经济全球化带来的国家间相互依存，到了 20 世纪 90 年代以后，变得更加明显和突出。世界各国和地区在生产、分配、流通、消费等领域内的经济联系日益广泛和紧密，在资源的开发、配置以及各类生产要素的流动和应用方面，国际分工和协作也达到新的高度，世界经济相互渗透、相互影响、相互依存，一荣俱荣、一损俱损，各方的相互依存达到前所未有的高度。世界各国不仅从经济全球化中获益，加速本国经济的外向型发展，推动全球经济全面振兴；同时，一国经济的变化，也往往引发他国乃至全球经济的变化。1995 年的墨西哥金融危机、1997 年的东南亚金融危机以及 2008 年的美国金融危机，都深深地影响到周边国家，乃至整个世界经济的发展。世界贸易组织的成立，区域经济集团化的发展加速了世界经济相互依存关系的发展。任何国家要想获得经济发展或保持经济增长，都需要与他国进行商品、技术、资金、人员的交流，也都不能脱离国际分工和依存关系而保持封闭式的、自给自足的经济发展。这种依存关系不仅表现为发展中国家对发达国家的依存或者发达国家之间、发展中国家之间的相互依存，而且表现为进出口贸易、技术输出与输入、资金流出与流入、人员交流、国际分工以及信息交流等方面的相互依存。"依存、合作、竞争、发展"成为支配世界经济发展的主要态势。

也正因如此，各国纷纷调整自己的对外交往战略，一方面积极推动各种经济合作组织的建设和发展，加强各成员间的经济协调与合作，以维护自身利益；另一方面以经济互动为主的国际竞争也愈演愈烈，使传统国际政治领域的斗争从内容到形式都发生很大变化，谋求经济发展成为国际政治的主要内容，而经济手段则成为实现政治目标的重要方式。就整体而言，发达国家更多依赖发展中国家的市场和劳动力，而发展中国家则更多依赖发达国家的资金、技术。由于经济全球

---

① ［美］卡尔·多伊奇：《国际关系分析》，周启朋等译，世界知识出版社 1992 年版，第358 页。

化的大多数规则都是由少数西方发达资本主义国家所制定，相互依存条件下的全球经济发展，从一开始就是不对等和不对称的。发达国家并非诚心让发展中国家享受经济全球化发展所带来的好处，相反是借经济的全球拓展使发展中国家处于被动地位，全球不平等鸿沟的加大、南北矛盾的凸显，都在经济全球化的发展中一一得以呈现，从而给当代国际政治的健康发展带来深远影响。

二、经济全球化与国家主权

随着经济全球化的深度与广度不断发展，跨国的生产、交换、分配、消费等经济活动使得传统的国家主权不可避免地受到挑战，一定程度上遭到冲击和削弱，这是客观事实。

首先，国际经济组织成长壮大，对国家内部政治、经济的影响日益增大。以世界银行、国际货币基金组织、世界贸易组织等为代表的各类全球性经济合作组织，不仅建立起体系完整的世界贸易规则，要求成员国的国内法律随之作出改变，而且为此设立仲裁机构，用以处理各成员体间可能存在的贸易摩擦与矛盾，从而使传统国家主权所具有的对外排他权和对内最高权在特定议题和领域中受到限制。

其次，跨国公司的经营活动，既成功对外输出资本和技术，开拓海外市场，加大全球化的发展，也成为其母国扩大国际政治影响的先锋，利用自身强大的经济实力，深刻影响东道国内部的政治经济发展。发达的跨国公司通过对资金和技术的垄断，以投资建厂、提供贷款和技术等为条件，侵蚀发展中国家的经济主权，影响一些国家政府的政策制定，甚至以经济为要挟手段，试图左右发展中国家的政治发展进程。

最后，伴随经济全球化所产生的、世界各国和地区所共同面临的一些全球性问题，如人口增长过快、自然和生态环境恶化、发展中国家贫困、国际恐怖主义蔓延、毒品和枪支泛滥以及艾滋病等公共卫生领域的问题等，它们都危及整个人类社会的生存与发展，任何单一国家都不能独自解决，而必须通过世界各国的共同努力才能加以清除。每个国家在处理这些问题时必然受到其他国家、国际组织及国际条约的制约和影响，必须积极参与国际合作，与国际社会共同担负起处理全球问题、开展全球治理的职责。这既是经济全球化发展的要求，也对传统国家主权提出了新的时代要求。

经济全球化发展的确给国家主权带来一定的挑战和限制，但两者并非完全对立，经济全球化的挑战客观上也促使各国，特别是发展中国家进一步维护自身的国家主权，在制定本国经济政策、干预经济生活方面，既不拒绝国际合作和帮助，也进一步完善和强化国家的作用。"经济全球化趋势的进一步发展，是当今世界科技快速进步、产业结构深刻调整和市场急剧变动的产物，也是当今世界经济的一个重要特点。经济全球化趋势给世界各国带来发展的机遇，也带来严峻的挑战和风险。它像一把双刃剑，在促进市场开放、加强竞争、提高效率的同时，也向各国特别是发展中国家提出了如何维护自己经济安全的新课题。"① 江泽民主席在亚太经合组织工商界领导人峰会上的这番话，清楚地表明在促进市场开放、加强竞争、提高效率的同时需要维护国家自身的经济安全，实际上也就是确保国家的主权和发展。

经济全球化发展到今天，世界形势发生了翻天覆地的变化。当今的全球化与17世纪主权刚刚确立的时代大为不同，与20世纪前半段资本主义一统天下的局面也有本质的区别。各国生产、资本、货物、服务贸易的网络化早已突破既有的国家界限，在经济全球化的推动下，国际、国内两个市场的联系越来越密不可分，国家在制定经济政策时必须更多考虑外部世界的发展，不但进出口配额和税率要受到国际限制，而且连产业政策、商业竞争等方面的国内立法也要受到来自世界贸易组织、国际货币基金组织等的影响。加入某些国际经济组织或国际条约要求有关国家让渡一定的经济主权，虽然对传统的国家主权产生限制，但这种主权让渡本身也是建立在平等基础上的主权行为。这种让渡如果最终能更好地服务现时代的国家利益，就不应简单地看作是对主权的侵蚀，而应认识到是国家主权在新时代的发展。

相对而言，发展中国家在经济全球化的大潮中更强调国家主权，但这并不意味着它们拒绝经济全球化。相反，绝大多数发展中国家强调主权，正是为了更好地迎接经济全球化的挑战，从而选择适合自身国情的发展道路。在事关国家根本利益的问题上，一旦遭遇外来挑战，发达国家也会利用国家主权来加以抵制。近年来在欧美各国盛行的贸易保护主义就是一例，一些发达国家贸易政策的重点从推进自由贸易转向强调所谓"公平贸易"，贸易摩擦从单个市场准入问题扩展到制度性、结构性问题。贸易摩擦不仅在发达国家和发展中国家之间展开，主要发达国家之间的贸易摩擦也在加剧。例如，在投资方面，美欧国家就通过修改相关投资法规，对可能影响其自身利益或国家安全的外国投资设限。

经济全球化并没有否定国家主权。在经济全球化趋势下，真正对国家主权构

---

① 赵章云：《江主席在亚太经合组织工商界领导人峰会晚宴上讲话强调　加强亚太经合组织技术合作》，《人民日报》1999年9月12日。

成威胁的，是推行霸权主义和强权政治的西方主要大国。他们力图从自己的私利出发去利用这种趋势，在国际关系中建立起新的控制和调节手段，从而达到干涉别国内政的目的。西方国家利用经济全球化的发展进程，鼓吹"有限主权""人权高于主权"，不过是为其继续推行霸权主义和强权政治寻找借口。真正对经济全球化时代的国家主权，特别是发展中国家的主权构成威胁的，不是全球化进程本身，而是西方大国推行的霸权主义和强权政治。因此，经济全球化和国家主权既有矛盾的一面，也有相辅相成的一面，不能仅简单强调其中一面而否定另一面，甚至将两者对立起来。

三、经济全球化与南北矛盾

经济全球化给发展中国家带来了难得的发展机遇，也提出了极其严峻的挑战。就其积极面而言，发展中国家通过参与经济全球化获得了经济发展所需的资金、技术以及现代企业管理经验，进一步开拓国外市场，从而加快了自身的经济发展，提高了国家的整体发展水平。联合国贸易与发展会议（简称"贸发会议"）发布的《2012 年统计手册》显示，发展中国家对全球经济影响力增强，尤其是造船和电子制造领域表现更为突出。据贸发会议统计，发展中国家过去十年中占世界出口份额一直稳步增长。2011 年，发展中国家的制成品出口占全球总量的 40.4%。其中，计算机、电信设备零件、办公设备配件等制成品在 2010 至 2011 年度几乎占全球份额的 60% 以上，这比 1995 至 1996 年度增长 30 多个百分点。[①]

世界银行发布的《2013 年世界发展指标报告》也显示，与 2008 年相比，2010 年全球极贫状态人口减少 1 亿人，全球极贫率下降到 20.6%，而 1990 年全球极贫率为 43.1%。1990 年发展中国家的女童小学入学率只有男童的 86%，到 2011 年达到 97%。女童在中学教育方面也出现改善，同期女童的中学入学率从占男童的 78% 提高到 96%。与 1990 年相比，2011 年婴幼儿 5 岁以下死亡人数减少了 500 万人。在低收入国家和中等收入国家，5 岁以下儿童死亡率从 1990 年平均每千名活产婴儿中 95 人到 2011 年减少到每千名活产婴儿中 56 人，有 41 个国家有望达到 2015 年将 5 岁以下婴幼儿死亡率降低 2/3 的目标，过去 10 年改善速度加快意味着许多国家正在加快进步速度，还有 25 个国家有望 2020 年达到这个目标。该报告还指出，许多发展中国家的平均经济增长速度继续超过欧洲、亚洲和北美的高收入

---

① UNCTAD, *Handbook of Statistics 2012.*

经济体。以购买力平价计算，印度在 2011 年成为位居美国和中国之后的世界第三大经济体，将日本推到第四位。①

不过，上述有利态势却在 2008 年美国爆发次贷危机以来遭遇持续挫折。据联合国贸发会议 2017 年发布的《贸易和发展报告》，"十年前，源自华尔街的毁灭性金融风暴横扫美国的核心地带及其他地方，如今世界经济仍然深陷增长乏力的泥潭，而危机暴露出来的社会和经济不公几乎没有缓解的迹象。""发达国家为实现强劲复苏，全球资本流动再次波动，限制了发展中国家的经济增长，但不同区域和国家之间存在较大差异。总体而言，2008 年最初金融冲击之后的复苏已经让位于 2011 年以来的持续减速。"②

毋庸讳言，经济全球化给发展中国家带来机遇的同时，也给它们带来了巨大挑战。它进一步拉大了发达国家与发展中国家的经济差距，使得全球相互依存的不对称性更加明显。尽管发展中国家相对自身有了较大发展，但整体来看，发达国家的优势仍很明显。早期资本主义的全球发展，使得西方国家始终处于经济全球化的领导者地位，他们通过"垄断特权、种族歧视和赤裸裸的暴力方式"从海外殖民地掠夺资源、攫取资本，不仅资助了英国工业革命，而且还资助了西北欧大陆国家的工业革命。英国"在 1760—1780 年间，仅来自印度和西印度群岛的利润就比可用于兴办工业的货币积累多一倍以上"③。"在 19 世纪 20 年代到 60 年代，仅从印度攫取的资本就占这一时期英国每年资本输出的 50% 多。"④ 在 1770—1870 年的 100 年间，英国的"世界工场"地位始终不容挑战，它也乐于"采取一种双重政策：一方面允许外国货自由进入英国市场，因为这些货物实际上很少竞争能力；另一方面，作为交换，则强迫弱国对英国制造品开放市场"⑤。可见，从一开始资本主义与外部世界的交换就是不平等、不对称的，在资本主义国家建立起自己的工业体系的同时，殖民地国家则不断沦为附庸，只能成为西方国家原材料的生产者和制造品的消费者，这一局面一直延续至第二次世界大战后的数十年。正是早期殖民主义、帝国主义时代的疯狂掠夺和对外扩张，造就了后来第三世界发

---

① World Bank, *World Bank Development Indicators 2013*.

② UNCTAD, *Trade and Development 2017*.

③ ［美］斯塔夫里亚诺斯：《全球分裂：第三世界的历史进程》（上册），迟越等译，商务印书馆 1993 年版，第 164 页。

④ ［美］斯塔夫里亚诺斯：《全球分裂：第三世界的历史进程》（上册），迟越等译，商务印书馆 1993 年版，第 165 页。

⑤ ［美］斯塔夫里亚诺斯：《全球分裂：第三世界的历史进程》（上册），迟越等译，商务印书馆 1993 年版，第 163 页。

展中国家经济发展长期落后的基本局面。

进入 20 世纪后，伴随技术革命的突飞猛进，全球化发展也迎来了新的发展时期。特别是计算机、互联网、光纤通信、电子商务等技术的研发和应用，使经济全球化进程以前所未有的方式改变着世界各国的产业结构、生产规模、交换方式，既推动了生产力的巨大发展，也加剧了世界发展不平衡的矛盾，进一步扩大了发达国家和发展中国家的贫富差距，南北矛盾继续发展。发达国家利用其资金、技术、管理等方面的优势，主导世界银行、国际货币基金组织、世界贸易组织的规则制定和日常运转，以保障他们自己成为全球化的最大受益者。

与发达国家相比，发展中国家经济基础薄弱，国内两极分化严重，与他国的贸易摩擦增多，经济发展受制于外部市场波动的影响，在经济全球化进程中处于不利的地位。大多数发展中国家进出口贸易的 2/3 以上依赖于发达国家，现代科技的进步也使得贸易条件的变化不利于南方国家，从而导致南北双方的谈判地位和能力的不对称。但是，也有一些发展中国家抓住了经济全球化的机遇，取得了令人瞩目的成就。如东亚地区的经济多年来一直维持高速增长，与发达国家的差距大大缩小。金砖国家近年来取得的发展成就，也说明发展中国家如能抓住机遇以较快的速度发展，同样也能有效利用经济全球化发展自己。广大发展中国家越是参与到经济全球化进程中来，才越有可能维护自身的利益，改革不合理的国际经济秩序，从而分享经济全球化的好处，同时又有效规避其可能带来的风险。因此，长远来看，如果发展中国家能作为一个整体加强彼此合作，在世界经济中的地位将会逐步提高。

南北对话是发展中国家与发达国家围绕改革不合理的国际经济旧秩序以及加强经济合作展开谈判和斗争的重要形式。20 世纪 70 年代以来，广大发展中国家多次倡议南北对话，提出建立国际经济新秩序的主张，此后南北对话取得一定进展。冷战结束后，南北国家就发达国家减免最穷国家债务，增加官方发展援助，提高外来投资及技术援助等具体议题展开磋商，努力缩小南北差距。

全球化时代是相互依存的时代，南北对话还需南南合作加以支撑，以南南合作为基础推动南北对话。1984 年 5 月 29 日，邓小平在会见巴西领导人时指出："南北问题不解决，就会对世界经济的发展带来障碍。解决这个问题当然要靠南北对话，我们主张南北对话。不过，单靠南北对话还不行，还要加强第三世界国家之间的合作，也就是南南合作。第三世界国家相互交流，相互学习，相互合作，可以解决许多问题，前景是很好的。发达国家应该清楚地看到，第三世界国家经济不发展，发达国家的经济也不可能得到较大的发展。"①

2015 年 9 月 26 日，习近平主席在纽约联合国总部出席并主持由中国和联合国共同举办的南南合作圆桌会，同广大发展中国家领导人和国际组织负责人总结南南合作经验、共商合作发展大计。习近平发表重要讲话，全面阐述了中国新时期对待南南合作的基本立场和做法。

习近平指出，南南合作是发展中国家联合自强的伟大创举，是平等互信、互利共赢、团结互助的合作，帮助我们开辟出一条崭新的发展繁荣之路。伴随着发展中国家整体力量提升，南南合作必将在推动发展中国家崛起和促进世界经济强劲、持久、平衡、包容增长中发挥更大作用。他在讲话中就新时期南南合作提出四点建议：一要致力于探索多元发展道路，二要致力于促进各国发展战略对接，三要致力于实现务实发展成效，四要致力于完善全球发展架构。习近平认为，我们要推动全球经济治理改革，巩固多边贸易体制，推动多哈回合谈判早日实现发展授权，扩大同发达国家沟通交流，构建多元伙伴关系，打造各方利益共同体。习近平宣布，为帮助发展中国家发展经济、改善民生，未来 5 年中国将向发展中国家提供 "6 个 100" 项目支持，包括 100 个减贫项目，100 个农业合作项目，100 个促贸援助项目，100 个生态保护和应对气候变化项目，100 所医院和诊所，100 所学校和职业培训中心。未来 5 年，中国将向发展中国家提供 12 万个来华培训和 15 万个奖学金名额，为发展中国家培养 50 万名职业技术人员。中国将设立南南合作与发展学院，并向世界卫生组织提供 200 万美元的现汇援助。习近平强调，同广大发展中国家团结合作，是中国对外关系不可动摇的根基。中国是发展中国家一员，中国的发展机遇将同发展中国家共享。中方将把自身发展和发展中国家共同发展紧密联系起来，把中国梦和发展中国家人民过上美好生活的梦想紧密联系起来，携手走出一条共同发展的康庄大道。②

习近平当天还在纽约联合国总部出席联合国发展峰会并发表题为《谋共同永续发展 做合作共赢伙伴》的重要讲话。习近平宣布，中国将设立 "南南合作援助基金"，首期提供 20 亿美元，支持发展中国家落实 2015 年后发展议程。中国将继续增加对最不发达国家投资，力争 2030 年达到 120 亿美元。中

拓展阅读

① 《邓小平文选》第 3 卷，人民出版社 1993 年版，第 56 页。

② 参见杜尚泽、李秉新：《习近平在南南合作圆桌会上发表讲话：阐述新时期南南合作倡议强调要把南南合作事业推向更高水平》，《人民日报》2015 年 9 月 28 日。

国将免除对有关最不发达国家、内陆发展中国家、小岛屿发展中国家截至 2015 年底到期未还的政府间无息贷款债务。中国将设立国际发展知识中心，同各国一道研究和交流适合各自国情的发展理论和发展实践。中国倡议探讨构建全球能源互联网，推动以清洁和绿色方式满足全球电力需求。中国也愿意同有关各方一道，继续推进"一带一路"建设，推动亚洲基础设施投资银行和金砖国家新开发银行早日投入运营、发挥作用，为发展中国家经济增长和民生改善贡献力量。中国郑重承诺以落实 2015 年后发展议程为己任，团结协作，推动全球发展事业不断向前。[①]

第三节　全球性问题与全球治理

伴随经济全球化的深入发展，世界各国和地区在经济、社会、文化，乃至政治、军事等诸多领域相互渗透、相互影响、相互制约，彼此依存度不断提升，由此产生的全球性问题逐步增多，反全球化的力量也在不断集结。1999 年 11 月底世界贸易组织在美国西雅图召开会议期间，反对力量组织的示威游行，轰动全球，成为反全球化运动的标志性事件。此后，每逢一些全球经济组织召开峰会，或一些有影响的地区合作组织召开首脑会议之际，反全球化的活跃分子便如影随形，紧锣密鼓地开展声势浩大的示威抗议活动。2015 年以来，随着欧洲难民危机愈演愈烈，美国和欧洲国家内部的民粹主义及民族主义得到迅速发展，一些国家大肆奉行"本国优先"的贸易保护主义和单边主义政策，对当前世界经济政治发展中遇到的困难，一味地归咎于经济全球化，完全不顾全球各国通过多边合作所取得的发展成就。

对此，习近平主席 2017 年 1 月在瑞士达沃斯世界经济论坛发表演讲，明确指出，"困扰世界的很多问题，并不是经济全球化造成的。比如，过去几年来，源自中东、北非的难民潮牵动全球，数以百万计的民众颠沛流离，甚至不少年幼的孩子在路途中葬身大海，让我们痛心疾首。导致这一问题的原因，是战乱、冲突、地区动荡。解决这一问题的出路，是谋求和平、推动和解、恢复稳定。再比如，国际金融危机也不是经济全球化发展的必然产物，而是金融资

---

① 参见习近平：《谋共同永续发展 做合作共赢伙伴——在联合国发展峰会上的讲话》，《人民日报》2015 年 9 月 27 日。

本过度逐利、金融监管严重缺失的结果。把困扰世界的问题简单归咎于经济全球化，既不符合事实，也无助于问题解决。历史地看，经济全球化是社会生产力发展的客观要求和科技进步的必然结果，不是哪些人、哪些国家人为造出来的。经济全球化为世界经济增长提供了强劲动力，促进了商品和资本流动、科技和文明进步、各国人民交往。当然，我们也要承认，经济全球化是一把'双刃剑'。当世界经济处于下行期的时候，全球经济'蛋糕'不容易做大，甚至变小了，增长和分配、资本和劳动、效率和公平的矛盾就会更加突出，发达国家和发展中国家都会感受到压力和冲击。反全球化的呼声，反映了经济全球化进程的不足，值得我们重视和深思。"①

总之，全球性问题不断累积，形形色色的反全球化运动和非政府组织不断涌现，各国和地区共同面临一些发展难题，这些因素叠加在一起，使得有关全球治理的概念与运作一定程度上成为当前国际政治发展的客观现实。

一、全球性问题的出现和发展

"二战"后经济全球化的进一步发展，使得人类社会比以往任何时候都更加紧密地联系在一起，由此创造的财富和取得的进步是空前的，但所带来的问题也更尖锐、更复杂、更难以通过单打独斗就能解决。正如王缉思所言，"全球化的负面影响，近年来表现得越来越明显。伴随经济增长和物质财富的增加出现的是：能源和其他自然资源的超高消耗、对地球生态环境的破坏、财富的集中及贫富差距的扩大，以及资本与人力资源加速流通所带来的更为复杂的社会矛盾。金融动荡、粮食短缺、能源紧张、环境污染、气候变化、非法移民、跨境犯罪、恐怖活动、传染疾病、产品安全等诸多非传统安全问题，已经成为世界政治的中心议题。"②这些都是一般通称的全球性问题。

所谓全球性问题，主要指这些问题或现象涉及全球大多数国家，事关国际社会未来的发展前景，单靠某一个或少数几个国家根本不能妥善解决，而需世界各国政府、政府间或非政府间国际组织、跨国公司、市民社会等通力合作，通过完善现有国际合作机制，甚至建立新的多边互动机制，发动更多单位集体参与，借助全球治理才能缓解或根除。在经济全球化不断发展的历史大潮中，困扰各国的全球性问题大体可以概括为以下三个方面：（1）对自然环境的无限索取而造成的

---

① 《习近平谈治国理政》（第二卷），外文出版社 2017 年版，第 477—478 页。
② 王缉思：《当代世界政治发展趋势与中国的全球角色》，《北京大学学报（哲学社会科学版）》2009 年第 1 期，第 11 页。

生态污染、环境恶化；（2）无论就国际还是国内而言所产生的发展失衡、贫富两极分化加剧；（3）由此衍生的超越国界的社会政治问题。它们都严重威胁到全人类的和平与发展，必须尽快加以解决。

首先，近代西方国家的发展，都是以无节制利用自然资源、改造自然环境，甚至破坏自然界为代价的，由此造成自然和生态环境不断恶化。发展中国家在赢得政治独立后，百废待兴，发展经济成为国家的不二选择，在技术、资金有限的情况下，大规模开采和利用自然资源，成为主要的发展模式，从而也加剧了对自然环境的过度开发利用。同时，伴随人口爆炸、粮食匮乏、资源短缺、极端气候频发、生态灾难屡屡发生，全人类赖以生存的地球生命系统面临失衡、失效、失败的危险。

其次，发达国家和大多数发展中国家间以及发展中国家内部的贫富差距进一步拉大，经济全球化带来的好处，除中国和印度等少数国家外，并没有为广大发展中国家及其人民所分享。全球财富继续向少数西方发达国家集中，全世界极贫人口绝大多数生活在发展中国家。受害于早年不公正、不平等的国际经济旧秩序，发展中国家的经济长期得不到应有的发展，南北矛盾不减反增，发达国家和发展中国家之间的经济差距进一步加大。当今世界，发达资本主义国家占据了经济发展的绝对优势，它们拥有先进的技术、人才，充足的资金、基础设施等，理应对全球经济的可持续发展以及发展中国家经济的均衡发展承担更多责任。但是，一些西方大国对发展中国家的援助，总是附带政治标准，严重阻碍了发展中国家的经济增长，也影响到全球经济的稳定增长和均衡发展。只要全球化进程还没有改变以西方国家为主导的基本格局，世界经济发展的不公正、不平等、不均衡的问题，短期内就难以解决，由此导致的社会政治难题，一时也找不到根除的办法。

最后，在自然环境屡遭破坏，经济发展严重失衡的情况下，滋生出一系列社会问题，严重影响世界各国，特别是发展中国家的稳定。20世纪90年代以来，随着苏联解体、冷战终结，原先为美苏对抗所掩盖的民族宗教矛盾、领土争端、资源争夺等呈现扩大趋势，国际恐怖主义、宗教极端主义和民族分离主义势力相互勾结，宗教势力和民族主义纠缠在一起，发展中国家的局部战争与冲突日益频繁。随着全球经济增速放缓，西方国家的贸易保护主义有所抬头，发展中国家内部的矛盾和冲突继续扩大，给全球经济的整体复苏带来深远影响。冷战结束，不仅没给西方世界带来"历史的终结"，也没能给发展中国家带来和平稳定的内外政治环境，世界并没有变得更安全、更太平。习近平在党的十九大报告指出："世界面临的不稳定性不确定性突出，世界经济增长动能不足，贫富分化日益严重，地区热点问题此起彼伏，恐怖主义、网络安全、重大传染性疾病、气候变化等非传统安全威胁持续蔓延，人类面临许多共同挑战。"[1]

总之，这类问题具有鲜明的时代特征，包含政治、经济、社会、文化、军事等诸多领域，关系到人类的共同利益，是世界各国所共同面对的重大挑战，制约和威胁着全人类的和平发展。解决这些问题，必须通过世界所有国家和人民的共同努力与通力合作。"二战"后建立的国际组织和现有的国际合作机制，远不能适应经济全球化发展的需要，越来越难以应对频繁出现的新问题，进而也强化了国际社会对全球治理的期待，催生世界各国对全球治理机制的改革和创新。

二、全球治理的主体

伴随国际格局发生巨大改变，经济全球化进程日益深化，进入 20 世纪 90 年代以来，国际社会顺应经济全球化、世界多极化的发展趋势，提出并深入讨论全球治理问题，以便对全球事务进行共同管理。

1990 年，由德国前总理勃兰特和瑞典首相卡尔松等 20 多个国家的 30 位知名人士在《关于全球安全与治理的斯德哥尔摩倡议》中首次提出了全球治理的新理念。1992 年，28 位国际知名人士发起成立了"全球治理委员会"，该委员会于1995 年发表了《天涯成比邻》的研究报告，较为系统地阐述了全球治理的概念、价值以及全球治理同全球安全、经济全球化、改革联合国和加强全世界法治的关系。根据"全球治理委员会"的解释：治理是个人和制度、公共和私营部门管理其共同事务的各种方法的综合。它是一个持续的过程，其中，冲突或多元利益能够相互调适并能采取合作行动，它既包括正式的制度安排也包括非正式的制度安排。[2]

英国国际关系学者安东尼·麦克格鲁也认为，全球治理不仅意味着正式的制度和组织——国家机构、政府间合作等——制定（或不制定）和维持管理世界秩序的规则和规范，而且意味着所有其他组织和压力团体——从多国公司、跨国社会运动到众多的非政府组织——都追求对跨国规则和权威体系产生影响的目标和

---

① 习近平：《决胜全面建成小康社会　夺取新时代中国特色社会主义伟大胜利——在中国共产党第十九次全国代表大会上的报告》，人民出版社 2017 年版，第 58 页。

② 参见［瑞典］英瓦尔·卡尔松、［圭亚那］什里达特·兰法尔：《天涯成比邻——全球治理委员会的报告》，中国对外翻译出版社公司组织翻译，中国对外翻译出版公司 1995 年版，第 2 页。

对象。很显然，联合国体系、世界贸易组织以及各国政府的活动是全球治理的核心因素，但是，它们绝不是唯一的因素。如果社会运动、非政府组织、区域性的政治组织等被排除在全球治理的含义之外，那么，全球治理的形式和动力将得不到恰当的理解。①

由此可见，全球治理本质上是以全球治理机制为基础，而不是以正式的世界政府为基础，它是一个由多元化、多样性的行为体所构成的复杂体系，其治理的方式更多体现为参与、谈判和协调。对此，中国学者俞可平的看法具有一定的代表性，他认为"全球治理是各国政府、国际组织、各国公民为最大限度地增加共同利益而进行的民主协商与合作，其核心内容应当是健全和发展一整套维护全人类安全、和平、发展、福利、平等和人权的新的国际政治经济秩序，包括处理国际政治经济问题的全球规则和制度"②。

无疑，如何动员全球力量来解决全球性问题，对全球治理而言是一个非常现实和迫切的问题。全球性问题多数都超出普通单个国家的治理能力之外，由于各国相互依存的不断增长，任何国家都不能不受到来自外界的影响，国家主权地位被削弱，有必要建立、健全和完善各类全球治理机制。但是，这并不意味着完全排除国家的作用与角色，更不可能建立一个世界政府或者具有强制力的超国家政治机构。因此，全球治理的主体必然是在现有国家的基础上，在尊重国家主权原则的立场上，尽可能增加非国家单位、国际组织、次国家行为体、跨国公司、全球市民社会、大众媒体等参与到解决全球性问题的全球治理进程中。

以全球生态治理和围绕全球气候变化而展开的国际合作为例，2015 年 12 月 12 日在巴黎气候变化大会上通过、2016 年 4 月 22 日在纽约签署的《巴黎协定》，就是国际社会众多行为体共同努力，致力于全球生态治理而取得的重要成果。中国在这方面为世界各国树立了榜样，不仅在国际上积极参与全球生态治理，也在国内生态环境治理方面走出了一条卓有成效的道路。2016 年 9 月 3 日，二十国集团首脑峰会在杭州召开的前一天，中国国家主席习近平同美国总统奥巴马、联合国秘书长潘基文在杭州共同出席了气候变化《巴黎协定》批准文书交存仪式。习近平指出，气候变化关乎人民福祉和人类未来。《巴黎协定》为 2020 年后的全球合作应对气候变化明确了方向，标志着合作共赢、公正合理的全球气候治理体系正

---

① 参见［英］戴维·赫尔德、安东尼·麦克格鲁、戴维·戈尔德布莱特、乔纳森·佩拉顿：《全球大变革——全球化时代的政治、经济与文化》，杨雪冬等译，社会科学文献出版社 2001 年版，第 70 页。

② 俞可平：《全球治理引论》，《马克思主义与现实》2002 年第 1 期，第 30 页。

在形成。中国为应对气候变化作出了重要贡献。中国倡议二十国集团发表了首份气候变化问题主席声明，率先签署了《巴黎协定》。中国向联合国交存批准文书是中国政府作出的新的庄严承诺。[①] 2018 年 5 月 18 日至 19 日，全国生态环境保护大会在北京召开，习近平总书记出席会议并发表重要讲话强调，中国坚持共谋全球生态文明建设，深度参与全球环境治理，形成世界环境保护和可持续发展的解决方案，引导应对气候变化国际合作。[②]

总之，全球治理既不是一个世界政府的组织形式，也不是各个民族国家的简单叠加。在相当长的时期内，它将是主权国家与非国家行为体相互协调、相互配合、相互制约、相互促进的合作，以便在不同层次、不同领域展开卓有成效的互动，从而解决旧问题，开创新局面。因此，全球治理应包括国家中心治理和非国家中心治理两个层次。前者着重探讨国家间政治、安全、打击恐怖主义及跨国犯罪、维护世界和平等传统"高级政治"领域内的治理，后者则集中在经济、社会、文化等属于传统"低级政治"范围内的国际事务。

无论属于哪个层次，全球治理的对象都是经济全球化进程所带来的全球性问题。但是，需要注意的是，现有全球治理机制显然已无法有效治理全球性问题，全球治理面临许多现实因素的制约，对全球治理的前景不应抱过分乐观的态度。国际社会既要反对重大问题决策上存在的霸权主义、单边主义倾向，同时也要支持发展中国家寻求在国际经济金融机构中应有的代表性和话语权。要让经济全球化的发展得到更广泛和公平的分享，需要加紧改革全球化的管理方式，加强国际机构和制度自身的治理，增强国际制度的实际效用。避免由于治理主体的多元性、价值理念的多样化、议题领域的交叉重复等原因，而使得国际制度流于形式，或者为西方某一单方势力所掌控，进而影响真正有效的全球治理的实现。

三、中国的和平发展与全球治理

改革开放 40 年来，沿着和平发展道路，通过成功融入经济全球化大潮，中国经历了广泛而深刻的变革。一方面，中国自身经济有了长足发展，取得了显著的发展成就，并在 2010 年取代日本成为世界第二大经济体；另一方面，中国也勇于接受全球化所带来的一系列挑战，为世界繁荣稳定作出了重大贡献，与世界更加

---

① 参见《习近平同奥巴马潘基文共同出席气候变化〈巴黎协定〉批准文书交存仪式》，《人民日报》2016 年 9 月 4 日。
② 参见《习近平在全国生态环境保护大会上强调　坚决打好污染防治攻坚战　推动生态文明建设迈上新台阶》，《人民日报》2018 年 5 月 20 日。

紧密地联系在一起。

针对全球性问题带来的挑战，中国政府提出了科学发展观与建设和谐世界的思想，坚定走和平发展的道路，妥善应对各类全球性问题，进一步推动全球治理的发展，获得了国际社会的高度评价，得到了广大发展中国家的有力支持。

2011 年中国国务院新闻办公室发表的《中国的和平发展》白皮书指出，中国积极参与经济全球化和区域经济合作，为世界经济稳定发展作出重要贡献。2001 年加入世界贸易组织以来，中国年均进口近 7 500 亿美元商品，相当于为相关国家和地区创造了 1 400 多万个就业岗位。过去 10 年，在华外商投资企业从中国累计汇出利润 2 617 亿美元，年均增长 30%。在 1997 年亚洲金融危机引起周边国家和地区货币大幅贬值的情况下，中国保持人民币汇率基本稳定，为区域经济稳定和发展作出了贡献。2008 年国际金融危机发生后，中国积极参与二十国集团等全球经济治理机制建设，推动国际金融体系改革，向陷入困境的国家伸出援手。截至 2009 年底，中国累计向 161 个国家、30 余个国际和区域组织提供了 2 563 亿元人民币的援助，减免 50 个重债穷国和最不发达国家债务 380 笔，为发展中国家培训人员 12 万人次，累计派出 2.1 万名援外医疗队员和近 1 万名援外教师。此外，中国为维护世界和平、应对全球性挑战也发挥了重要作用。中国是唯一公开承诺不首先使用核武器、不对无核武器国家和无核武器区使用或威胁使用核武器的核国家。中国累计向联合国 30 项维和行动派出各类人员约 2.1 万人次，是派出维和人员最多的联合国安理会常任理事国。中国积极参与反恐、防扩散领域国际合作，向遭受严重自然灾害的国家提供人道主义援助并派出救援队，为打击海盗行为向亚丁湾、索马里海域派遣海军护航编队。中国共参加了 100 多个政府间国际组织，签署了 300 多个国际公约，成为国际体系的参与者、建设者和贡献者。中国还是最早制定并实施《应对气候变化国家方案》的发展中国家，也是近年节能减排力度最大、新能源和可再生能源研发速度最快的国家之一。

正如白皮书总结的，"和平发展道路归结起来就是：既通过维护世界和平发展自己，又通过自身发展维护世界和平；在强调依靠自身力量和改革创新实现发展的同时，坚持对外开放，学习借鉴别国长处；顺应经济全球化发展潮流，寻求与各国互利共赢和共同发展；同国际社会一道努力，推动建设持久和平、共同繁荣的和谐世界。"①

国务院新闻办公室 2014 年发表的《中国的对外援助（2014）》白皮书进一步

---

① 中华人民共和国国务院新闻办公室：《中国的和平发展》，人民出版社 2011 年版，第 3 页。

指出，"中国是世界上最大的发展中国家。在发展进程中，中国坚持把中国人民的利益同各国人民的共同利益结合起来，在南南合作框架下向其他发展中国家提供力所能及的援助，支持和帮助发展中国家特别是最不发达国家减少贫困、改善民生。中国以积极的姿态参与国际发展合作，发挥出建设性作用。"① 白皮书引用的数据显示，2010 年至 2012 年，中国共向 121 个国家提供了援助，涉及金额 893.4 亿元人民币，对外援助规模持续增长。其中，成套项目建设和物资援助是主要援助方式，技术合作和人力资源开发合作增长显著。亚洲（30 国）和非洲（51 国）是中国对外援助的主要地区。为促进实现千年发展目标，中国对外援助资金更多地投向低收入发展中国家。

因此，建设和谐世界、走和平发展道路、积极参与全球治理，就是要反对霸权主义、单边主义和强权政治，推进国际关系民主化，动员更多的发展资源，加强南北合作，支持南南合作，推动发展中国家经济社会发展，推动全球治理体制向着更加公正合理的方向发展，为我国发展和世界和平创造更加有利的条件。

2015 年 10 月 12 日，中共中央政治局就全球治理格局和全球治理体制进行第二十七次集体学习，显示中国领导人对全球治理问题的高度重视。习近平总书记指出，国际社会普遍认为，全球治理体制变革正处在历史转折点上。经济全球化深入发展，把世界各国利益和命运更加紧密地联系在一起，形成了你中有我、我中有你的利益共同体。很多问题不再局限于一国内部，很多挑战也不再是一国之力所能应对，全球性挑战需要各国通力合作来应对。习近平强调，随着全球性挑战增多，加强全球治理、推进全球治理体制变革已是大势所趋。这不仅事关应对各种全球性挑战，而且事关给国际秩序和国际体系定规则、定方向；不仅事关对发展制高点的争夺，而且事关各国在国际秩序和国际体系长远制度性安排中的地位和作用。中国政府提出"一带一路"建设倡议、建立以合作共赢为核心的新型国际关系、坚持正确义利观、构建人类命运共同体等理念和举措，顺应时代潮流，符合各国利益，增加了中国同各国利益汇合点。

习近平强调，中国要推动变革全球治理体制中不公正不合理的安排，推动国际货币基金组织、世界银行等国际经济金融组织切实反映国际格局的变化，特别

---

① 中华人民共和国国务院新闻办公室：《中国的对外援助（2014）》，中国政府网（2014 年 7 月 10 日）。

是要增加新兴市场国家和发展中国家的代表性和发言权，推动各国在国际经济合作中权利平等、机会平等、规则平等，推进全球治理规则民主化、法治化，努力使全球治理体制更加平衡地反映大多数国家意愿和利益。习近平指出，全球治理体制变革离不开理念的引领，全球治理规则体现更加公正合理的要求离不开对人类各种优秀文明成果的吸收。中国要推动全球治理理念创新发展，积极发掘中华文化中积极的处世之道和治理理念同当今时代的共鸣点，继续丰富打造人类命运共同体等主张，弘扬共商共建共享的全球治理理念。要加强能力建设和战略投入，加强对全球治理的理论研究，高度重视全球治理方面的人才培养。①

　　2016 年 9 月 27 日，中共中央政治局就二十国集团领导人峰会和全球治理体系变革进行第三十五次集体学习。中共中央总书记习近平在主持学习时强调，随着国际力量对比消长变化和全球性挑战日益增多，加强全球治理、推动全球治理体系变革是大势所趋。我们要抓住机遇、顺势而为，推动国际秩序朝着更加公正合理的方向发展，更好维护我国和广大发展中国家共同利益，为实现"两个一百年"奋斗目标、实现中华民族伟大复兴的中国梦营造更加有利的外部条件，为促进人类和平与发展的崇高事业作出更大贡献。

　　党的十八大以来，以习近平同志为核心的党中央在全球治理领域主动作为、勇于担当，努力推动改革全球治理体系中不公正不合理的安排，赢得国际社会的普遍赞誉。在举世瞩目的二十国集团领导人杭州峰会上，中国首次全面阐释了自己的全球经济治理观，首次把创新作为核心成果，把发展议题置于全球宏观政策协调的突出位置，形成全球多边投资规则框架，同时还发布了《二十国集团协调人会议关于气候变化问题的主席声明》，并把绿色金融列入二十国集团议程。这些创举，凝结成推进全球经济治理的杭州共识，使全球治理体系变革进入新阶段。

　　作为一个负责任的大国，中国不仅在理念上积极推进全球治理的新发展，而且也在国际交往的实践中大力推动全球治理朝向更加公平、合理、健康的方向发展。中国在联合国积极组织和召开南南合作圆桌会议、设立南南合作援助基金，在二十国集团、亚太经合组织、东亚峰会等多边场合积极推动全球经济治理更加公平、包容、高效。中国政府通过"一带一路"倡议与沿线国家深化互利共赢格局，为全球经济治理提供新思路、新方案。中国在酝酿和筹建亚洲基础设施投资

---

① 参见《习近平在中共中央政治局第二十七次集体学习时强调　推动全球治理体制更加公正更加合理　为我国发展和世界和平创造有利条件》，《人民日报》2015 年 10 月 14 日。

银行的过程中，一直遵循公开、透明、高效的原则，努力构建一个真正体现合作共赢理念的多边开发机构，为推动国际金融治理机制改革作出了积极贡献。在巴黎气候大会上，中国积极协调各方立场，提出要创造一个各尽所能、合作共赢、奉行法治、公平正义、包容互鉴、共同发展的未来，并号召各国达成一个全面、均衡、有力度、有约束力的气候变化协议，中国为大会的成功举行和推进全球气候治理所做的积极努力和贡献有目共睹，赢得了国际社会的高度评价。

正如习近平总书记在党的十九大报告中指出的那样，"中国秉持共商共建共享的全球治理观，倡导国际关系民主化，坚持国家不分大小、强弱、贫富一律平等，支持联合国发挥积极作用，支持扩大发展中国家在国际事务中的代表性和发言权。中国将继续发挥负责任大国作用，积极参与全球治理体系改革和建设，不断贡献中国智慧和力量……世界命运掌握在各国人民手中，人类前途系于各国人民的抉择。中国人民愿同各国人民一道，推动人类命运共同体建设，共同创造人类的美好未来！"① 2018 年 6 月 22 日至 23 日，中央外事工作会议在北京召开，习近平总书记出席会议并发表重要讲话，再次强调坚持以维护世界和平、促进共同发展为宗旨推动构建人类命运共同体，坚持以中国特色社会主义为根本增强战略自信，坚持以共商共建共享为原则推动"一带一路"建设，坚持以相互尊重、合作共赢为基础走和平发展道路，坚持以深化外交布局为依托打造全球伙伴关系，坚持以公平正义为理念引领全球治理体系改革。② 因此，建设和谐世界、走和平发展道路，就是要共同推动经济全球化的均衡、普惠、共赢发展；建设和谐世界、走和平发展道路，就是要尊重世界多样性，共同促进人类文明的繁荣进步。唯其如此，一个正面、积极、健康的经济全球化进程才能继续下去，一个公正、平等、高效的全球治理才能建立起来，一个和平、发展、繁荣的新世界才能指日可待。世界各国和人民都应为此而共同努力。

思考题

1. 当代经济全球化产生的主要条件是什么？

2. 经济全球化发展加快世界各国间的相互依存了吗？

① 习近平：《决胜全面建成小康社会　夺取新时代中国特色社会主义伟大胜利——在中国共产党第十九次全国代表大会上的报告》，人民出版社 2017 年版，第 60 页。

② 参见《习近平在中央外事工作会议上强调　坚持以新时代中国特色社会主义外交思想为指导　努力开创中国特色大国外交新局面》，《人民日报》2018 年 6 月 24 日。

3. 冷战后发展中国家间的南南合作面临怎样的挑战和制约？

4. 除主权国家外，全球治理的主体还包括哪些行为体？

5. 中国对待全球治理的认识和主张是什么？

阅 读 文 献

■ 马克思、恩格斯：《德意志意识形态》，《马克思恩格斯文集》第 1 卷，人民出版社 2009 年版。

■ 马克思、恩格斯：《共产党宣言》，《马克思恩格斯文集》第 2 卷，人民出版社 2009 年版。

■ 马克思：《〈政治经济学批判〉序言》，《马克思恩格斯文集》第 2 卷，人民出版社 2009 年版。

■ 列宁：《帝国主义是资本主义的最高阶段》，《列宁选集》第 2 卷，人民出版社 2012 年版。

■ 毛泽东：《毛泽东外交文选》，中央文献出版社，世界知识出版社 1994 年版。

■ 邓小平：《维护世界和平，搞好国内建设》，《邓小平文选》第 3 卷，人民出版社 1993 年版。

■ 江泽民：《当前的国际形势和我们的外交工作》，《江泽民文选》第 2 卷，人民出版社 2006 年版。

■ 胡锦涛：《努力建设持久和平共同繁荣的和谐世界》，《胡锦涛文选》第 2 卷，人民出版社 2016 年版。

■ 习近平：《习近平谈治国理政》，外文出版社 2014 年版。

■ 习近平：《习近平谈治国理政》（第二卷），外文出版社 2017 年版。

■ 习近平：《决胜全面建成小康社会　夺取新时代中国特色社会主义伟大胜利——在中国共产党第十九次全国代表大会上的报告》，人民出版社 2017 年版。

■ 王逸舟：《西方国际政治学：历史与理论》，上海人民出版社 1998 年版。

■ 陈岳：《国际政治学概论（第三版）》，中国人民大学出版社 2010 年版。

■ 秦亚青：《关系与过程：中国国际关系理论的文化建构》，上海人民出版社 2012 年版。

■ 李少军：《国际政治学概论》（第四版），上海人民出版社 2014 年版。

■ ［美］卡尔·多伊奇：《国际关系分析》，周启朋等译，世界知识出版社 1992 年版。

■ ［美］亚历山大·温特：《国际政治的社会理论》，秦亚青译，上海人民出版社 2000

年版。

■［美］罗伯特·基欧汉、约瑟夫·奈：《权力与相互依赖》（第3版），门洪华译，北京大学出版社2002年版。

■［美］肯尼斯·华尔兹：《国际政治理论》，信强译，上海人民出版社2003年版。

■［英］马丁·怀特：《权力政治》，宋爱群译，世界知识出版社2004年版。

■［美］汉斯·摩根索：《国家间政治：权力斗争与和平》（第七版），徐昕等译，北京大学出版社2006年版。

人名译名对照表

[意大利]	阿奎那，托马斯	Thomas Aquinas
[美]	贝塔朗菲，路德维格	Ludwig Bertalanffy
[古希腊]	柏拉图	Plato
[英]	布尔，赫德利	Hedley Bull
[英]	布赞，巴里	Barry Buzan
[意大利]	但丁	Dante
[美]	杜南特，亨利	Henry Dunant
[美]	多伊奇，卡尔	Karl Deutsch
[美]	费伦，詹姆士	James Fearon
[美]	芬尼莫尔，玛莎	Martha Finnemore
[美]	格里科，约瑟夫	Joseph Grieco
[英]	赫尔德，戴维	David Held
[美]	亨廷顿，塞缪尔	Samuel Huntington
[美]	华尔兹，肯尼思	Kenneth Waltz
[美]	霍尔，弗朗西斯	Francis Hoole
[法]	霍夫曼，斯坦利	Stanley Hoffman
[美]	基欧汉，罗伯特	Robert Keohane
[美]	基辛格，亨利	Henry Alfred Kissinger
[美]	杰维斯，罗伯特	Robert Jervis
[英]	卡尔，爱德华	Edward Carr
[美]	卡普兰，莫顿	Morton Kaplan
[美]	卡赞斯坦，彼得	Peter Katzanstein
[美]	柯庆生	Thomas Christensen
[美]	科普兰，戴尔	Dale Copeland
[美]	科塞，刘易斯	Lewis Coser
[美]	科斯，罗纳德	Ronald Coase
[美]	克拉斯纳，斯蒂芬	Stephen Krasner
[德]	克劳塞维茨，卡尔	Carl Clausewitz
[美]	库珀，理查德	Richard Cooper
[美]	马丁，利莎	Lisa Martin

［意大利］	马西利乌斯	Marsilius
［美］	米尔纳，海伦	Helen Milner
［美］	米尔斯海默，约翰	John Mearsheimer
［美］	明兹，亚历克斯	Alex Mintz
［美］	摩根索，汉斯	Hans Morgenthau
［美］	奈，约瑟夫	Joseph Nye
［美］	帕森斯，塔尔科特	Talccot Parsons
［阿根廷］	普雷维什，劳尔	Roal Prebish
［美］	斯奈德，格伦	Glenn Snyder
［美］	温特，亚历山大	Alexander Wendt
［美］	沃尔弗斯，威廉	William Wohlforth
［古罗马］	西塞罗	Cicero
［美］	辛格，戴维	David Singer
［古希腊］	修昔底德	Thucydides
［古希腊］	亚里士多德	Aristotle
［美］	伊斯顿，戴维	David Easton

后　记

　　《国际政治学》是马克思主义理论研究和建设工程重点教材，由教育部组织编写，经国家教材委员会审查通过。

　　在教材编写过程中，得到了国家教材委员会高校哲学社会科学（马工程）专家委员会、思想政治审议专家委员会以及教育部原马工程重点教材审议委员会的指导。同时，广泛听取了高校教师和学生的意见建议。

　　本教材由陈岳主持编写，门洪华、刘清才任副主编。陈岳撰写绪论，秦治来撰写第一章第一节、第二节，门洪华撰写第一章第三节，刘雪莲撰写第二章第一节、第二节和第三章第三节，刘清才撰写第二章第三节和第三章第一节、第二节，夏安凌撰写第四章，方长平撰写第五章，田野撰写第六章，陈玉刚撰写第七章，王联撰写第八章。戴德铮、陈跃参与了第三章初稿的撰写工作。

2018 年 12 月 28 日

读者意见反馈

为收集对教材的意见建议，进一步完善教材编写并做好服务工作，读者可将对本教材的意见建议通过如下渠道反馈至我社。

咨询电话　400-810-0598

读者服务邮箱　gjdzfwb@ pub.hep.cn

通信地址　北京市朝阳区惠新东街 4 号富盛大厦 1 座

高等教育出版社总编辑办公室

邮政编码　100029

防伪查询说明

用户购书后刮开封底防伪涂层，使用手机微信等软件扫描二维码，会跳转至防伪查询网页，获得所购图书详细信息。

防伪客服电话　（010）58582300